U0607917

新课改·新理念·新教学 名师工程

名师讲述系列

在欢乐中成长

# 最具活力的课堂愉快教学

丛书编委会主任：马立　宋乃庆　　本册主编：王斌兴

西南师范大学出版社

# 《名师工程》

## 系列丛书

# 编者的话

当前，以人为本的教育理念正在逐步深化，素质教育以及基础教育课程改革不断推进。

在这场深刻又艰苦的教育改革中，涌现了无数甘为人梯、乐于奉献的优秀教师。他们积极探索、更新观念、敢于创新、善于改革，在实践中创造性地发展、总结了很多先进的教育思想、教育理念；创造性地开发了很多新的教学模式、教学内容和教学方法。这些新思想、新模式、新方法在实践中极大地提高了教学质量，是教育改革实践中的新内涵和宝贵财富。这些优秀教师就是我们的名师，这些新内涵就是名师的核心教育力。整理、总结、发展、推广这些教育新内涵，是深化教育改革、完善教育体制、提高教育质量、提升教师水平的一件大事。

教育，是民族振兴的基石；教师，是教育发展的根基。

胡锦涛总书记在全国优秀教师代表座谈会上指出："教师是人类文明的传承者。推动教育事业又好又快发展，培养高素质人才，教师是关键。没有高水平的教师队伍，就没有高质量的教育。"十七大报告又进一步强调了必须加强教师队伍建设，不断提高教师的素质。当今世界，社会进步一日千里，科技发展日新月异，知识更新的周期越来越短。教师作为"文明的传承者"更要与时俱进，刻苦钻研、奋发进取，尽快提升自身素质和能力，为推动教育事业的健康发展贡献自己的力量。

基于以上，西南师范大学出版社策划、组织出版了大型系列教育丛书——《名师工程》。希望通过总结名师的创新经验、先进理念，宣传名师的核心教育力，为广大教师职业生涯提供精神源泉和实践动力，在教育实践层面切实推动从教者职业素养的提升。通过《名师工程》实现"打造名师的工程"。

丛书在策划、创作过程中力求实现以下特色：

**一、理念创新，体现教育的人本精神**

教师角色在以人为本的教育理念下发生了重大的变化，教师的素质和能力也面临更高的要求。如何弘扬、培植学生的主体性、增强学生的主体意识、发展学生的主体能力、塑造学生的主体人格等问题成为教师在目前教育中亟待解决的难题。丛书以教育管理者和教师为主要读者对象，通过教师综合素质的提高而将人本教育的思想落实到教育实践中，真正实现教育培养人、塑造人、发展人的本质要求。

**二、全面构建，系统提升教师的教育能力**

丛书选题的最大特点就是系统、全面地针对教师教育能力的提升而展开。施教者的能力决定教育的效果，教育改革的落实、教育效果的提高无不体现在教师身上。丛书针对不同教育能力、不同教学要求、不同教育对象，有针对性地设置选题。棘手学生、课堂切入、引导艺术、班主任的教导力、互动艺术、课堂效率、心灵教育等等，这些鲜明的主题从教育的细节出发，从教育实际情况出发，有针对性地解决问题，让教师在阅读中学有所指、读有所获。

**三、科学权威，体现教育的时代前沿性**

丛书邀请全国各地著名的教育工作者执笔，汇集在教育改革与实践中涌现的先进理念、成果和方法，经过专家认真遴选、评点总结而成，代表了目前教育实践中先进的教育生产力，具有时代前沿性，是广大一线教师学习、借鉴的好素材。

**四、注重实践，突出施教的实用价值**

丛书采用了通俗的创作方法，把死板的道理鲜活化，把教条的写法改变为以案例为主，分析、评点为辅，把最先进的教育理念和方法融入有趣的情境中。经典的案例，情境式的叙述，流畅的语言，充满感情的评述，发人深省的剖析，娓娓道来、深入浅出，让教师更充分地领会先进、有效的教育方法。

在诸多教育、出版界同仁的支持与努力下，《名师工程》首批推出了《名师讲述系列》、《教学提升系列》两大系列，共二十余品种，后续图书也将陆续出版。

丛书在出版创作过程中得到各地、各级教育部门与教育工作者的大力支持与帮助，在此一并表示感谢！

教育事业是全社会共同的事业，本丛书的出版一方面希望能对广大教育工作者有所帮助，共飨先进成果；另一方面也是抛砖引玉，希望更多的教育工作者参与到出版创作中来，百家争鸣、百花齐放，为促进教育事业的发展共同努力！

# 目 录

## 一、巧妙引入，快乐导学



## 二、让生活走进教学

## 三、灵活机智，在应变中生成教学

## 四、学生是教学的"主角"

## 五、快乐课堂，展示艺术教学的魅力

## 六、教学相长，在互动中实现专业成长

# 一、巧妙引入，快乐导学

# 载得动，许多愁

## 真情打动，促进学生健康发展

一位作家说："教育应是一扇门，推开它，满是阳光和鲜花，它能给孩子带来自信、快乐！"而我要说，走进语文的这扇大门，炊烟袅袅，清香浮动，沁人心脾，它会让你与孩子们构建一个充满阳光和鲜花的开放的世界，它会让你领略到更美、更多彩的大千世界。初中生正处在"心理断乳期"，他们渴望独立，又不满意父母的喋喋不休和百般呵护；他们开始学习关照自我的心灵世界，又与父母有了一种意识上的疏离感；他们内心深处渴望着成年人的帮助和引导，又由于自身的各方面能力还不成熟，常常出现偏激和较为强烈的情绪波动。因此，这个特定时期中，亲子关系是令很多学生和家长感到棘手的问题。对于这样的学生，我充分发挥语文的学科教育功效，利用情感熏陶，达到了对他们润物无声的教育效果。

### 案例自述

〔徐玉秋〕

伴随着轻柔低缓的音乐，温馨柔和的背景图片上出现了两行文字——

母爱是小溪，温柔中携带着絮语。

父爱是大海，平静下涌动着激情。

"同学们，母爱是伟大的，父爱是深沉的。我们每个人从出生那刻起就接受着父母给我们的恩泽，母爱如水一般温婉，父爱如山一般深沉，这两种爱伴随我们长大，呵护我们一生。老师希望你们能用心感受，懂得珍惜，用自己的一生来解读这份沉甸甸的爱。下面让我们一起走进朱自清先生的《背影》，在默读中去体会那老父亲对儿子永远也不会改变的亲情。”

教室里一片寂静，学生边读边用笔圈点着课文内容。我四处巡视，大部分同学在阅读，只有玉峰用红色的笔不断重复圈画“父亲”二字，眉头紧锁，闷闷不乐。同学们忙碌的手停下了，我问：“在文中作者四次提到了父亲的背影，而且每一次的背影都不相同，那么，哪一次背影描写得最具体、最感人呢？”

学生甲：“我觉得是第二次，买橘子时的背影。”

师：“你能为大家读一下吗？要读出感动、读出真情。”

学生甲读。

师：“这位同学读得很好，谁来评价一下？”

学生丙：“他读得很有感情，但语速稍微快了些。”

师：“那你能试着为大家读一下吗？注意放慢语速，感情再饱满些。”

学生丙读，玉峰则露出鄙夷的神色。

读完，学生乙（评价）：“他读得很好，读出了父亲对儿子深深的爱。”

师：“同学们读得不错，听得也很认真，下面大家思考这样一个问题：这一段描写中哪一句最让你感动？请试着说明理由。这个问题请同桌之间先讨论一下，然后给出答案，看哪位同学的答案最准确、最全面。”

学生停止讨论。玉峰高高地把手举起，“老师，我有个问题。”玉峰终于按捺不住，站了起来。

“请说。”我微笑着注视着他。

玉峰昂首挺胸地走到讲台上，卖着腔调读到：“他用两手攀着上面，两脚再向上缩，他肥胖的身子向左微倾，显出努力的样子。”同时做了猴子攀杆的滑稽辅助动作，接着玉峰振振有词地说：“父亲是个胖子，所以，可见他在家中缺少体力劳动，他现在的所做也不过是碍于面子而已……这里的‘攀、缩、倾’，这几个动词用得很好，它写出了父亲老态龙钟，游手好闲之态，尤其是‘显出’二字更体现出了父亲的做作。”

教室里立即响起的掌声与几个同学的喝彩声交织一起构成了另一曲“别样”的旋律。面对玉峰的一阵慷慨陈词，我哑然了。我皱着眉头，瞪起两眼，不知该如何是好，听到后排同学的窃窃私语声，更使我无地自容。我想发火，想大声呵斥住玉峰这种“疯狂的举动”，想到自己每天辛苦的工作和精心的课前准备，眼泪在我的眼圈里打转，我感到既伤心又委屈，站在讲台上不知如何是好。大家的目光注视着我，似乎期待着我对玉峰同学一顿痛批，继而群起而攻之，一场唇枪舌剑仿佛即将在我的眼前展现。面对着学生的期待，我这样做不等于是宣告自己的无能吗？这时的我仿佛也一下子清醒过来，一个信念迅速占据了我整个心灵：一定要妥善处理好这一课堂插曲，决不能简单、粗暴。想到这，我脸上的表情舒展开了，情绪也平稳了下来，静静地看着大家，停了一会说："玉峰刚才说出了自己的看法，其实老师在你们这一年龄的时候，也曾有过与玉峰相似的感受，可是一封普通的家信却改变了我这种固执的看法。信是父亲写给我的，至今让我记忆犹新。信是这样写的：

孩子，对不起，
我又一次批评了你，
看着你涨红的小脸，
委屈的泪水，
我的心格外难过。
可是，
如果你吃饭时还掉饭粒儿，
过马路时还横冲直撞，
学习时还咬笔尖，
自己的事情不能自己做，
那么，
我还会批评你，因为我爱你，我深深地爱着你。"

我满含感情读完这封信，教室里异样的平静，玉峰睁着大大的眼睛，注视着我。我深情地说："也许有同学很羡慕我有这样一个好父亲，其实，你们的父母对你们的爱，包括他们的文笔一点也不逊于朱自清。下面我把前次家长会中父母的心声展示给大家。"

这是甲同学的父亲写给女儿的信——《愿时光倒流》：

朦胧中听见大门的磕碰声，睁眼时已不见女儿的身影，孩子已上学去了，剩下我孤零零地在屋里坐着发愣。寒来暑往，多少个日子是我陪伴着女儿一起上学的。一辆自行车载着父女俩欢快、温馨的时光历历在目。多少次是女儿欢乐的歌声、银铃般的笑声和亲切的问候声，打消了我生活中的烦扰。殷切期待孩子的成长，盼望孩子的自立，又迟迟不愿让孩子离开我的视线。

这是乙同学的父亲写给儿子的信——《亲爱的儿子》：

我知道你长大了，你有独立性了，你开始愿意为我做事了：买菜的时候，你的小手被许多塑料袋勒红了，都不肯让我拿东西；过马路的时候，你总是扶着我的胳膊；我累的时候，你会马上过来给我按摩……儿子，你发现了吗？我知道你很烦我，讨厌我，但爸爸真的很爱你，生怕你受到一点伤害。每次你回家，爸爸总会特意安排一些事情令你开心，比如，妈妈和爸爸的“拳击”比赛、和你追跑打逗、出怪样、唱怪歌……这一切都是因为我想永远和你幸福、亲密接触，我想让你永远快乐无忧，我想成为你永远信赖的朋友。

听完这两封信后，学生都沉默了，好多女孩子的眼圈红了，有几个孩子很是激动。这时我发现玉峰头低低地，眼睛中泪珠似乎在打转，其实玉峰知道，第二封信就是自己爸爸写的肺腑之言呀！片刻沉默后玉峰站了起来，满含热泪的说：“因为自己不吃早饭，父亲经常批评我，我不理解。每次央求爸爸去给买吃的，爸爸总说自己的事情自己做，父亲怎么能什么都为你做好。于是我对父亲很不礼貌，我觉得他总是自高自大。现在，我很后悔，我想对父亲说声‘对不起’。”教室里顿时响起雷鸣般的掌声，久久不止。

在短短的时间中，玉峰的思想得到了一次洗礼。孩子们认识到了父母对自己的爱体现在这一声声批评当中，一件件琐事当中：出门时的一句唠叨，天气变冷时的一句嘱托，下雨下雪时的一次接送，这些最平凡的小事往往蕴藏着最博大、最深沉的父母之爱。

继而我们又回归课本，分析父亲的背影，学生很真切地体会出一个艰难的背影，一个感动作者、感动千万读者的背影中的深刻内涵。

教学过程不仅是传播知识的过程，而且是师生情感交流的过程。语文课堂中要先有课文中的情感和教师的情感相容，教师要“移位入情”，让学生设身处地去读、去想、去体验，融入自己的思想情感，进入角色，才能有“三情”共鸣，课堂气氛才能达到高潮。

## 教学延伸

语文课要有人情味，这是语文课的人文性和情感因素决定的。编入语文课本的文章，多是古今中外的名篇佳作。这些作品都是作者“情动于衷，不吐不快”的产物。事实上，任何一篇传世之作，无不是作者真挚情感的凝聚。那么，如何使语文课富有“人情味”呢？我觉得最为主要的是教师要怀情而教。老师、学生、课文、作者（包括作者笔下的人物）之间是一种面对面的“对谈”，是一种思想的交流，情感的互通。我们的学生是一个个有血有肉、有思想、有感情、活生生的人，这就要求教师要在教学中倾注鲜明浓郁的情感，用这种火热的情感去触动学生平静或不平静的心，对他们进行是与非、爱与憎、美与丑、真与假、善与恶的情感教育，以情动人，以情感人，达到“三情”共鸣的艺术效果。我尝试了创设情境教学法，具体体现在以下几方面：

1. 以情促情

情感是人的需要是否得到满足而产生的心理体验，是人对客观事物的一种态度。语文教材多是文质兼美、情文并茂的典范文章。就其思想内容讲，既有对真理的追求，也有对谬误的批判；既有对未来的向往，也有对现实的针砭；既有对英雄的歌赞，也有对邪恶的诅咒；既有对祖国的爱恋，也有对蹂躏过祖国的恶势力的愤恨。教师动情在先，以自己的感情促进学生的感情，使学生更好地理解文本。例如在学习《小英雄雨来》一课时，我先给学生讲抗日小英雄的故事：王二小把敌人引入包围圈而光荣牺牲；海娃冒生命危险送鸡毛信；郭藤儿爱恶作剧，但关键时刻用生命换来全村人的安全等等一系列的英雄故事。带上教师的主观浓浓的崇敬之情，在此情感的熏陶下，学生对文本中未知的故事更感兴趣，很快便会理解课文内容。

2. 以境育情

情境主要是指某种富有色彩的活动，造成能产生一种特有的心理氛围，它对人的情感起着潜移默化的熏陶作用。创设良好的情境，就能充分激发学生的情感，提高教学效果。记得曾经有人说：“设置一个问题比完成一个问题更有难度。”我在教学中创设情境，尤其是在剖析课文的内容时设置问题情境，使学生在这一特定的情境中学习，效果显著。在上述课例中，我就是本着创设教学情境的原则，展开课堂教学的。在学习《孔乙己》一课时，我将自己在大连与孔乙己蜡像的合影在班前展示，课堂气氛活跃，学生兴趣浓厚。有的学生喊：“看，老师！”在吸引学生注意后，我要求学生临摹书中被打折腿后孔乙己的图片，完成简笔画，并及时提出一个关键性的问题：“孔乙己这一人物的社会意义是什么？”这时学生轻而易举地回答：“是以丁举人为代表的封建特权对下层读书人的摧残。”在创设的情境中把枯燥的教学变得充满情趣，从而激活了语文课堂，让学生主动发展。

3. 以理育情

情感以认知为基础，只有晓之以理，才能保证学生的情感符合社会要求，行动有正确的方向，具有实际效果。俗话说："知之深，爱之切。"新教材本身就蕴藏着丰富的情感因素，在实际教学中，我们教师注重挖掘课文隐含的信息，善于抓契机，就能在教学中塑造学生的完美人格，培养出孩子健康向上的情感。《拥你入睡》是一篇情文并茂的叙事散文，文中父亲那份充满深爱的"温馨而矛盾的心思"传达出了特定时期父母们的共同心声。这正是对学生进行情感教育的理想素材，于是我采用以理育情的方法这样进行教学的：在作者解说的环节我引用作者的话——肖复兴曾经说："人其实是很脆弱的，伤怀往事，尤其是蹉跎的青春往事，心里的感受无可言说。我知道，无论过去是对是错，是可以伤感，还是可以悔恨，都是不可追回的了。人可以回过头往后看，但路却总是要往前走。过去的路是一张弓，只能弹射得我们向前飞奔，这就是我们无法逃避又不可选择的命运。"这使学生很快地知理明情，懂得肩负责任、怀揣梦想前行时不忘背后那充满"爱"与"希望"的目光。

4. 以趣激情

我们都有过这样的经历：当心情愉快时，做起事来不仅效率高，而且表现出色；当心情不好时，再容易的事情有时也会完成不好。之所以会有这样大的区别，关键是人的情绪、情感在作怪。"兴趣是最好的老师"，在学习和生活中，趣味是只嫌少不嫌多的伴侣。哪里有趣味，哪里就会有愉快的劳动和创造；哪里有趣味，哪里就会有人生的乐趣和温暖。语文课要有趣味，最好的途径是体验，语文课堂中进行体验教学，更有利于学生敞开心扉，倾吐真言。如讲《东施效颦》一课，我精心编排课本剧，让学生成为文章中角色，进行声情并茂的表演，形象生动有趣了，学生自然就愿意主动去了解内容，体会其中深刻的寓意。再如《范进中举》这篇课文，故事性很强，我就是通过表演激起了学生兴趣。在小组的表演后，通过学生的品评，使学生真正地进入到课文的情境中，理解了胡屠户嫌贫爱富的性格特点和在封建科举制度下被毒害的知识分子的可悲形象，从而完成教学的目标。

总之，语文教学会给学生情感美的滋养，也会给学生艺术美的熏陶，它是开放的、互动的、诗意的、有情趣的。一朵具体的花，远比关于它的一千种描述包含着更多的真理。情融融，意切切，方能在语文世界里为学生撑起一片朗朗的天。

## 专家点评

一节好的语文课应该是洒脱的！自然的！幽默的！智慧的！诗意的！……最终是有魅力的！在上述课例中我们不难看出教师独特的魅力：亲情导入，显示教师亲和的魅力；质疑问难，显示教师启发的魅力；问题处理，显示教师智慧的魅力。教师意在追求一种开放的教学课堂。教师的教学有了新的理念，在课堂的偶发事件中，教师敢于在思想上、思维上、方法方式上大胆自我开放，教师敢于在学生面前大笑或流泪，真情表白，给学生展示了一个真实的自我，从而营造一个民主、宽容、和谐的课堂氛围，学生“亲其师，信其道”，很快与课文的感情交融。教师对于个别学生的代表玉峰同学没有批评，而是在充分尊重学生个性的前提下，找准最恰当的切入点，进行最有效地引导。“移位入情”，“以情促情”，教师融入自己的思想情感，进入角色，让学生设身处地去读、去想、去体验，这样才能有“三情”共鸣，课堂气氛达到高潮，同时也体现出平等和谐的师生关系。教师将生活资源与课本资源相结合，让学生在真实的情境中去体验、去感受、去学习身边的语文，所获得的效果要比我们直接传递的知识更能得到学生的认可。

（何双梅）

# 在学生经验与感受基础上引入教学

## 联系生活，让学生在快乐中写作

课程要联系实际，教学要贴近生活，增加教与学的亲和力，提高学生的学习情趣。要在学生已有经验和感受的基础上展开教学，培养学生观察事物、分析问题和创新实践的能力。

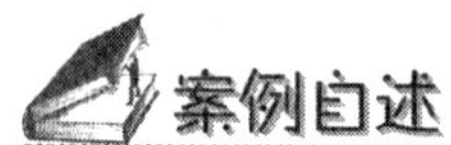


〔徐淑玲〕

盛夏季节，暑热难当。正值上三年级一班的作文课。上课伊始，我径直地在黑板上写了一个“热”字。然后转过身，亲切地问：“同学们，今天热不热啊?”

“热!”

“怎么个热法啊? 哪一位小朋友能说一下。”

“今天真热!”

“天气非常热!”

“好热好热的。”

很显然，学生们对“热”的描述不具体。我进一步启发说：“请大家认真回味一下，动脑筋想一想，把今天体味到的、观察到的‘热’具体地说出来，让我们大家一同感受一下，这样，以后我们大家就都不怕热了。”

我的话引得孩子们发出一阵“嗤、嗤”的笑声，课堂上活跃了起来。

“老师，我说。”一个男孩站起来发言。

“今天，太阳就像挂在天上的一个大火球。”

“天气热得像蒸笼一样。”一个胖小子愣头愣脑地抢着说。

“周围没有一丝风。”一位女同学站起来轻轻地说。

“街上的姐姐和阿姨都撑起了遮阳伞。”急性子罗迪抢着说。

……

“好、好、好，停!”我即时示意学生们静下来，“同学们说得都很好。现在，我们把今天的‘热’写出来，看谁写得真实。”

课堂上一阵骚动，同学们忙着找纸和笔，写起了作文。有位小朋友是这样写的：

“今天，太阳就像一个大火球高高地挂在天上，周围没有一丝风，大地好像一个大蒸笼……”

孩子们写得很认真，也很快乐。他们在写自己，写自己的经历，写自己的生活，因为向人倾诉自己的感受毕竟是件快乐的事。

## 教学延伸

学生是学习的主体，作文教学更是如此。

1. 把唤醒学生的主体意识、激发学生的写作动机和积极性作为作文教学的起点

让学生懂得写作是为了自我表达和与人交流，所谓“情动于衷而形于言”，写作的真正逻辑起点是从写作动机开始的。学生有了写作动机，有了表达的欲望，才会自觉地去收集材料、构思、表达和修改。所以，把握这一写作的最初环节，激发学生的写作动机，诱发学生进入写作情境，让他们产生乐此不疲、非写不可的动力，是帮助学生写好作文、提高写作水平的重要途径。

2. 鼓励学生感受生活

叶圣陶先生说过：“写东西靠积累，不但著名作家、文学家是这样，练习作文的小学生也是这样。小学生今天作某一篇文，其实就是综合地表现他今天以前的知识、思想、语言等等方面的积累。”校园生活是丰富多彩的，学龄儿童惊奇着每一天的生活，享受着每一天的快乐。对于学生来说，太阳每天都是

新的，这里的关键在于唤醒学生的写作动机，引导学生积累写作素材，学会观察、分析和思考。

3. 鼓励学生大胆地创作

小学生涉世不深，他们的作文主要是写周围的人、事、物、景，写自己的真情实感，写出的文章往往观察不细或体验不深，所以文章常常干巴巴的或不合逻辑。但是，这确实是真实的、原创的，是他们对生活的真实感受，是学生表达和写作的基础。教师要呵护和引导学生最初的创作，激发学生的写作动机，让学生大胆表现自己的观察和思考，逐步地培养学生的写作能力。从现代主体性教育的思想来看，作文教学不能就做作文而教作文，而应当把发挥、发展学生作文的主体性置于核心地位，发挥学生的主体作用，使学生由怕作文变为喜欢作文。

## 专家点评

《语文课程标准》指出："写作教学应贴近学生实际，易于表达，乐于表达，应引导学生关注现实，热爱生活，表达真情实感。"落实《语文课程标准》这一教学要求，是深化语文作文教学改革，提高中小学作文教学能力的关键。徐老师这一教学案例以及她对作文教学的思考，尊重学生的主体地位，注重培养学生的写作动机，引导学生观察生活、思考生活、表达生活，很好地实现了《语文课程标准》中对写作教学的要求。

（何双梅）

# 我向母校诉衷情

## 心灵唤醒，情感激发学习主动性

不知是过度的兴奋，还是伤感的情怀，让我躺在床上辗转难眠，白天上课的一幕幕情景又浮现于眼前，思绪良久，便翻身而起……

### 案例自述

〔李秀梅〕

今天，我在学校上了一节六年级作文课，作文题目是《给母校的一封信》。

上课伊始，我播放了校园生活片，进行情感铺垫："又是一个烈日炎炎、鸟语蝉鸣的季节，我们在校园学习着，嬉戏着，不知不觉，我们在母校即将走完六个春秋，这里有我们无数个怀想，无数个难忘的日日夜夜……在我们即将毕业的时候，哪位同学能追忆一下让你最难忘的校园生活?"

由于学生毕业在即，我的煽情导入立刻激发起了学生的情感，让学生徜徉在美好的回忆中。

"我记得在第一天上学时，妈妈带我走进校园，老师微笑着牵过我的手，老师小小的举动为我赶走了刚刚入学时的那份恐惧。"学习委员张妮抢先发言。

"记得一次我被高年级的学生欺负了，老师用手帕为我擦拭眼泪，告诉我要勇敢，那一刻我一生都不能忘记。"刘洋站起来动情地倾诉着自己内心深处最真的情感。

……

“同学们说得很好，很真切，很感人。”我及时地鼓励着学生，并顺手拿出课前准备好的照片。

“接下来，请同学们欣赏照片，这是我们大家在一起学习生活的真实记载。这是同学们在学校第一次走上冰场时滑冰的情景；这是我们第一次开班会的情形；这是我们班参加学校运动会获奖的场面……”

面对一张张照片，学生们的思绪进入了美好的校园生活中，深情地回忆、议论着每一个场景。

“即将离开母校的同学们，看着这一张张照片，回忆着一段段美好的校园生活，是不是很想对母校、对老师、对同学说些什么。请同学们把你们最真切的语言，最美好的回忆写下来。今天的作文是——《我向母校诉衷情》。”

## 教学延伸

这节课我自己的感受是成功的，这让我有了很多感想，令我回味。

平时的作文课，我们老师常常感到学生在习作时语言空洞，缺乏真情实感。细细琢磨，大多是由于学生不善于感受和观察，不善于挖掘身边的素材，这就需要教师去引导和激发学生说的欲望和创作的激情。我在作文课上，抓住了情感因素，调动了学生说和写的冲动及积极性，让学生找到自己写作的触点、素材，诱发了学生的情感，才让他们激情满怀地进行抒发，进行怀想。

另外也让我想到，我们的作文课应该给学生创设一个想象的空间，让作文课充满活力。这让我想到了一篇题为《作文课要释放活力》的文章，小学生作文教学只有给学生充分的心灵自由，去理解和运用祖国的语言文字，释放学生的情感活力，才能真正教好作文。作文要富有强大生命力，拥有不竭动力的活水源头，先得释放其活力，这样才能产生创造性思维。作文过程中的情感体验、想象与灵感、创造能力是相辅相成的。童心，是纯洁无邪的，给予热量就能散发光芒。作文课能释放其活力，学生就会说真话，做真人，焕发智慧之光，走上创新之路。因此，我们想让学生的作文变得烂漫可爱，必须实现作文教学全过程开放，全方位开放，努力建立一个民主宽容、张扬个性、乐于创造、和谐发展的作文教学环境。只有这样，才能让作文课“活”起来，让学生自由感受生活，自由交流沟通，自由自主表达，才会达到我们所追求的作文境界。

为了让小溪的水流得更加欢畅，就得快快寻找源泉，执着向前，相信一定会渐臻佳境。虽说要达到这种境界必须要付出艰辛，但我相信，只要用孜孜不倦的心追求着，学习着，奋进着，一定会离山巅愈来愈近。

虽说今夜无眠，但我更希望今后的日子会出现更多的令人难忘、令人回味的教学经历，每晚伴着幸福入梦……

## 专家点评

看了李老师的教学案例，心里流淌出两句小诗：小小信笺情意长，依依不舍感人心。

学生不是怕作文、厌作文，不是作文无话可说吗？在这节课里，在李老师的引导下，学生的师生情、同学情在心中迸发出来，由原来的“让我说”到“我要说”，表达也是水到渠成、不吐不快了。这说明当作文成为孩子们的一种情感宣泄需求的时候，就不再会怕作文、厌作文，写作文时也就不再无话可说，因为此时的作文已是他们心灵绽放的需求。

这启示我们进行作文指导时，首先是师生心灵的呼唤，情感的激荡。在向母校诉说的过程中，我们清晰地见到孩子们的心灵就像一条条清澈的小溪，清纯透明。当孩子们回顾起难忘的一幕幕情景，都抑制不住感情的闸门了。于是，作文的通道被彻底打通了。所以，我们在教学中要促使学生树立“为情造文”、“因情而感，因情而发”的写作观点。

《语文课程标准》指出“写作能力是语文素养的综合体现”。这个案例所昭示的不尽如此，作文指导的过程也是促进学生语文素养综合提高的过程。在本节课中，学生得到的心灵润泽是多方面的，学生在寻求惜别之情的倾诉中，懂得了情与爱的可贵，懂得了珍惜和感恩，感受了“一切过去的都会成为美好的回忆”（普希金语）……还有，让学生用自己的话说自己心里想说的，想到什么写什么，难忘什么就写什么，将自己的所见、所闻、所感，自觉愉悦地表达出来，培养了学生思维的丰富性和多样性。

（刘正生）

# 一把荠菜创造的奇迹

## 情境导入，让学生乐于探索新知

新课程理念下的课堂教学，更注重学习过程中学生的自我体验和感悟，以及教学情境的创设对激发学生的学习兴趣、优化课堂效果要起到更重要的作用。

### 案例自述

〔刘 新〕

周末去郊游，顺手挖了一些荠菜，因为很小的时候吃过荠菜馄饨，那味道至今难忘。到家后，侄儿看到了就问："姑姑，你弄这些菜干什么?"我说："让你尝尝山肴野蔌的味道。"他随口问道："这叫什么菜?""荠菜。"他大惊小怪地喊道："啊！我们刚学的课文。"对啊，我也正要讲《挖荠菜》这一课，猛然间我产生了一个想法……

第二天我把一些荠菜带到课堂上，想让同学们看一看作者小时候梦寐以求的荠菜是什么样，旧社会能填饱穷人肚子的食物是什么样。

当我把荠菜拿到班上时，同学们都很好奇。我把荠菜放到了讲台桌上，坐在第一排的王璐一下子来了精神。谈起王璐同学，所有的任课教师无不了解他，不爱学习，上课却爱吃东西，爱溜号，爱做小动作，爱搞恶作剧，爱传条……这一个"不爱"与多个"爱"真是让所有的老师都头疼。一到考试，几科成绩加起来不到100分。提到学习，他一向是无精打采的，这时不知怎么的却有了兴趣。

王璐非常好奇地拿起几颗荠菜，看了看，闻了闻，说：“这是什么东西，真难闻。”我告诉他这就是荠菜，他瞪大眼睛不相信地问我：“老师，这东西能吃吗？看着脏兮兮的，闻着是野草味，这是人吃的吗？老师，我拿点回家，给我的宠物小白兔，看他喜欢吃不？”他的话，把全班同学逗得大笑。我没有立刻回答他，过了一会儿，同学们看我没什么反应，觉得奇怪，马上止住了笑。

师生都沉默了，教室里静了下来，我从王璐手里拿回了荠菜说：“同学们，别小看这荠菜，在旧社会，这是穷人的救命粮，是课文中作者小时候最喜欢吃的食物。也许你们不信，学学文章，你们就会信了。”

这节课同学们听得非常认真，兴趣盎然，思考很投入，讨论发言很积极。我也被感染了，讲得很动情，似乎就是作者自己在诉说旧社会的苦难，在教会孩子们要珍惜今天的幸福生活。

快下课了，我对同学们说：“你们可以把荠菜拿回去，让爸爸妈妈做成菜肴，尝一尝味道，好吃就当绿色食品，不好吃就算忆苦思甜了。”我还告诉了他们做荠菜的方法。王璐异常兴奋，下课向我要了一把荠菜，但我没问他要荠菜到底干什么用，是人吃，还是宠物吃，还是扔掉。

当第二天我们继续学习《挖荠菜》这一课时，课堂上的气氛与往常有些不同。我的心里有了一个成熟的实验性的想法：这堂课的提问从王璐同学开始。

我首先问他：“王璐，《挖荠菜》一课的主题是什么？”

“我……不……会。”

“课文你看没看？”

“看了一点……”

“上堂课的内容你听懂了吗？”

“听懂了一点……”

我看着王璐说：“太好了，这堂课你还会听懂更多。想一想《挖荠菜》一文写了什么事？”

“挖荠菜。”

“对，是谁什么时候挖荠菜？”

“是……作者……小时候……”

同学们下面有小声议论：“解放以后也挖荠菜。”

“对，王璐答得对，同学们补充得也对。”

王璐站在那儿，高兴得直咧嘴，我心里更高兴，笑容满面地问：“王璐，你想一想，作者写旧社会、新社会不同时期挖荠菜有什么目的呢?”

“作者写小时候挖荠菜是为了填饱肚子，新社会是为了和孩子们玩儿。”

我和大家都乐了，“那你肯定是喜欢新社会了，因为可以痛快地玩儿。”

王璐也兴奋起来了，“我和作者一样，喜欢新社会。”

“那你应该怎样去做呢?”

“我要珍惜今天。”

我长出一口气：“真棒!”

同学们一起鼓掌，王璐同学的脸一下子红了，也跟着笑起来，看得出他很激动。直到下课，王璐还沉浸在喜悦中。从此以后，我一进教室上课，他就伸着脖子看我的手，好像我的手里还能拿着他感兴趣的东西。每次，我都安慰他说：“这堂课要学的东西就在书里，咱们一起去找。”

这学期的期末，王璐语文考了65分，提高了30分，这是个奇迹，是“一把荠菜”创造出的奇迹。

情境教学正是针对学生蕴藏着的学习的主动性，把学生带入情境，在探究的乐趣中，激发学生学习兴趣；又在连续的情境中，不断地强化学生学习动机。

## 教学延伸

有了这堂课的体验，我似乎明白了语文教学成功的本质是什么，那就是对学生的关爱和引导，那就是对学生兴趣的激发。

在课堂上，教师力求把学生带入教材描写的情境中，引导学生伴随着情感从整体上感知教材，理解词句，并把语言训练贯穿其中。同时，学生凭借进入情境所产生的内心感受，受到道德品质、审美情感及意志的陶冶，使单调而枯燥的学习成为学生的审美活动。发挥好语文教学中的情境效应，不仅对激发学生的求知欲望、增强学生的学习兴趣、发展学生的智力能力具有重要的作用，而且对于促进素质教育的深入发展、提高教学质量也将产生积极的影响。

人们常说“万事开头难”。课堂上，怎样迅速激发起学生的学习兴趣，使他们一下子进入到学习的氛围中，是教师竭力思考和力求解决的问题。在教学实践中，我们逐渐认识到，通过巧妙的设计调动学生，创造出学习、竞赛、思考等等各种与课堂教学目标相对应的情境，那就将为一堂好课奠定坚实的基础。好的情境设计必将是开启学生兴趣之门的金钥匙。学习源自于疑问，课堂设疑是开启学生心智、激发学习动机、推动学生到达知识彼岸的一种有效方法。“疑”设得好、设得精、设得巧就能激发学生的学习兴趣，激活学生的思维。一些平时不善发言的学生不是不会发言，而是老师未能拨动他们的心弦。只要“疑”设到学生的“动情点”、“兴奋点”上，他们求异、创新的思维火花也会随之迸发。在教学实践中，我们常常通过以下几种情境把学生引入到教学的过程中。

1. 故事导入

故事总是吸引着学生的。学生爱听故事，各种和课文有关的奇闻逸事往往会使学生兴致勃勃地进入课文的学习。

2. 借助图画再现情境

文与画是相通的，因此，借助图画再现课文情境，可以把课文具体化、形象化，便于学生充分感受形象，进入情境。

3. 诗词导入

中国传统的诗词讲究意境，意境本身就是一种高度浓缩的情境。运用与课文相关的诗词做铺垫，可以创设一种优美的情境，最快地激发学生的心理感受。

4. 实验导入

语文教材中有一篇文章《死海不死》，在讲授这一课时，我和学生们共同做了一个小试验，正好印证了文章中说明的死海咸度高、浮力大、淹不死人的特点。通过这个直观的趣味小实验，既激发了学生的学习兴趣，又培养了他们自己动手解决问题的能力，收到了意想不到的效果。

5. 播放音乐渲染情境

用富有感染性的乐曲，为学生创设情感画面，使他们积极主动地融入角色，找到情感的共鸣点，从而理解教学内容，达到好的教学效果。

6. 运用实物，创设情境

俗话说：“百闻不如一见。”借助实物引入教学内容，增强了直观性，也会让学生有身临其境之感。

总之，要让学生在教师创设的情境中去感知内容，亲自去分析和解决问题，使之产生进一步探究的愿望，学生自主学习的春天就会到来。

情境教学对培养学生情感、启迪思维、发展想象、开发智力等方面有着独到作用。设置情境是情境教学的关键，创设语文教学情境的手段和方式也多种多样，需要我们在教学实践中不断探索。

## 专家点评

教师通过营造语文学习情境，在教学过程中引发了学生积极的、健康的情感体验，培养和调动了学生学习语文的兴趣，提高了学生对语文学习的积极性。学生学习语文的兴趣浓了，语文学习就变成学生自觉的行为和快乐的事情，语文成绩就有可能得到提高。上述的案例中，教师借助一把荠菜，吸引了学生的注意力，激发了他们的好奇心和探究的欲望。这个切入点抓得准，设计得妙，学生在不知不觉中进入了课堂的学习。看似幼稚玩笑的发问，却是所有同学的疑惑，大家在对答案的期待中进入了课文内容，这不正有“润物细无声”之妙吗？在教学的延续中，教师又抓住了王璐同学对荠菜感兴趣的亮点，大胆提问，而且把问题化整为零，启发引导，让王璐同学答出了问题，答对了问题，这就使王璐同学身上的潜力被挖掘出来，使他看到了希望，学习的兴趣浓了，自然就融入到学习之中。的确，探究的乐趣绝不仅属于少数拔尖的学生，而应属于全体学生。在恰当的情境氛围中，学生群体为求知而快乐，为探究而兴奋、激动，自然会达到一个比预期教学目标还要丰富得多、广阔得多的境界。语文教学应为学生创设良好的自主学习情境，帮助他们树立主体意识。而情境教学则是通过创设与教学内容相关的情境，让语文教学进入情感领域，激发起学生的学习兴趣，凭借情境把知识的教学、能力的培养、智力的发展以及道德情操的陶冶有机地结合在一起。

（何双梅）

# 数学就在身边

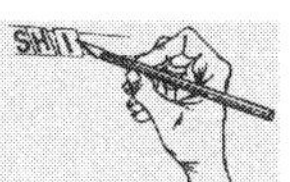

## 生活导入，创建学生易于接受的学习氛围

教学要贴近生活，贴近学生，要将教学活动置于现实的生活背景之中，从而激发学生作为生活主体参与教学活动的愿望；同时将教学目的、要求转化为学生作为生活主体的内在需要，让他们在生活中学习，在学习中更好地生活，从而获得有活力的知识，并使情操得到真正的陶冶。

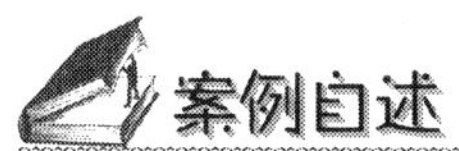

### 案例自述

〔陈继环〕

**案例一**

2005 年我们学校在教育部组织的“与西部手拉手”活动中，与内蒙古科拉沁旗锦山三中结成了友好学校，该校校长带领一部分教师来我校访问、学习和研讨，我校各个班级也主动与三中各班级结成互帮互助对子，并组织观摩课共同开展课堂教学研究。

公开课上我教的是新课标数学课六年级《邮递的路程》一节。

“同学们，咱班与锦山三中的六年级一班结成了友好班级，你们想不想给友好班级的同学们写封信呢?”

“想!”学生们异口同声地回答。

“同学们是否知道，当你们的信件邮到锦山镇以后，邮递员叔叔还要将这些信件分别送到各个同学的家中。现在我们以 10 人为例，他们的家分别住在以下几个地方，(老师展示10位同学家住的不同位置图表）你能否设计出一个好的方案，让邮递员叔叔既少走路，又能快速地把你们的信分别送到这10名同学的手中呢?”

面对这样一个实际的学习任务，学生表现出很高的学习热情。他们积极思考、踊跃发言。有的说从甲路线走路程短，有的说从丙路线走不绕弯，一时间各抒己见，场面热烈。

“同学们，‘条条大路通罗马’，你们说的答案都能把信送到，但究竟哪条路线最快捷，这需要我们求证一下。大家现在分别算一下每条行程的距离，为邮递员设计一条既快又便捷的路。”

同学们以很高的热情参与到本课的学习过程中，纷纷按照学习要求，计算出各条行走路线的总路程，最后对比结果，得出了一个最优的方案。

**案例二**

教学初中数学应用题，我把现实生活中的实际问题拿来与学生共同研究探讨。

“同学们，现在我发布一条新闻。”我停顿了一下，故弄玄虚地看着学生。

“哈尔滨市政府为了给市民创建良好的人居环境，准备在近几年内动迁啤酒厂和轧钢厂，使它们远离居民小区。”

“老师，这已经不是新闻了，大家都知道了。”显然，这个话题已经引起了学生们的兴趣。

“为了保护环境、美化环境，市政府对动迁后小区建设提出了明确要求。”我没理睬学生的插话，有意识地继续我的话题。

“建设规划要求：区内绿色环境面积不得少于区域总面积的20%。若回迁户购房每户占70m$^2$，则绿色环境面积占总面积40%。现在又有20户加入购房，每户用房面积也是70m$^2$，则此时绿色环境面积只占总面积15%。问：最初需购房的有多少户？至少退出几户?”

由于部分同学家正住在将动迁的小区内，他们非常踊跃地思考、计算，其他同学也住在附近，感觉很贴近自己的生活，因此，学生都积极探讨、研究自己生活中的数学。

## 教学延伸

教学应当贴近生活，贴近实际，这样才能促进学生主动去理解和学习知识、研究问题，提高运用知识的能力。

1. 教师要学会根据课标要求和教材内在的联系，对教材进行优化重组

把教学内容设计成分镜头“剧本”，确定传递知识的最佳途径，注重知识的横向关联和纵向层次以及纵横间的统一，在此基础上找出适宜创设问题情境的最佳切入点。

2. 教师要积累大量具体、丰富、生动的材料

材料贫乏，只能“照本宣科”，无法达到设置创新氛围的要求。积累材料是一个艰苦细致的工作，要求教师处处留心，在平时的读书、看报、看电视、上网的过程中，甚至在学校开展的各项活动中，发现可用于教学的好材料，并引入到教学当中，引发学生的思考。长此以往，材料就会日益丰富多彩，用起来就会得心应手，教学效果就会越来越好。

3. 将抽象的知识形象化

教师要加强发散思维和想象力的锻炼，提高联想能力，教师要善于把书本上的抽象知识变成在一定程度上可以直接观察、体验的具体对象。这样，化平面的视觉感受为立体的视觉感受，化静态的储存为动态展示，从而使教学由枯燥变得富有趣味。

4. 教师要练好四种功夫

启发教学。启发贵在教师的巧妙发问，要想把深刻的问题通俗化，教师必须善于提出能够将高深的理论“还原”的问题。问题的设计要带有启发性，能帮助学生加深对内容的理解。

教学语言精练幽默。夸美纽斯说过：教师的嘴，就是一个源泉，从那里可以流出知识的溪流。丰富生动的语言，可以使枯燥的教学内容变得生动活泼，在学生大脑中产生再造想象情景，达到刺激学生积极思考的目的。在教学中，凡描述性语言力求生动活泼，介绍性语言力求通俗明白，论证性语言要求言简意赅。生动的、幽默的、风趣的、诙谐的语言对学生有很强的吸引力，能产生明显的教学效果。

比喻的能力。恰当的比喻可以使同样的学习内容更为学生所接受，使教学变得通俗易懂，引发学生的联想，产生良好的教学效果。

比较的能力。比较是使事物变得容易理解的好方法，教师在教学中善于运用比较，可以帮助学生找到事物的同中之异和异中之同，便于学生深刻理解事

物的本质。

实践证明，贴近生活的教学，会使学生的思维更具张力，提高学生学习的主动性，有利于学生想象、联想和创新思维能力的发展。

5. 教师要借助相关的载体，使教学贴近生活

(1) 利用幻灯、图片可以创造教学情境，产生良好的教学效果。如：在讲到某个定理时，利用图片介绍定理的发明人或一些例证，可增强学生的联想思维，加深对人物思想及定理内容的理解，实物图片可增强学生对所学科目的兴趣。

(2) 利用电影、录像等教学手段创设特定情境，给学生以生动的感性知识。例如：可以将学生在数学活动课中的表现或学生自己查找的资料、录像剪辑，再放给他们自己看，集体总结讲评。因为是自己制作或身边发生的事，再加上声情并茂、情景逼真，所以会激发学生兴趣，促进学生的思维，产生良好的教学效果。

(3) 利用计算机进行辅助教学。计算机具有综合性和交互性，可以模拟真实的场景，虚拟超现实的空间，使学生身临其境，产生丰富的思维联想，进而激发灵感，是创设情境的最有效手段。

## 专家点评

贴近生活教学，联系生活学习，解决生活中的问题，激发学生学习的主动性，进而提高学生的学习能力和实践创新能力。以上两个教学案例充分体现了这一教学意图。与此同时，陈老师就数学教学如何贴近生活，贴近实际，提出了富有借鉴意义的思考。

要使教学贴近学生、贴近生活，教师要具有课程重组和课程生成的能力，而教师知识储备和人文科学素养的提高则是实现这一教学思想的基础。

要实现生活教学，以上教师相应的能力是不可或缺的。

总之，教学贴近生活，教学符合实际，可以最大限度地调动学生的学习积极性和学习热情，优化教学环境和教学过程，达到构筑创新思维的平台、点燃创新思维的火花的教学目的，为培养具有创新精神和能力的人才，打下坚实的教育基础。

（周文娟）

# 让写作快乐起来

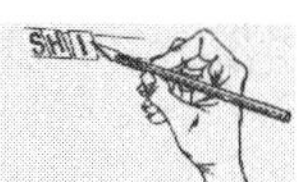

## 兴趣导入，让学生主动爱上学习

初中语文教学中，令人最苦恼的莫过于作文教学。我在初中二年级的上学期接手了一个班级，班里共有28名学生，各科成绩普遍较差，语文作文尤其困难。由于他们平时缺少作文训练，所以写出的文章篇幅短小，内容单调乏味，平铺直叙，缺乏生活感。为了激发他们的写作热情，增强学生写作的兴趣，我尝试拓展学生作文的思路，引导学生自由写作，表达自己的真实感受和真切体验。

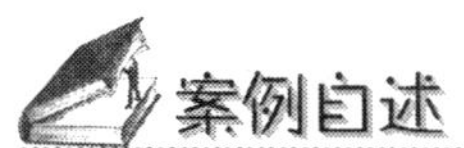

### 案例自述

〔赵丽丽〕

又是一节作文课。当我走进教室准备上课时，突然发现有两个学生在下面窃窃私语，打打闹闹。我正想着发火，可是转念一想，又平息了下来。学生说话，说明他们有表达的欲望，应该给他们展示和表达的机会。此时，我站在讲台上，平静地望着他们，直到教室里完全安静下来。

"同学们，你们初二年级的学习即将完成，老师以前对你们并不了解，没有过多地与你们交流沟通，今天想跟同学们聊聊天，好吗?"

学生听了我的话，都觉得非常诧异。平时的我可是以严厉出名，面对这样一些调皮的孩子，我还没有笑过呢，他们有些不知所措，都睁大了眼睛看着我。

我看了看他们，微笑着对他们说：“老师没有别的意思，我教了你们快一个月了，再接下来也没有多长时间这一学年就结束了，我就是想了解了解你们，我们互相了解一下，说说话。”

学生听了我的话，顾虑消除了，开心地笑了。于是，我提出第一个问题：“你们平时最喜欢干什么?”

一石激起千层浪，话音刚落教室里顿时活跃起来，学生都在下面说了起来，这时我要求学生一个个清楚地告诉我。

“最喜欢买彩票，喜欢中奖的感觉。”

“最喜欢打篮球，最爱看 NBA。”

“最喜欢踢足球。”

“最喜欢看电视。”

“最喜欢上网。”

“最喜欢看小说。”

“最喜欢逛街。”

……

也许是找到了学生说话的兴奋点，学生们在下面显得格外起劲。看到这种情景，我又“欲擒故纵”。

“大家说了这么多喜欢的事，能告诉我你为什么喜欢吗?”话刚完，下面学生安静下来了，没过多久，学生又开始“动作”了，我抓住这一时机，叫了一个平时喜欢打篮球的学生发表自己的感受。

“打篮球给我自信，使我快乐，所以篮球是我的最爱。”一张口，语出惊人。“说得好。”我当即鼓掌，下面同学也拍手叫好。

由于开了一个好头和我的鼓励，接下来学生都积极配合，思维活跃，说话热情高涨。

“足球是时代性的运动，踢足球可显示一个人的风采，足球使我找到感觉。”

“上网，让我一网情深，跟人聊天、玩游戏、听音乐，上网查各种有用的资料。”

“读书，使我不出家门了解天下，使我感受书中有无穷无尽的知识和乐趣。”

“发呆，就是天天什么也不干，在那里凭空地想象，是最有意思的事情了。”

“穿漂亮的衣服，爱美之心，人皆有之嘛！”……

这些即兴的发言使我一下子惊呆了，学生也对自己的出色表现感到兴奋。此时，火候已到，我因势利导，抛出早已准备好的话题作文——以“兴趣与爱好”为话题写一篇作文。

“以上我们每个同学谈了自己的兴趣爱好，说得非常精彩，只要我们每个同学把自己的感受说出来，记下来，就可以写成一篇好作文。

其实，写作文并不难。关键是要有自信，写真话，写自己的感受，写自己的体会和思想。如兴趣与爱好，是我们每个人最直接的感受，刚才大家说的都非常精彩。如‘上网’这个话题，大家感受比较真切，说得也很清楚，把它整理写出来，就是一篇好文章。喜欢上网的同学，请你们说说，在网上你有哪些独到的感受？从网络中获得了哪些有价值的东西呢？”

话一完，学生就低头思考起来，过了一会儿有人开始举手发言了：“上网可以让我们结交好多的朋友。在现实生活中，总有人认为我们班是差班，鄙视我们，看不起我们，在网上我们可以重拾自信。”

“平时有好多的东西，我们并不是很理解，网络可以教会我们很多的知识，其实，我们正确地对待网络，我们是可以让网络为我们服务的。”

……

提起网络，孩子们似乎有说不完的话。

“说了这么多，我们要对‘兴趣与爱好’这个话题拟个题目。看谁想好了先说。”

“老师，可以叫《我的兴趣爱好》。”急性子刘铁抢着说。

“不好，这个题目太一般，不能吸引人。”

“不好，这个题目不能体现自己的个性。”

“不好，这个题目太笼统，不能突出自己的兴趣爱好。”

“不好，不如改为《噢，我的网络天堂！》。”

“不好！还是应以《生活因网络而精彩！》为题。”

这一题目一出口，顿时获得一片叫好声。如果不是亲耳听见，确实很难相信这个题目出自这个班级学生之口，有了这个好题目，作文就已完成了一半。

利用他们高涨的兴趣，我顺势对他们进行拟题和作文辅导。

学生们很快进入了角色，埋下头来写自己的作文。快要下课的时候，还有几个平时根本就不写作文的学生，红着脸把他们的作文拿来，让我批改。这次班里的作文质量也比以往的任何一次都好。

## 教学延伸

通过这样一堂课，写作的火花在每一个学生心中点亮，学生写作的积极性都被很好地调动了起来。由此可见，学生是可以写好作文的，只要触动了学生的感情神经，选材得当，命题新颖，相信作文自然会绽放其独有的光芒，就会让学生自主地发挥主观能动性，变厌写为乐写，使学生在琢磨中悟道，在坚持中获得乐趣，使学生的作文越来越好。

作文教学是一个循序渐进、不断积累发展的过程，仅仅通过一堂课，很难断定学生是否对作文有了浓厚的兴趣并能坚持写作。要全面提高学生的写作水平，就要持续不断地练习。但通过这堂课，使我对这些学生有了新的认识，也感觉到对新课标、新教学理念学习实践的重要性。这堂课我认为有几点是成功的：

1. 树立学生主体意识，发挥学生说话、写作的主观能动性。要让学生动起来，对自己感兴趣的话题畅所欲言，有话可说，有内容可写。

2. 找准切入点，让学生找到生活与写作的桥梁。每个学生都有自己感兴趣的事物，即使再差的学生，也有自己的“一技之长”。作为教师一定要善于发现并利用学生的这些“亮点”，从而有效点燃写作兴趣之火，特别是学生所表达的有关内心世界的感受，言语自然有味，真实体现了学生的个性。

3. 调整作文要求，化解作文难度，使学生稍微一“跳”便能摘到“果实”。课堂上与学生聊天说话，消除学生对作文的紧张恐惧心理，让他们轻松进入写作状态，调动学生对学习生活中知识的积累，使作文有话可说。从学生拟写的作文题目来分析，远远超出平时的水平，若不是采用这种方式，很难达到这样理想的教学效果。

但这节课也存在不足：教学方式过于单一，而且教具的配置不够，如果我能做到先写篇范文给学生参考，相信效果会更好。

因此，我认为作文教学要结合现实生活，激发学生的写作热情。叶圣陶先生说过：“作文这种事离不开生活，生活充实到什么程度，才会做成什么文章。”这十分明确地点出了作文与生活的关系。学生的生活越丰富，作文的内容就越充实。因此，教师要不断充实学生的生活，并把他们引入生活，诱发他们在生活中产生“想写”的意识、欲望。而且无论对什么层次的学生，情境教学都是一个非常好的方式，教者要创设一定的情境，激发学生的写作欲望。

对于写作能力较差的学生，要适当调整作文要求，不要让他们对作文望而生畏，要使他们喜欢表达自己，喜欢写作文。老师要多表扬学生，多多给他们温馨的评语，使他们觉得自己也是成功的，有一种满足感。还有，在写作教学中，应注重培养观察、思考、表现、评价的能力。要求学生说真话、实话、心里话，不说假话、空话、套话，使作文符合自然、生活、哲理的要求，真正做到“让写作快乐起来”。

## 专家点评

这是一堂成功的作文课。对于语文教师来说，最难的一定是作文教学。作文是考查学生语文综合素养最好的途径。但是我们的学生往往写不出作文，写不出好的作文，作文中空话、套话、废话、白话比比皆是。一方面是学生缺少写作素材，缺少对生活的积累，缺少观察，更主要的是教师在作文教学中指导不够，致使整体作文水平不高。但是本案例中的教师，在面对偏差生的时候，能够很好地创设情境，发掘学生的兴奋点，引导学生说，由说顺势延伸到写，并在过程中对学生进行作文指导，使学生能在有话可说的基础上做到正确地说和写，而不是胡乱地写，没有章法地写。

本案例的教者能在课堂上平等地和学生进行对话，在无形中降低了学生对作文的惧怕心理，让学生发现写作文表达自己也是非常简单、快乐的一件事情，这就给今后的作文教学打下了一个良好的基础。而且在课堂教学中，教师鼓励学生说真话、说实话，这就无形中训练了作文中的情感因素，让学生知道写作中有真情实感，才能有话可说，才能打动别人。

（何双梅）

# 让学生“活”起来的语文课堂

## 精彩导学，让学生爱上课堂

德国教育家第斯多惠说过：“教育的艺术不在于传授的本领，而在于激励、唤醒和鼓舞。”那么，在新一轮的课程改革中，语文教学怎样才能成功调动起学生学习的积极性，让他们主动参与到教学活动中，真正成为课堂的主人呢？

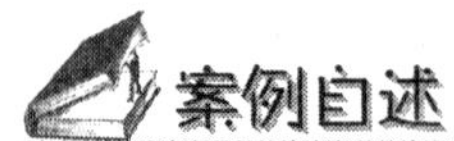

### 案例自述

〔王文利〕

初二的语文课上，一首熟悉的乐曲声把学生引入……

师：“同学们，你们喜欢音乐吗？”

生：“喜欢。”

师：“喜欢听什么样的音乐呢？”

生 1：“我喜欢听流行歌曲。”

生 2：“我喜欢听古典乐曲。”

师：“喜欢听流行歌曲的，我们今天换一种风格；喜欢听古典乐曲的，老师满足你们的愿望。”

播放《命运交响曲》，请学生闭上眼睛聆听音乐。

师：“从音乐中，你听到了什么？”

生 3：“我感到热血沸腾。”

生 4：“我觉得如山崩地裂，似火山喷发，令人惊心动魄。”

师："这首撞击心灵的乐曲，它的曲名是什么？是谁创作的？"

生5："是贝多芬创作的《命运交响曲》。"

师："那么，贝多芬是一个什么样的人，他又是在什么情况下创作出了这首不朽的乐章呢？今天就让我们一起走进《音乐巨人贝多芬》。"

教师板书课题，然后用多媒体展示贝多芬各个时期的照片和电影《贝多芬》片段，在《月光奏鸣曲》伴奏下，配以人物解说。

"路德维希·冯·贝多芬出生在莱茵河畔波恩城的一个音乐世家里，是德国伟大的作曲家、维也纳古典乐派代表人物之一……"

学生看得很认真，同时被贝多芬不屈的意志和顽强的精神所感动，敬佩之情油然而生。影片结束，解说和音乐声停止，学生依旧表情凝重……

师："通过解说，大家对贝多芬有了大致的了解。请大家再通读课文，谈谈你所感受的贝多芬？"

生1："我认为贝多芬是一个平凡的伟人。贝多芬面对耳聋的打击，却不消沉，创作出不朽的音乐，所以我认为他是一个伟人，但他也有凡人的喜怒哀乐。文中写道——一滴泪在大音乐家眼里闪光，我有时不免叹息，我真软弱……一个大音乐家最大的悲剧是丧失了听觉。"

生2："我认为贝多芬是一个坚强的人。文中写道：'他的脸上呈现出悲剧'，描绘出贝多芬坚忍无比的生的意志。"

生3："我认为贝多芬是一个热爱生活的人。文中贝多芬说到——'你可能想到我——一座已倒落了的火山，头颅在熔岩内燃烧，拼命巴望挣扎出来'。"

……

师："同学们对贝多芬的感受和认识是真实的，也是深刻的。贝多芬确实是一个平凡的伟人。他有着和凡人一样的喜怒哀乐，当有人来拜访他并希望了解他时，他会感动得流泪；当无端被打扰时，他一样会表现出不耐烦；面对耳聋的打击，他也不免叹息，感到软弱。但是贝多芬之所以是伟大，之所以是巨人，就在于他具有超出常人的坚强意志，不向厄运低头。他的最伟大的作品《第九交响曲》就是在全聋后所作，聋子能创作音乐已是奇谈，何况所作的又是最伟大的杰作。对此，我国著名翻译家傅雷对他作了高度评价。"

（大屏幕展示傅雷的评价，多媒体播放）

师："同学们，大家还知道哪些人身处逆境却不消沉，取得了卓越的成就？”

生4：“张海迪，半身瘫痪，在轮椅上自学成才，写了《生命的追问》、《轮椅上的梦》。”

生5：“海伦·凯特，双目失明，却成了一位著名的作家。”

生6：“司马迁虽受宫刑，但他却忍辱负重写出了《史记》，被鲁迅评价为‘史家之绝唱，无韵之《离骚》’。”

……

师：“大家说得非常好。在困难面前，我们应该树立信心，正确面对困难，积极地去克服困难。”

师：“人的一生如云卷云舒，潮起潮落，相信大家在今后的人生之路上也会正确对待挫折，让我们各说一条关于对待挫折的名言俗语以共勉。”

师：“宝剑锋从磨砺出，梅花香自苦寒来。”

生7：“塞翁失马，焉知非福。”

生8：“困难如弹簧，你强它就弱，你弱它就强。”

生9：“得意淡然，失意夷然。”

生10：“交好运时要谨慎，遭厄运时要忍耐。”

生11：“烈火试真金，逆境试强者。”

……

在学生们的诵读中，我用多媒体播放了2005年春节联欢晚会由聋哑人表演的《千手观音》。聋哑人表演团的精湛表演让全体同学屏息凝视，肃然起敬，大屏幕滚动着老师送给同学们的话——

我们不希望遇到不幸，但当不幸落到我们身上的时候，我们要像贝多芬那样，用肩膀扛起不幸，用意志战胜不幸！

师：“刚才我们已经深入了贝多芬的内心世界，却仍与他对面不相识，他的肖像如何？你能根据他的画像加以描述吗？”（生根据画像描述）

师：“文中是怎样描写贝多芬的肖像的？阅读全文，勾画关于贝多芬外貌描写的句子。”（生齐读外貌描写的句子）

师：“体会这些外貌描写反映了贝多芬怎样的内心世界？”

生1：“他的内心非常坚强，因为文中写道：他仿佛要挑起整个生命的重荷及命运的担子，而他给人的印象就是他能担负得起。”

生2：“从他的外表描写中，我可以看出他的生活很穷苦，因为他的耳机失效了。”

生3：“外表描写显示着他对于不幸遭遇不妥协不屈服的抗争意志。文中写道：‘他有一双有力的大手’，‘有一种凝视不可逼视的光’、‘深邃的目光’、‘紧闭的嘴唇’。”

师：“从课文的描述中，我们已经感知了贝多芬这位音乐大师的外貌特征，对人物的描写，我们应该做到以下两点。”

（大屏幕展示：）

1：要以形传神，忌面面俱到。

2：忌“脸谱化”，要反映出人物的内心和思想。

师：“我们现在根据人物描写的特点，来做一个游戏。猜猜她（他）是谁。”

师做示范，展示投影。“她是一个阳光女孩，脸上经常绽出微笑，似春日的阳光；喜欢扎着一条马尾辫……”

生（众）：“马丽欣！”

师：“老师只是抛砖引玉，下面就看你们的表现了。”（出示投影：三分钟人物速写，选取同班同学或老师，描写他的外貌，五十字以内即可，不提及姓名，写完后朗读大家一起猜）

生1：“看，那位穿着白色运动服、活跃在篮球场上的女孩，齐耳的短发有节奏地跳跃着，白皙的脸上透着朵朵红晕，弯弯的眉黛、清澈的大眼睛都透露出青春的气息。”

生（众）：“孙璐！”

生2：“他，篮球似的脑袋，圆盘状的脸，红彤彤的脸蛋；一笑起来，肉堆里便扑闪着两颗黑葡萄似的小眼睛；身材像滚筒，不过，可别说他丑，要知道人不是因为美丽才可爱，而是因为可爱才美丽。”

生（众笑答）：“王也！”

……

师：“本文的独特之处就在于把音乐巨人贝多芬还原为现实生活中活生生的人。生活中的贝多芬正如罗曼·罗兰所言——”

出示投影，师生齐读：“他是一个不幸的人，贫穷、残疾、孤独；他是一个由痛苦造成的人，世界不给他欢乐，他却创造了欢乐来给予世界！他用他的苦难来铸成欢乐！”

师："现在就让我们一起来感受贝多芬带给我们的欢乐吧!"

《欢乐颂》响起……下课铃响起。

叶圣陶先生曾说过："教材无非是例子。"那么，利用好例子教给学生学习方法之后，接下来的应该是大量的实践，只有在实践中，学生的能力才能不断巩固、提高。在语文教学中，只有把课堂真正交给学生，让学生在课堂教学中"活"起来，才会收到事半功倍的教学效果。

## 教学延伸

记得在课程改革开始的时候，很多教师、家长这样说："新课程改革虽是一个实验的过程，但它却关系着千千万万个孩子一生的命运!"今天，新课程改革已经实施四年有余了，一直在一线从事语文教学的我，深刻感受着新课改给教师、给学生、给教与学过程带来的可喜变化。我越来越深切地感受到，语文学科作为所有工具学科的"工具"，教师应该首先让学生"活"起来——

1. 要创造看的机会，让学生的眼"活"起来

《语文课程标准》指出"应该让学生更多地接触语文材料"。语文教学不仅仅是学习课本上的知识，还应该利用各种现代教学手段，把历史中的画面、生活中的情境带入课堂，给学生创造多看的机会，让学生用自己的眼睛来观察，用心灵去体会。多媒体课件把与课文相关的内容进行了有序排列，大大增加了语文课堂的信息量，有效地提高了课堂的学习效率。所以，教师在备课时可以利用网络、教参等资源多给学生创造看的机会，使学生的眼睛"活"起来，让学生在看的同时激发兴趣，丰富知识，增长见识。

2. 要创造说的机会，让学生的嘴"活"起来

陶行知先生说过："发明千千万，起点在一问。"有问题，是积极思维活动的表现，是创新的开始。我鼓励学生从各个角度质疑，如此一来，学生的口动起来了，问题多起来了，创新的思维活起来了。在教学中鼓励学生畅所欲言，大胆动口说出自己的看法，提出自己的问题，既激发了学生学习新知识、掌握新知识的兴趣，又培养了学生的创新思维。

3. 要创造做的机会，让学生的手"活"起来

有了知识并不等于有了能力，只有知识内化了，才能说知识就是力量。

《语文课程标准》指出，语文应“指导学生正确地理解和运用祖国语文，丰富语言的积累，培养语感，发展思维，使他们具有适应实际需要的识字能力、阅读能力、写作能力、口语交际能力。”因此，教师在教学中要求学生自己动手、自觉地探索知识的奥秘，在动手中学习，在动手中提高能力。

在教学过程中，教师可以要求学生自主探究，阅读课文中的文字及图片，自己动笔抒写自己熟悉的人物的特点等，在这个过程中，可以充分发挥语文课的互动性，培养学生的探究能力。

4. 要创造想的机会，让学生的脑“活”起来

爱因斯坦说：“想象力比知识更重要，因为知识是有限的，而想象力概括着世界上的一切，并且是知识进化的源泉。”在教学中，要善于引导、鼓励学生积极主动地去“奇思妙想”、“别出心裁”，这样能给学生留下最直接、最深刻的印象，从而使学生的创新精神得到培养。

语文教学中，让学生从多方面探求，多角度思考，多情景描述，多情节描写。去求异，使思维纵横扩散；去求佳，使思维聚合收敛，以引发发散思维。在教学过程中，引导学生的思维产生突破性的飞跃和敏锐式的顿悟，以突发奇想去激发学生创新思维的火花。

在新课程改革理念的指引下，新的语文教学应为学生们提供一个温馨、和谐的人文环境，倾注更多的人文关怀，激发起学生的情感渴望，点燃起学生的心灵火花，让语文成为学生人生成长的维生素。新的语文教学应用全人类文化的神韵去滋润学生的心田，引领他们登堂入室，领略人类文化大厦的恢弘气势和美丽神奇，充分享受人类文化之中的无穷乐趣。新的语文教学，应是师生共度的生命历程，共创的人生体验。新的语文教学，应让学生在琅琅书声中，用心灵去拥抱语言，和作者做心灵的直接对话，在思维和情感的强烈震撼中领会作者伟大的人格、深邃的思想和美好的情操，让学生在琅琅书声中，感受和再现作品的情思美感，体验语言的节奏感、音韵美，从而热爱祖国的语言文字。新的语文教学，应让学生在学习语文的过程中体验到学习的乐趣，并期待终身学习所带来的快乐。

教育家杜威说过：“给孩子一个什么样的教育，就意味着给孩子一个什么样的生活！”教学不仅仅是一种告诉，更多的是学生的一种体验、探究和感悟。给孩子多大的舞台，他就能跳出多美的舞蹈。课堂是什么？课堂是激情燃烧的动感地带，是他们求知、创造、展示自我、体验成功的平台，是学生健康成长

的地方。学生的潜力是无限的，关键在于教师是否给了学生足够大的平台！

## 专家点评

在上述案例中，这位老师打破了书本、教室对学生们的禁锢，通过多种方式在教学过程中激发学生学习兴趣，或直观演示、或旁征博引、或巧设悬念……激发他们的阅读欲望和写作动机，创造了“我要学”、“我想学”的快乐教学气氛。

这位老师以教材调动学生，使学生乐学，并将一定的学习目标转化为学生的学习兴趣，通过创设合理的情境，让学生的学习活动始终处于兴奋状态。教师在动态的教学过程中重视对学生学习行为的引导、点拨、调控，让学生的学习活动围绕既定的目标展开，通过速读、默读、品味、模仿、游戏，进行快乐的学习，激发学习兴趣，产生自主学习的内在动机。

让写作为学习和生活服务，让写作成为学习和生活的一种工具，让写作切实能够促进学生的综合发展，这一直是我们语文教学要实现的重要目标。所以，本案例最为值得肯定的一点是：这位老师以对贝多芬的人物描写为切入点，成功将“励志教育”与肖像描写的“习作”练笔结合在一起，使单纯的“习作”练笔技能目标发生了变化，“励志教育”成了课堂教学活动的重要准备过程，有效促进了“习作”活动的开展。

这位老师从多个角度成功地给学生创造了动眼、动口、动手、动脑的机会，从而引起了学生心理的触动和共鸣，使语文课堂真正成为学生的天地。这不仅有利于启迪学生的智慧，调动学生学习的积极性，更有利于培养学生的能力，激发学生的学习的“内驱力”，为学生终生学习、成才创造重要契机。

（何双梅）

# 二、让生活走进教学

# 贴近生活的教学

## 向生活求证，启发学生创新意识

21世纪的学生，生活在高度信息化的社会，心理和思想的成熟度远比我们想象的要高。面对这样的学生群体，课堂教学怎样才能调动起他们的学习积极性，让学生主动地参与到教学活动中呢？

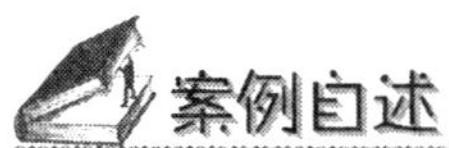

### 案例自述

〔何　泉〕

一节初二的语文作文课上，我向学生提问："如果我打算送5克重的黄金项链给你们在座的一位，但是我准备把黄金丢弃在野外并埋入泥土中，你们还要吗？"有同学举起手来。

我看了一下举手的同学，然后微笑着问学生："无论我如何对待这金子，你们都想要它，是吗？"

一位同学站起来回答："因为它仍然是金子。"

我微笑着点头说："的确如此，它的确没有贬值，它依旧是5克重的黄金。同学们，从刚才的问题中你收获了什么呢？"

学生A答："老师，我认为您无论怎样对待这5克重的黄金，它都不会丧失它原有的价值。"

学生B答："我觉得价值是永恒的。"

学生C答："不仅金的价值如此，生命的价值也是永恒的。"

学生D答："老师，我的观点与他们不同，我觉得您无论怎样对待这5克重的黄金，它都'坚挺'，未失去它的价值。这正告诉我们：只有坚强才能不失去价值。"

学生E答："小草有它的价值，给人们带来绿色，充满顽强的生命力，跟黄金一样，体现了生命的价值。"

"同学们说得很好，其实人生路上我们会无数次被自己遭遇的逆境击倒，甚至被碾得粉碎，但无论发生什么我们永远不会丧失价值。生命的价值不因我们身份的高低而改变，也不仰仗我们结交的人物，而是取决于我们自身！永远不要忘记这一点！既然同学们有如此多的感慨，那我想你们一定想要将内心所想一吐为快。下面就请以'价值'为话题写一篇作文。①文体自定；②题目自拟；③600字左右。"

学生们拿起笔，一脸的沉思，动笔写起了作文……

## 教学延伸

教学要贴近学生，贴近生活，将教学活动置于现实的生活背景之中，从而激发学生作为生活主体参与教学的强烈愿望，同时将教学的目的、要求转化为学生作为生活主体的内在需要，让他们在生活中学习，在学习中更好地生活，从而获得有活力的知识，并使情操得到陶冶。

"学会生活，学会学习，学会做人。"素质教育这一最通俗的诠释，正说明我们的教学要回归生活。知识来自于生活，课堂教学的外延与生活是相同的，我们理应以课堂为起点来实施生活化教学，加强课堂教学与生活的沟通，让教学贴近生活，联系实际。

### 一、教学要回归生活

#### 1. 访一访，观察生活

教学内容与学生的生活经验是有距离的，所以学生在知识的感知上也是有局限的。即使教学内容是学生常见和比较熟悉的生活现象，也往往由于学生观察能力不够而不能引起注意。所以，教学时应结合学习，指导学生走一走，访一访，看一看，通过观察去认识知识，感知教学要求，提高学生的观察和理解能力，激发学生的学习兴趣。

2. 做一做，体验生活

俗话说："要想知道梨子的滋味，应该去亲自尝一尝。"教学时可以通过实验、模拟、访谈和设计等，让学生身临其境，再现和应用知识。让学生感受到知识就在身边，学习就在生活中，增强学习的亲近感和成就感。

## 二、生活中孕育教学

1. 联系学校生活学习

学校是学生生活的重要舞台，这座舞台上发生的一些故事可以引入到学生的学习中来。例如：设计一下作息时间，编制一项野游方案，搞一项专题调研等等，现实问题和执行中的任务会激励学生学习，培养学生的责任感。

2. 联系社会生活学习

教学要沟通课堂内外，充分利用学校、家庭和社区等教育资源，开展综合性学习活动，拓宽学生的学习空间，增加学生学习实践的机会。例如：社区生活环境观察、社会规范用字调查等。学生由学校走向社会、走向生活的拓展过程可以由多种形式实现，可以是教师悉心安排的、有利于学生自主的活动，也可以是教师组织的集体活动。只要能留心，就会发现校内外的教育资源是十分丰富的。

3. 联系家庭生活学习

父母是儿童的启蒙老师，家庭是儿童学习的第一场所。教师可以抓住每个学生家庭的特点巧妙设计教学。例如：有的学生家长是卖服装的，则可以让他设计一下服装广告；有的学生家长是卖水果的，则可以让他做一下成本预算，等等。这样一来，学生的积极性提升，家长更是倍加赞许。

总之，生活处处皆学问，社会实践是课堂。教学生活化，不仅可以克服传统教学单调、呆板的弊端，而且优化了教学过程，使以创新精神和实践能力为核心的素质教育真正落到实处。

### 专家点评

作文一直是中小学语文教学的难点，而如何破题导入，让学生进入主题思考更是多年来作文教学关注的热点。何老师的这个作文教学案例，在不经意间把学生带进了对“价值”的思考，可谓独具匠心，富有创意。

其一，何老师巧妙地制造了“悬念”，一条金项链聚焦了学生的全部注意力。

其二，顺理成章地抛出“价值”问题，引发学生对生活中的价值和生命价值的探讨与思考，为接下来的作文教学做了铺垫。

其三，在引出话题、激发思考的基础上，让学生不知不觉地进入写作状态。

语言来自于生活，创作于生活，应用于生活，语文教学尤其是作文教学要遵循这一思想开展教学活动。让教与学贴近学生的生活，生成于学生感受和经验上，关注着学生的个性成长，培养学生语文素养和实践创新能力。

（何双梅）

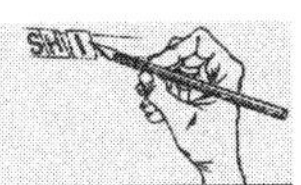

# 走进生活的探究性学习

## 实践中求证，让学生在体验中探究

将学习、研究和探索融入学生的生活世界和社会实践之中，让学生发现生活中的学问，学会创造新生活。

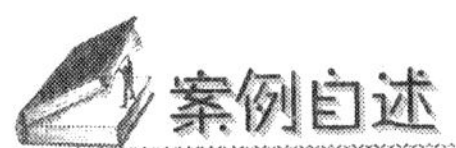

### 案例自述

〔钟　雯〕

这是高中化学《盐类的水解》一课的教学片段。

教师："今天我们一起来研究家庭厨房中常用的几种调料用品。"

(我展示了学生熟悉的几种物质：食盐、苏打、酵母粉、明矾)

教师："谁知道它们的类别、组成和用处?"

学生1："食盐 $NaCl$ 是做菜的调料，也是人体必须补充的物质。"

学生2："苏打是面碱，应该属于碱类。"

学生3："酵母粉 $NaHCO_3$ 是蒸馒头用的，可以中和发酵产生酸。"

学生4："$NaHCO_3$ 是酸式盐，应该是酸性的。"

学生5："苏打或面碱都是 $Na_2CO_3$ 的俗名，但是它属于盐类。"

(设计意图：让学生从熟悉的生活走近化学，让学生有话可说，有问题可想)

教师："这几位同学给出了以上问题的答案，现在哪位同学有办法通过实验验证这些答案是否正确?"

学生 5:“分别与酸或碱进行中和反应，观察现象进行验证。”

学生 6:“中和反应不一定都有明显的现象。”

学生 7:“检验这些物质溶液的酸碱性吧。”

同学们一致认为检验这些物质溶液的 pH 值更简单合理。实验结果 $NaHCO_3$、$Na_2CO_3$ 都是碱性，NaCl 是中性，明矾是酸性。

(设计意图：引导学生采用探究性学习方式，学会对比，选择合理的探究方法)

教师：“有碱性的物质一定是碱吗？有酸性的物质一定是酸吗?”

学生 2:“不是，‘碱’与‘碱性’的意义不同。”

学生 4:“真神奇，$NaHCO_3$ 是酸式盐却显碱性。”

教师：“现在，同学们知道了盐的水溶液不一定都是中性的，其原因是什么呢?”

学生 2:“是不是盐与水发生了化学反应?”

教师：“不错，如果盐与水发生反应那就是‘盐类的水解’。”

探究在继续，在学生掌握了“盐类的水解”的原理、了解了“盐类的水解”的规律之后，我又提出了新的问题。

教师：“可以食用的盐有多种，为什么人们只用 NaCl 作为做菜的调料呢?”

学生：“NaCl 可以保持人体的电解质平衡，满足生理需要。”

学生 1:“NaCl 不水解，是中性的，不会改变菜的口味，什么菜都适合。”

学生 5:“看来，苏打是不能用来拌凉菜的。”

(设计意图：引导学生将知识还原到生活之中，设法让生活经验成为学生的学习体验之源)

教师：“炸油条时要用到明矾和酵母粉这两种物质，知道为什么吗?”

看着学生茫然的样子，我布置了以“‘盐类的水解’在生活和生产中应用”为主题的社会实践探究性作业，学生可以自选内容，自拟题目，自查资料。

(设计意图：引导学生在社会生活情景中，发现问题，收集和处理信息，进行自主性探究，体会到生活中处处有学问，使学习从课堂延伸到社会，完成从化学教学走向社会应用的过程)

学生根据所学的知识和自我认知情况，在教师的指导下做出了多种选择。

选择研究灭火器工作原理的同学走访了消防队，向消防官兵了解泡沫灭火器的构造和工作原理，学会了泡沫灭火器的使用方法。提出了能否用固体碳酸氢钠代替其溶液，以及硫酸铝和碳酸氢钠以怎样的比例反应最合适等问题。为了解决这些问题，同学们不仅运用了水解的知识，还引入了反应速率、溶解度等知识，学生自主完成了知识的迁移。

选择研究净水原理的同学参观了附近的自来水厂，还成功地自制了简易净水器。

选择研究发酵与膨化食品原理的同学深入小吃店，向烹饪师傅学习蒸馒头、炸油条的方法，还自己总结了制作油条的配方。

当学生们汇报自己的研究成果时，他们充满了自信和自豪。虽然学生们探究的成果不太可能具有很高的学术价值，但是他们学会了在生活和社会实践中自主发现问题、探求真理，完善了知识建构，提高了独立思考能力同时对所学知识也有了更深入的理解。

我感到这样的教学不仅回归到现实的、具体的生活之中，更重要的是，回归到理想的、精神文化层面的生活之中，即帮助学生思考和认识生活的意义、目的及价值，增强他们提升和超越现实生活的意识。

## 教学延伸

“快乐学习”是新课程的重要思路之一，而探究性学习则是“快乐学习”的一种有效方式，它符合时代的要求。开展探究性学习，必须紧密联系实际，以身边事物为切入点，广泛摄取课程资源，才能展示新的学习视角，拓宽学生的知识视野，使学生乐于接受。我认为“生活是学习之源，探究是发展之本”。因此，我在平时的教学实践中注重教学回归学生的生活世界。一方面使教学与生活接轨，与实践结合，让学生在思考、实践和创新的学习活动中体验应用之乐，唤起学生亲近学习的热情。另一方面，教学目的不仅仅只是把教学内容从书本里、课堂上引向学生五彩缤纷的生活世界，从深层次上理解教学所要回归的生活世界不单纯是现实的生活世界，还包括精神层面的生活世界、动态更新的生活世界和学生内心的生活世界。即“知识源于生活，学习高于生活”、“探究是途径，发展是目的”。

我在指导学生开展探究性学习的教学中注重以下几个方面：

素材贴近生活。选取的探究素材贴近学生的生活，把学科知识镶嵌在生活和社会实践之中，能更好地使学生感受到学习化学在科学发展、技术进步、社会生产以及生活乃至生命中的价值；能促使教师在挖掘教学资源方面与时俱进，而不被教材所制约；能有效地缩短学生与所学知识的心理距离，减轻学生的学习压力，提高学习兴趣。我理解新教材的实施，不应仅仅看做是变换了一种形式，删除了一些内容，而应从教育理念改变的层面来认识。教者在教学实践中要认真体会教材的意图，深入挖掘其内涵，充分发挥其教育功能，实施创造性教学。

过程讲究探索。探究不仅仅是一种学习方式，而且是重要的学习内容。它要求在“探索中”学习化学，与传统的“听化学”、“读化学”的方式有着本质的区别。探索过程包含学生的思维活动过程、实践互动过程。教者要有意识地创设情景，改变原来枯燥乏味的“书本化学”、“黑板实验”的教学方式，帮助学生自己建构知识，体验学习过程。

方式强调实践。化学学习实践不能狭义地理解为“实验室——化学仪器、药品”，家庭、工厂、社会都可以成为学习实践的场所，碘盐、食醋、塑料袋等日常用品都可以成为实践研究的素材。随处发现问题，学会注重体验，这样的习惯一旦养成，学生将受益终生。

总之，教学要走进学生的生活世界和社会实践之中，就要“贴近学生”、“贴近生活”、“贴近社会”。作为教师应该用新课程的视角审视教材，教会学生用生活视角引入知识，用科学视角探求知识，用社会视角运用知识，完成“从生活走近化学”，再“从化学走向社会”，进而“深刻领悟知识所蕴涵的生活和生命意义”的学习过程。教师要设法让生活成为学生学习体验之源，让探究成为学生发展的双翼，努力为学生排解学习过程中的各种障碍，努力理解学生在学习、运用、发现、获得知识过程中的感受、经历和发展以及精神的满足和智慧的提升，努力使学生成为知识生成和建构的自由主体。

## 专家点评

在上述案例中，这位老师的做法非常符合新课程的教育理念。

一般教学内容与学生的生活经验是有距离的，学生在知识的感知上也是有局限的，教学回归生活最难的是找到一个合适的切入点。这位老师首先是巧妙地利用学生最熟悉的生活经验（家庭厨房调料用品）作为本次教学的铺垫，以唤醒学生知识体系中的“最近发展区”（酸、碱、盐与生活的关系）为切入点，使学生听起来感到熟悉，学起来感到亲切。

其次，教师给学生时间和空间去观察、猜想、操作、类比。通过设疑——讨论——质疑——实验——探索——归纳等教学环节，引导学生自主探究，层层揭示知识与生活的内在规律。这样的教学使学生出现“内心敞亮”、“茅塞顿开”、“豁然开朗”的感觉，学生才会享受到求知的愉悦。

第三，教师尊重学生富有个性的情感体验和思维方式，而不是把学生的思维纳入既定的模式中。鼓励学生说出自己的想法，做自己想做的实验，哪怕是不成熟或错误的。

第四，该案例最成功之处是教师设计的社会实践探究性作业。教师没有将自己的社会经验直接传授给学生，没有以成人对生活的理解代替学生的感受，而是让学生通过社会实践活动去激活学习愿望、构建知识体系，让学生去体验获得知识、激发情感的过程，在体验过程中，唤醒内在的潜能，激活闭塞的思维，开启心志，放飞情感，从而体验成长的快乐。

这种“贴近生活的探究性学习”，可以使三维教学目标落实得润物无声。这些做法若能长期坚持，必然会使以创新精神与实践能力为核心的素质教育真正落到实处。

（何双梅）

# 尝试生活识字

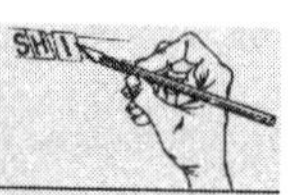

## 在身边学习，开发生活中的学习资源

识字教学是小学低年级语文教学的重点，尤其在新课程的要求下，语文教学在减少写字量的同时增加了对一些生活常用字的认识。面对入学年龄越来越小的儿童，怎样让枯燥无味的识字教学变得富有情趣？

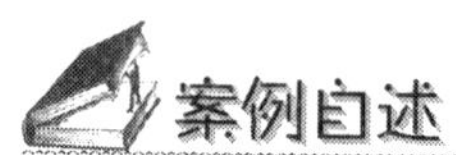

### 案例自述

〔林　宇〕

昨天识字课上学生兴趣不佳，课堂上发言者寥寥无几，更多的学生是默默坐在那里“欣赏”。虽然经过复习巩固，今天早晨测查仍不乐观，这些字的读写确实是一个难点。

正在思索中，班上的王举超和王天恒同学一脸迷茫地敲开了教室的门，“老师，我们还是没找到音乐室。”

上节音乐课，音乐老师将书落在教室，我让两名学生去送书，可能由于新校落成，刚刚搬入新楼，楼太大，两个学生找了半天还是没找到音乐室。

“噢，没找到，不是有标牌吗？”我下意识地问到。

“没找到。”两个学生把头摇得像拨浪鼓似的。

忽然，一个念头闪过：引导学生生活识字，这不正是一个很好的教学契机吗？我将目光投向在座的学生们：“你们谁能想出好办法找到音乐室？”

“问老师。”

“挨个屋找。”

“找门牌。”

“对，看门牌，我就知道管班级卫生的政务处在二楼。”

……

“老师，我认识音乐室这几个字。”张超略显兴奋地抢着说。

“那你为什么还没找到？”王文举有些不服气。

“楼太大了，牌太多了，有一个屋有点像，但屋里没人，没敢进。”

“老师，我还看到一个铺着红毯的大教室，门上写着‘音乐室’三个字，里面只有一架钢琴，却没有老师。”王天恒也委屈地嘟囔着。

“老师带我们去看看吧！”

“你们的课堂你们说了算，这节课我们一起到楼上去浏览一番。但有一个任务，就是识读门牌字。”话音未落，孩子们就迫不及待地欢跃起来，孩子的天真洋溢在整个教室里。

“这是语文教研室。”

“这是数学教研室。”

……

可以想象我和孩子们手拉手走在崭新的五层大楼时的心情。孩子们新奇地看看这看看那，兴奋地读着见到的每一个标牌，高兴地问这问那，不时地用笔记下“生字”。

……

## 教学延伸

兴趣是最好的老师，生活是最好的课堂，当我发现孩子们对新教学大楼充满了陌生与好奇时，我想起这样一句话：好奇的目光常常可以看到比希望看到的东西更多。正是因为孩子们这份好奇心，所以对参观过程中所发现的事物表现出极高的兴致，对识字充满了兴趣。

这次小小的尝试，引发了我更深入的思考：如何让识字、写字教学借助现实生活、自然环境、图书资料、报纸杂志这些资源作为“活教材”，拓展学生视野，强化情感体验，实现与生命的对话，以提高语文教学效率呢？我做了以下几点尝试：

## 一、创设识字环境，激励识字的热情

### 1. 利用校园环境，引导学生识字

孩子们大多数的时间都在学校班级中度过的，学校的墙报、标语、花草树木上的标签、校园文化长廊里刻的字画等都是学生识字的好教材，孩子们在轻松愉悦的氛围中和汉字交上了朋友。

### 2. 利用生活环境，鼓励学生自主识字

积极引导学生收集商标、广告宣传标语，留心车站牌、街道和单位标牌上的字，引导学生走出书本世界，走进生活世界，一边参观，一边识字。

## 二、创设读书环境，引导学生随文识字

大量阅读肯定可以让学生认识一些字，肯定可以帮助学生巩固一些字，但阅读在识字教学方面的真正贡献在于它能帮助学生深层次地“熟悉”字，因为在阅读过程中识别一个字，就意味获得了这个字所具有的意义。所以，真正意义上的识字，是学生自己自主地在具体的语言环境中进行的。

### 1. 利用《三字经》识字

《三字经》是家喻户晓的蒙童识字教材，它的许多内容广为人知。《三字经》流传久远、影响很大的一个重要原因是它的编排形式。全篇一千多字，都采用三字一句的形式，前后两句又大致押韵，读起来朗朗上口，学生很喜欢这种编排形式。每天午息时间，我都选择四句写在专栏上，利用几分钟时间让学生进行背诵，在朗读背诵的过程中，字形自然也就记住了。这种识字编排方式，一改单纯识字枯燥乏味的弊端，让小学生在兴趣盎然的读书中学习生字，同时受到一定的思想教育。

### 2. 在班级开展古诗背诵活动，丰富学生的积累，增加学生的文化积淀

### 3. 引导学生通过阅读课外书进行识字，用好课外读物

充分利用一切可以利用的课程资源，利用一切可以利用的活动场所，最终目标是构建起开放创新的、充满生机活力的语文课堂。

## 专家点评

识字、写字是阅读和写作的基础，是小学一二年级的教学重点。新课程标准明确指出：识字教学要将儿童熟识的语言因素作为主要材料，同时充分利用儿童的生活经验，运用多种形象直观的教学手段、丰富多彩的教学情境开展教学。老师能够利用身边的资源结合生活经验，让学生自主识字，这一尝试是难能可贵的。

教科书不是一本一成不变的经文，而是众多教学资源之一，它只是把学生引向人类智慧宝库的一条通道。教师要打破牢笼，敢于创新，利用身边可开发的教学资源，开阔学生学习渠道，把学生的学习向人类的文化智慧宝库延伸。这里的延伸是指导学生从课内向课外、从已知向未知的延伸，要力求接触更广阔的空间。

（刘正生）

# 让“小燕子”自己飞起来

## 开发生活情境，关注生活中的细节情境

前不久，我上了一节《走进童话》的作文课。如何才能让学生从生活积累中自然地流淌出“童话之泉”，把孩子们的童话情结原汁原味地激发出来，为此，我设计了用童话的写作特点引导学生写作的基本思路。可生硬的说教学生们是不会接受的；激发情趣，让学生轻松、自由、快乐地走进童话才是最好的选择。选择这个突破口后，我先后设计了几种教学方案，却一一被自己否定了。正当无计可施之时，透过玻璃窗，我远远地望见晨光中，几十只小燕子正整齐地排列在平行的两条输电线路上，叽叽喳喳地叙说着“秋日私语”，又或许是商议着南迁的计划。我眼前一亮，这眼前的一幕，不正是浑然天成的童话资源吗？

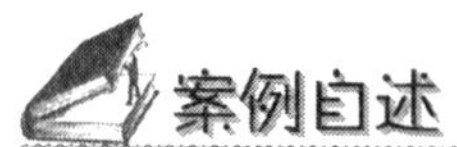

### 案例自述

〔王帮阁〕

当上课的铃声响过之后，我首先让学生回忆自己喜欢的童话，并谈谈喜欢的理由。（唤醒孩子们的童年记忆，使他们尽快地融入童话趣味之中，美美地想，美美地听，美美地谈，让积淀在孩子心中的快乐，欣欣然地流淌出来）接着，询问学生喜欢童话的理由，让他们总结出童话写作的关键，要有一个给大家以成长启发的积极向上的主题。之后我讲述了上文提到的清晨所见一幕。

师：“小燕子们在做什么？”

生（齐答）：“开会。”

师：“你们怎么知道？”

生：“他们要去南方了，燕子是候鸟，年年如此。”

师：“你们很会观察，然而开会是谁才会有的行为呢？”

生：“我们人类。”

师：“对了，这是我们读童话、写童话时经常用到的哪种修辞呢？”

生：“拟人修辞。”

师：“你还可以举几篇用到这种修辞的童话吗？”

生：“《小马过河》以及《小蝌蚪找妈妈》。”

师：“当小燕子们叽叽喳喳鸣叫时，一只老燕子横空而出，你们想想它会说些什么呢？”

生：“他说：‘大家注意了！我们要开会研究一下南迁的计划’。”

生：“是他一个人在演讲。”

生：“我反对，那明明是在给大家上课。”（众笑）

师：“你在说我吗？”（大家都笑了）

师：“‘小燕子们’，你们说说看，通过我们刚才的对话，回想一下我们写童话通常要用到哪些思维方式？”

生：“要有合理的想象。”

生：“还要用到恰当的联想。”

师：“你们说得很好，这两种思维方式是我们写童话必不可少的，可以说没有他们就没有童话。”

师：“这时又一只小燕子扑打着稚嫩的翅膀，奶声奶气地哭着跳出来，那眼泪流得足足有两小桶还多呢，呜呜咽咽地开口了。大家想想他会说些什么？”

生：“我生病了，我可怎么向南飞呀？”

生：“我没有那么大力气，我可怎么办呢？”

……

师：“这个时候，又跳出四五只年轻力壮的燕子。大家想他们会怎么办呢？”

生：“我们背着你飞。”

生：“我们给你盖个暖和的房子，明年春天我们大家会回来看你的。”

师：“大家能猜想一下，我是怎样想的吗？”（生思考）

师："我想，这几只年轻力壮的燕子每人从腰间抽出一根富有魔力的绳索。他们要做什么呢？大家看过魔毯的故事吗？"

生："他们也会给小燕子编织一个舒适的毯子，让他坐在上面，一边看风景，一边由大家叼着毯子飞。"

师："我们大家在上边的创作里运用了童话的特点，其中还有一种不可缺少的修辞是哪一种？"

生："夸张，因为小燕子的泪怎么可能流两小桶呢？"

师："同学们，我们一起创作的童话有哪些主要人物？"

生："小燕子和老师。"（让学生明确童话中的角色分配）

师："谁能给大家说说《西游记》中的猪八戒有什么特点呢？"

生："他贪吃，连师傅的西瓜都吃。"

生："他懒，还爱说别人的坏话。"

师："大家都各自抒发了自己的看法，这在学习中尤为重要，那么再想一想他具有哪种动物的特征呢？"

生："猪的特征。"

师："这一点最重要，童话中的人物一定要符合他们的身份及性格特征。让我们大家再来回顾一下，写童话要注意哪些突出的特点呢？"（学生依据板书总结童话的特点）

通过以上的师生互动，在交流中，一道步入了童话世界，一起享受了步入童话中的快乐。

接下来让学生自由组合，自由讨论，自由地创作自己的童话，然后给大家表演，就水到渠成了。孩子们在切磋创作中顺利地完成了写作任务，也使我享受了与学生交流思想的快乐，自然地认识到作文也是在创造生活，提升人格质量，是生活的一部分。看着学生天真而充满智慧的表现，我仿佛又看到了在晨曦中翩跹起舞的小燕子。

## 教学延伸

教学要善于创造情境，使学生产生人格的愉悦和精神的快慰，在自然的互动中让学生习得生活的真谛，用生活将教学活动寓于真、善、美的理性背景之中，从而激发学生作为学习主体参与活动的强烈愿望。同时要巧妙地将教学目的、要求转化为学生内在的需要，让他们在生活中学习，在学习中更好地提高生活质量，从而获得有益的知识，并使情操得到真正的陶冶。

作文教学中，我们要善于制造情景，将学生带入生活，引入创作的氛围中，促使其产生思维跃动之势，让学生的灵感发生碰撞，燃出多彩的童趣，提升他们的思想境界，在回味中提取已有的储备，在创造中产生新的创意，迸发奇语，构设巧思，激发思想创作波澜，使意境之舟携着美妙的心思轻扬、畅游。本节课教学尤其注意了童话写作知识的实践性落实，不是为告诉学生什么是童话，而是要在学生的思想、思维中构建起立体的童话写法，在创设故事情节的行进中完成构建生成能力，达到认知的目的，挖掘学生已有的知识储备，达到写作的实践操作目的。

## 专家点评

生活化教学是王老师的特点，课如其人。这个关于小燕子的引子，就是我们常看到的景色。我们都看到了，而他在研究，研究用怎样的形式把学生带进陌生的童话。学生不愿写作文的原因很多，教材不能引起学生兴趣是一个关键因素。其实生活化地进行语文教学，是一个很高的境界，也是语文教师追求的一个境界。教师要在理论上拔高，就是每一个实践者都是课程的创造者和开发者，而不仅仅是实施者。王老师与学生们都是这堂课的创造者、开发者，同时又是课程的实施者。在这堂课上师生达成了关于童话的共识，共同完成了变跑道为通道的转变。

（张玉新、何双梅）

# 一堂让学生流泪的作文课

## “残忍”假设，让学生写出真情实感

作文是学生知识水平和语言文字表达能力的体现，同时也是语文教学的难点。创设真实的作文情境，能激发起学生书面表达的欲望，促使学生在参与研究性学习活动的同时积极主动地从事写作实践，进而促进学生的创新意识、实践能力、自主学习能力和写作能力的同步发展。情境作文教学以情境创设为手段，以情趣激发为核心，注重改善影响学生写作能力的内部因素和外部因素，把作文教学与智能训练、语言表达、性情陶冶、思想教育有机结合起来，从课内延伸到课外，变单一封闭式教学为多元开放式教学，引导学生用眼观察、用心感受丰富多彩的写作情境，从而写出富有真情实感的文章来。

### 案例自述

〔刘丽娜〕

记得在指导上学期“如何积累运用”的一篇习作——《妈妈我想对你说》一文时，我就想，像这样题材的习作，学生以前也做过不少，由于写的次数多了，写出的总是那些空洞的话语。怎样引导才能让学生写出真情实感呢？这让我想起了曾在一个教育网站上看到的王崧舟老师的一次特别“残忍”的作文指导，决定借鉴一下。

我走进教室，一改往日指导作文的方法，首先让学生拿出笔记本，翻到笔记本的最后一页，深情地对学生说：“孩子们，请拿起你手中的笔，郑重地在这洁净的笔记本上写下你最爱的五个人的名字，下笔之前一定要想好，这五个人是你最最爱的，他们可能是你的亲人，可能是你的朋友，也可能是你的老师……”

听完我的话，孩子们立即拿起笔，思考了片刻，端端正正地写下了五个人的名字或称呼，然后抬起头，一脸疑惑地望着我。我走到学生的中间，随手拿起他们的笔记本看了看，有的孩子写下了“妈妈、爸爸、哥哥、爷爷、奶奶”，有的孩子写的是“妈妈、爸爸、妹妹、老师、朋友（名字略）”，几乎所有的孩子都写下了“妈妈”，我当场让其中几个孩子对着全班同学大声地深情地念出自己所写的五个人名字，并要在其声音中让我们感受到他是很爱很爱他们的。

听了学生的朗读后，我说：“孩子们，我非常高兴，因为我感受到你们都有一颗爱心。下面让我们来做一个游戏好不好?”

一听说要做游戏，学生们都兴奋不已。我接着说：“我想，你所写下的五个人此时的心情一定和我一样高兴和欣慰，因为有你们在深深地爱着他们，但是……”我话锋一转，“人有悲欢离合，月有阴晴圆缺。你所爱的五个人总有一天会离你而去，假如让你来选择，你会让谁先离你而去呢？请拿起笔，划去这一位。”话音刚落，学生发出：“啊，这太残忍了吧!”的惊呼，脸上都呈现出不情愿的表情。

“这是游戏规则，必须在五秒钟内划去其中一位，在这个世界上，有些事你必须选择!”我“不容置疑”的态度起了作用，学生不得不划去其中一位。

“你们划掉了谁？忍心吗?”我请了几位学生起来。

“我划掉了爷爷，我很不忍心划掉他。爷爷非常疼爱我，我喜欢吃山竹，每次我去看他，不管多贵他都要买给我吃，可他自己却从来舍不得吃……”说着，孩子的眼圈有点红了。

另一个孩子说：“我划掉了外婆，我不忍心。因为爸爸妈妈工作忙，所以一直都是外婆照顾我。冬天，不管天气多冷外婆都要到学校接我，我……”孩子哽咽得说不出话来，泪水顺着他那张天真的小脸滑落下来。

……

“孩子们，你们小小年纪，已经体会到了生命的真谛，你们都有一颗懂得感恩的心，从你们的话语中我感受到了爷爷和外婆对你们的关爱，我可以理解你们此时的心情。”我轻轻地抚摸着这两个学生的头。

就这样，在我的“调控”下，孩子们一共划去了四位他们深爱着的人。每一次即将要动笔划去一位时，都是一脸的不情愿，甚至是痛苦，大部分学生已经是泪流满面，教室沉浸在一片悲伤之中。

为了缓解气氛，我说："孩子们……"

"老师，别再让我们划了，我不参加这个游戏了，这太残忍了。"一个学生还没等我把话说完就站起来说。

"对，老师，求求你别再划了。"孩子们异口同声地说。

看到孩子们那悲伤、难过的表情我说道："孩子们，这只是一个游戏，但老师从你们的泪水中感受到，假如最爱的人离我们而去将是我们最不愿看到的，也是最大的痛。"我意味深长地说："我看到很多同学都留下了妈妈，你们愿意再划去她吗?"

"不愿意!"

"为什么?"我追问。

"妈妈是这个世界上最爱我的人。"一名学生回答道。

"妈妈给了我生命、养育我，为我付出了很多很多。"

"妈妈给了我一切，我怎么忍心让她离我而去呢。"

……

就像海伦·凯勒在《假如给我三天光明》一书中所写：事情往往就是这样，只有失去了的东西，人们才会留恋它。此时，孩子们的情感已经被我激发出来了，他们讲了许多妈妈关心他们、爱护他们的往事，妈妈对他们的爱此时此刻在孩子们的脑海中一幕幕地浮现出来。

见时机成熟，我切入正题："孩子们，拿起你手中的笔，以《妈妈我想对你说》为题，把自己最想对妈妈说的话饱含深情地写下来，好吗?"

这一次的写作指导经历了刚才那令人心痛的"煽情"游戏，孩子们写下来的内容情感真挚。后来我还让孩子以书信的形式将写好的习作寄给妈妈，有好几位妈妈还给孩子们回了信，她们在信中提到读了孩子们的信后感动得哭了。

## 教学延伸

原来"残忍"也可以如此美丽，这节作文指导课，我引用了王崧舟老师的作文指导方式，创设了"让至亲在纸上消失"的想象情境，目的就是把孩子引入生离死别的场景，让孩子们在这样的课堂情境中真切地品尝到人间悲情，感受到心灵的煎熬，这不啻为一场实战演习。《语文课程标准》中明确指出语文课要重情感体验，那么我认为，作文课更应如此。只有学生有了真正的情感体验，他们的情感才会真切，他们的思维才会活跃，他们的语言才会是真情的自然流露，他们的文章才会充满生机，才会彰显生命的活力。作文指导就应该让学生有感而发。这节课在我所设计的情境中，在这场“实战演习”中学生都表现得很出色，他们的情感在课堂上得到了历练，有了真正的情感体验，他们不仅交出了一份份令我和家长刮目相看的习作，更难能可贵的是，通过这场情感体验，让学生懂得亲情的珍贵，也懂得感恩回报。如今许多孩子家庭条件优越，过着衣来伸手、饭来张口的生活，对爸爸妈妈的关爱视而不见。培养孩子们学会感恩爱心、回报爱心是我们教师的责任，只有这样，孩子们将来才能成为一个有道德、有责任心、会感恩的栋梁之材。

## 专家点评

我们不难发现，在作文教学中常常会遇到这样的情况：教师在讲台上有声有色地讲述作文如何写才能形象生动，而学生写作仍然无从下笔。为什么会这样呢？因为学生没有老师所讲的生活经验，叫他从何下笔？这样写出的文章当然是空洞无物，缺乏真情实感。而刘老师在本篇习作的指导中，为了使学生作文内容充实，语言生动、感人，结合作文教学以及本篇习作的要求，恰到好处地创设了“让至亲在纸上消失”的想象情境，生动感人，使学生通过亲身经历，激发情感，有所感悟，学生的作文真正做到有血有肉、言之有物、言之有情、言之有理。

（李　晶）

# 测量周长：八仙过海显神通

## 自主探究，引导学生在实践中求知

在数学课堂教学中，学生是教学活动的主人，因此教师要放手让学生参与数学学习的各个环节，从而使学生真正成为课堂学习的主体，最大限度地引发学生探求知识的内驱力，增强学生在获取知识过程中的自主性，以达到培养学生数学能力的目的。

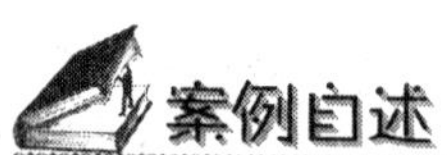

### 案例自述

〔张　辉〕

在教北师大版数学第五册《什么是周长》一课时，我首先利用多媒体让学生感知周长。

“同学们，秋天到了，有一只可爱的小蚂蚁来到了咱们的课堂上，你们想见见它吗?”

“想——”学生的好奇心被激发起来了。

多媒体画面上展示小蚂蚁绕树叶跑一周的动画。

“小蚂蚁在干什么?”我抓住学生注意热点，不失时机地问。

“它在绕着树叶的边缘爬行一周。”学生边用手画边回答。

“同学们，你们用刚才的方法能画出下面物体的周长吗?”

在学生对周长已有了初步的认识的基础上，我让他们动手描出不同图形的边线。学生们描得非常认真，在描好边线后，把他们所描的图形的边线展示出来，当个别同学画法偏离时，及时加以纠正。这时，同学们对周长的认识就更进一步了。

随后，我对同学们解释说："刚才你们描边线的过程，也就是画出了这个图形的周长，能说说什么是图形的周长吗?"让学生在理解什么是周长的基础上总结出周长的概念，通过学生不断尝试、互相讨论等方法，已经让每一个学生都在积极状态下参与学习。当学生知道了什么是周长后，我又让学生们找一找我们周围物体一个面的周长，再找一找我们学校平面图的周长，以及游泳池、地图的周长等等，让学生充分感受到数学就在我们身边。

当学生充分感知什么是周长后，我采用小组合作的方法带领学生们探究周长的长度。每个小组中都有数学书、正方形、手帕、光碟、红领巾、正五角星、鞋垫这些不同形状的物体，每个小组先选一种物品，想一想并动手量一量，能想出几种方法量出它的周长，方法不同时，看结果会怎样。当量好一种物品后，如果有时间，还可以再量另一种物品。布置好活动要求后，学生们开始小组活动，每个小组都很有序地进行动手操作，各个小组的学生们都能选择好物品，并能利用多种工具来测量。而且在测量的过程中，他们能互相帮助。有固定物品，不让它活动，以确保测量的准确性；有用尺来测量的；还有记录数据，进行计算的。因为，每个同学都能尽自己所能，互相帮助，所以他们很快地完成了测量任务。

各个小组开始汇报他们的测量数据及方法。

宋博文先发言："我们组测量数学书正面的周长，方法有两种：第一种方法，我们用直尺分别测量出数学书正面的四条边：26 cm、19 cm、26 cm、19 cm,并把它们加起来；第二种方法，长方形对边长度相等，所以用'26 cm ×2+19 cm×2=90 cm'，结果是一样的。"

"我们组有补充。"魏一接着说，"还有一种方法：因为数学书正面是长方形，而长方形有两条长、两条宽，所以用'（长+宽）×2'也可以求出长方形的周长，这种方法也比较简单。"

我向他微笑着点了点头，对他们的做法表示充分肯定："看来计算长方形周长的方法有好多，而且你们能够比较出哪种方法更简单，看来你们真的动脑筋思考了。"

马昊桐又接着汇报："我们组测量的是光碟的周长，因为光碟是圆的，无法用直尺测量，所以我们组用线围起光碟的周长，再把线拉直，量线的长度。

结果是 37 cm。”

“这种方法很好，化曲为直不错。”我表扬了他们组的方法。

这时班上的小调皮边玉鑫站起来说：“老师，用直尺也可以量出光碟的周长。”

此话一出，全班同学用惊奇的目光看着他。

“请你到前面讲讲吧。”我期待他的精彩。

他自信地走上讲台后，拿着光碟和直尺边演示边讲解：“先用彩笔在光碟的边缘处做个记号，然后，把这个标记处和直尺的 0 刻度线对齐，接着开始滚动了一周，也就是这个光碟的周长了。”

“哗——”教室内顿时响起了掌声，同学们用崇拜的目光送边玉鑫回到座位。

姚远航不甘示弱：“我们组测量了手帕的周长，我们先用折的方法比较了手帕的四条边是一样的，所以我们只用直尺量了一条边的长度，再乘以 4，就得到了手帕的周长，结果是 100 cm。”

“测量正方形的周长，你们组的方法是最简单的了。”我为他们竖起了大拇指，他们组的每一个人都露出了自信的微笑。

杨昕泽又汇报：“我们组测量的是五角星的周长，方法有二种：第一种方法是用绳子在五角星的周围围起来，然后把绳子拉直，最后量出绳子的长度是 50 cm。第二种方法是用直尺分别量出五角星的每一条边，再把他们加起来，也是 50 cm。”

这时乔明宝站起来说：“老师，我发现这个五角星的每一条边长度都是 5 cm，所以只用 5×10=50 cm 就可以了。”

“观察得认真、仔细，又善于思考，很了不起！”我马上对他的发现大加赞扬。

刘赫接着汇报：“我们组测量红领巾的周长，因为红领巾是等腰三角形，所以我们只量出了红领巾的一条腰和底边的长度，再用‘腰×2+底边’的方法计算红领巾的周长。”

……

## 教学延伸

在这样的课堂教学上，学生自始至终置身于我为其创设的发现和讨论的情境之中，兴趣盎然，积极主动地参与，在思考、交流、倾听和发现中学习数学知识，充分发挥了主体作用。

这样的设计和引导，将学生推上了自主学习的舞台，真正把学习的主动权交给了学生。我利用动手操作、小组合作的学习、讨论等多种形式，培养和激励学生独立思考，勇于创新，善于表达的能力，同时使学生在倾听与辩论、接纳与赞赏之中，学到与他人交流的技巧，这对于学生的综合能力和人格培养也大有裨益。

通过本节课的教学，我有这样几点体会：

1. 兴趣是不可缺少的学习动力

课堂上学生专心听讲，积极讨论，敢于发表自己的看法，在学习数学的活动中获得了成功，努力得到了肯定，所以喜欢学习数学，喜欢参加数学活动。我在教学中充分发挥外在动机与内在动机相结合的优点，利用新奇的事物激发学生的学习兴趣，通过成功的体验和价值肯定来保持学生的学习兴趣。

2. 让学生在动手实践中学数学

实际操作对于学生的发展和教育起着十分重要的作用。我在整个教学过程中，为学生提供了“描一描、量一量”的活动机会，让每一个学生都参与其中，真正动手做数学。学生不仅知道了什么是周长，而且能够测量出图形表面的周长，看似小小的环节，其实体现了认知起点，给予动手、动脑的机会，让学生在做中学到了知识，展示了自己，提高了自己。

3. 把合作、交流落到实处

学生是学习活动的主体，在教学活动中只有充分发挥学生的主体作用，学生才能全身心地投入到解决问题的过程中去。小组学习能让学生有充分地动脑思考、动手操作、动笔尝试、动口表达的机会，因为在小组交流的过程中，即使不爱发言的学生，在小伙伴面前也会无拘无束地发表自己的意见。通过小组合作学习的方式，安排学生之间的合作与交流，还可以使学生在热烈的讨论中，彼此倾听别人的意见，了解别人的想法，这样有利于学生用不同的思维方式探索和思考问题，促使思维水平进一步提高。

4. 让生活进入课堂

从生活实际入手，把知识点融入生活当中，又把生活融入学习中，使学生感到数学就在身边，学起来更轻松、有趣。在本节课的教学中，学生寻找测量身边物体表面的周长，学习测量平面图的周长以及测量物体表面周长，这些物体都是我们生活中常见的实物。学生不仅学会了知识，而且又体验到了乐趣，知道数学就在我们身边，在我们的生活中。

## 专家点评

综观整个教学案例，我深切地感受到张老师追求的是平实有效的数学课堂，可谓平实中见新奇。

本案例体现了五个“实”，即：平实，这是一节常态的原汁原味的课；扎实，整个案例注重双基、培养能力；朴实，案例中没有豪华的课件，针对性、实效性强；真实，案例中没有花哨的做作的场面，真实反映了学生的学习情况；充实，学生学得充实，不但学到知识，情感也得到发展。以上“五实”来源于教师的专业素养的厚实。“周长”这一案例，充分体现了她的教学特色。我认为她以下几方面处理得比较好。

**1. 有趣的活动中探索数学**

苏联心理学家鲁宾斯坦指出：“思维过程最初的时刻通常是问题情境。”上课伊始，教师就采用学生喜欢的小蚂蚁绕树叶跑一周的画面，将故事中的情境演变成了数学问题，学生在用手比画的基础上，再描出不同图形的边线，这样既符合学生的认知规律，又促进手脑的协调发展，使他们从自身的知识背景出发进行学习活动，在尝试描述实物的周长、图形的周长中充分地感知周长，教师在此基础上进行适当的指导，使学生感受到周长的定义。

**2. 在主动学习中探索数学**

张老师通过创设平等对话的平台，引导学生民主和谐地开展讨论，营造了热烈而有序的学习氛围，鼓励学生说出自己的想法，教师在这里只是引导者，引导促进学生积极主动地探求新知。张老师在组织学生学习周长时，设计了看一看小蚂蚁跑过的树叶的边线→自己画一画实物的边线→再画一画几何图形的边线这一教学过程，为学生主动学习提供了有价值的素材。课中学生探求长方形的周长时师生互动，生生互动，不仅交流讨论对长方形周长的认识和理解，还关注了不同方法的评析。在学习时，教师不是把现成的答案教给学生，而是给学生主动思考的空间，给学生制造问题的机会，让他们尝试着用自己的方法解决。当学生思维受阻时，教师走下台去和学生一起研究，帮助他们理清思路，让学生在交流中发现自己的问题所在。这样学习，不仅让学生运用自己已有的知识解决问题，而且还提高了学生主动学习的积极性，恰当地发挥了教师的主导作用。

总之，我们的数学教学不仅要基于现实生活，同时还要在学习数学的过程中提升和丰富学生的经验，让数学背景包含在学生熟悉的事物的具体情境之中，动手、动脑“做数学”，在多样的方式中不断获得丰富的学习数学的体验。这种过程的形成会在很大程度上改变数学的面貌，改变数学的学习过程和结果。

（刘正生）

# 两个柚子一出戏

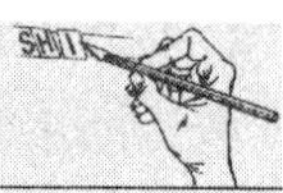

## 开发资源，在生活中寻找教学素材

《语文课程标准》指出：“语文课程资源包括课堂教学资源和课外学习资源。”“语文教师应高度重视课程资源的开发与利用，创造性地开展各种活动，增强学生在各种场合学语文、用语文的意识，各方面提高学生的语文能力。”那么，语文教师在资源开发与利用中如何发挥主体作用呢?

### 案例自述

〔刘正生〕

以前教过一篇叫《苦柚》的课文，知道有柚子这么一种水果，但一直没见过。2000 年冬天，我的邻居从南方出差回来给我带了两个柚子，当时这在东北小县城算是稀罕物了。我不但观察了好半天，还查阅了柚子的资料。当和家人要享用时，我蓦地想到第二天有一节作文课，便萌生了一个创意：把这两个千里迢迢带回来的“宝贵资源”留下来，用它导出一出观察作文的“好戏”。

第一幕：猜一猜。

上课了，我拎着两个柚子走进教室，往讲台上一放，立刻吸引了学生的目光，他们很好奇，都问是什么东西——学生也和我一样“孤陋寡闻”。

我学着“正大综艺”主持人的腔调说：“猜——猜——看!”

这下可热闹了，学生七嘴八舌猜起来，就是没人猜中。

在学生的要求下，我粉笔一挥——“柚子”两个大字赫然出现在黑板上。

第二幕：看一看。

“老师，拿下来让我们看看吧！”后排有几个学生站起来了。

“对，要看，要看，要仔仔细细地看。”说着，我把两个柚子发下去，让大家分组观察。

柚子在他们中间传递着，仿佛在欣赏什么宝贝似的。

第三幕：查一查。

观察完外形后，我问：“谁能给大家介绍一下柚子的知识？”

学生你看看我，我看看你，直摇头，有的还小声嘀咕：“那谁知道啊？”

“想想有什么办法？”我期待着。

突然，孙丹大声说道：“有了，查字典啊！”

“对呀，字典是不会说话的老师呀！”有人附和着。大家迅速找出字典、词典查找起来，然后交流、汇报。

第四幕：尝一尝。

我笑着问：“想尝尝柚子的味道吗？”

“想！”学生眼里放着光。

我先把两个柚子各切成两半，让他们观察了一番，接着切成若干小块分给他们品尝。

学生接过柚子喜形于色，吃状各异，笑语声声。

第五幕：说一说。

柚子品尝完了，我又顺势引导学生：“今天，你们不但大饱眼福，还大饱口福，想不想回家跟家人说说呀？”

“想！”

“好，那就围绕着柚子，试着把自己的所见、所闻、所感说一说。”

学生发言踊跃，气氛热烈。

第六幕：写一写。

最后，我说：“说得真好！想不想把刚才说的永远留下来？”

“想！”学生异口同声。

“接下来请大家自己拟个题目，一边回忆一边写吧！”

学生欣然提笔，刷刷写了起来……

附学生习作：

柚　子

第三小学五年级　王石川

上课铃声响了，刘老师抱着两个东西走进了教室，他对同学们说："你们猜猜这是什么东西？"一个同学说是西瓜，一个同学说是哈密瓜。老师见大家都没有猜对，告诉我们这个东西叫柚子！柚子，真的是柚子吗？我可从没吃过柚子呀，今天我一定要尝尝鲜。

这种东西是浅黄色，形状像一个皮球，又像一个小西瓜。老师让我们摸了摸，然后说："谁能说说关于柚子的知识呢？"同学们都一言不发。孙丹大声说："查字典！"对了，我怎么就没有想到呢？于是，大家动手查起来。"找到了！"一个同学站起来做介绍："柚子又叫文旦，是南方的特产，在冬天才成熟。"我想，北方人吃上一次柚子可不简单哪。老师补充说："柚子可是佳果呀！还有治病和保健作用呢。"这时，我的口水都要流出来了。

终于我们可以尝柚子了。老师把切好的一块块柚子放在讲桌上，让同学们轮流观察。柚子的皮可厚了，像是用棉花做的，果肉是一瓣一瓣的，中间有一个小洞，小洞里的果肉像海参，像霜花……老师给每个同学分了一小块，有的狼吞虎咽地吃，有的细嚼慢咽地品。我想，既然它有治病的作用，我就把它全吃了吧！想着想着就吃进肚了。老师说："皮不能吃，是非常苦的！"已经晚了，我已经吃了。"真苦，真苦！"我叫着。老师和同学们都笑了，马上让我喝一杯水，老师又给我们讲了一些柚子的知识，让我们更了解柚子了。

这次虽然我吃到了苦味，但也不算什么，因为毕竟我品尝了"世间佳果"！

## 教学延伸

两个柚子一出戏，学生个个心欢喜。

这堂作文课之所以有戏，主要在于教师不仅仅依靠教科书进行教学，将教科书当作唯一的课程资源，而是抓住孩子的好奇心展开教学，开发了柚子、字典、词典、教师、学生等课程资源，把这些有机地整合在一起加以利用，让学生从"文本课程"（教学计划、教科书等）走向"体验课程"（被教师和学生实实在在地体验到、感受到、领悟到、思考到的课程）。

其实，于漪、李吉林、于永正等中小学语文名师在作文教学中早就这样做了，我只是学习名师的经验，根据课堂的实际情况，找到了一个很好的切入点而已。课程资源的开发与利用除了上述教例的“有心栽花式”以外，还有“即兴生成式”，即及时捕捉课堂上学生的生成资源，敢于因势利导、打破计划，对预定的目标、内容进行及时调整。请看我《一堂“节外生枝”的习作课》的教例：

上课伊始，我首先讲清目的、要求，接着请课前做了排练的两名同学表演一段相声。这段相声是我自己写的，讲的是一个小学生写的信中，错别字连篇闹笑话的事。

按照教学预设，表演结束后让学生谈感想，说几句“错别字真害人”，“要注意消灭错字”之类的话就可以，然后指导一下，再让学生把看到的、听到的、想到的写下来，就算大功告成了。于是我启发说：“听后有什么感想啊?”元元抢先发言：“那个写错别字的孩子太可笑了!”“小萝卜头”吴若晨拍着胸脯站起来说：“老师，我能接着刚才的相声往下编，包大家满意!”“老师，我也能编!”“老师，让我们过把‘编瘾’吧!”……在这种情况下，如果我还坚持按预案开展教学，学生的情绪一定会一落千丈，充满生机的课堂就会变得沉闷起来。怎么办？我微笑着说：“好啊！满足你们的愿望。你们可以自己编，也可以和同学合编，编完在小组里试着演一演。”同学们兴奋地忙碌起来。我走到学生中间参与讨论、予以指导、接受咨询。

到汇报表演时，同学们争先恐后，掌声、笑声不断。下课铃声响了，我留了一个作业：回家以后，根据今天的活动写一篇习作，文题自拟。

第二天，我拿到收到的习作，一看题目就喜不自禁：《我也能编相声》、《我是小姜昆》、《热闹的课堂》、《拜拜，错别字》……

这堂课，原本的教学目标和教学任务没有完成，但学生以学习主体的姿态活跃在课堂教学中，课堂成了师生交流、对话、沟通互动的平台。学生是作为一种活生生的力量，带着自己的知识、经验、思考、灵感、兴致参与课堂活动，成为课堂教学不可分割的一部分，从而使课堂教学丰富而有活力。

新课程理念告诉我们：教科书只是课程资源的一部分，不是全部。在语文教育的广阔天地里，蕴藏着丰富的自然性课程资源、社会性课程资源、人文性课程资源。它为课程目标的实现提供了资源上的保证，为课程意义和教育意义的充分展开提供了背景和基础。但课程资源不是课程本身，我们语文教师应有强烈的资源意识，广开思路，因地制宜，自由地、创造性地、合理地鉴别、加工、开发，并积极利用，才能发挥课程资源的教育价值，形成课程要素，进入课程。

## 专家点评

刘老师的作文课，确实是好戏连连。

在《两个柚子一出戏》里，刘老师是策划、编剧、导演，主要道具、线索就是柚子，学生是演员也是观众；而在《一堂“节外生枝”的习作课》里，刘老师又成了主持人，学生则自编自导自演，大显身手，在课程标准颁布之前敢于这样做，实在难得！

新课标提出的语文课的多重功能、双重性质、三维目标的实现离不开教师的不断反思，需要教师审视经验，反思传统。其中重要一点是需要教师依据教材，又敢于超越教材，也就是要求教师多方开发语文课程资源。没有资源语文教学就等于无源之水。刘老师深谙此道，有强烈的开发和利用课程资源的意识，并勇于大胆实践、探索，无论是两个柚子的观察作文还是编排相声写习作，都让学生品味到了甘甜，也让我们从中体会到了超越教材、创造性教学的快乐。

以往大家往往认为课程资源开发主要是专家特别是课程编写者的工作。其实专家们开发课程的优势往往体现于内在的学术价值上，但要课程满足不同地区、不同学校和学生的差异性与多样性，往往是无能为力的。《语文课程标准》认为“语文课程应该开放而富有创新活力，应尽可能满足不同地区、不同学校、不同学生的需求，并能够根据社会的需要不断自我调节、更新发展。”对于语文课程如何满足不同地区、不同学校和不同学生的需求，学校和教师应该具有更大的发言权。为此，教师必须转换角色，变革教学行为方式，不能仅仅充当课程的实施者，也要主动地去开发和利用课程资源；教师不能眼睛只看着课堂，看着书本，还要面对课堂以外，面对学生的全部生活；教师要创造性地去开发和利用一切有助于实现课程目标的资源，把课程资源当作实现新的课程目标的中介，充分发挥其在课程实施过程中的作用。

实践也是一种创新。只有从教师自身的实际出发，创造性地去开发和利用课程资源，教学才能取得实效。如果离开教师自身的实际情况，教条地去贯彻落实新课标精神或照搬优秀教例，只能是削足适履，事倍而功半。

随着课程改革的不断深入，与时俱进的教育观、课程观、学生观让我们感到语文教学天地一片宽广，而在开发和利用语文课程资源中所取得的教学成果会让我们享受到“海阔凭鱼跃，天高任鸟飞”之快感。同时，我们也应看到，困惑与希望同在。因为语文课程资源的开发和利用毕竟才刚刚起步，它还需要我们在教学实践中作进一步深入探讨。

（唐宏建）

# 倡导愉快教学，体验互动课堂

## 互动教学，让学生在快乐中学习

英语课堂教学要依据教学大纲和新课程标准的要求，根据教材的特点和学生的实际情况，努力创设真实、生动、和谐、愉快的语言教学环境，从而使师生能以轻松、愉快的心境进入课堂角色，以激发学生的学习兴趣和热情，使学生在和谐、愉悦的课堂气氛中获得新知、掌握新知，获得必备的英语基础知识和初步运用英语的交际能力。

### 案例自述

〔汪雨虹〕

又是一节英语课。这节课我并没有像往常那样进行正式而严肃的师生问好并步入主题，而是拿着一本标有12个英文月份的挂历走到同学们中间，把挂历的正面朝向学生，然后指着其中的一月问："这是几月？我现在看不到，你们能告诉我如何拼写'一月'这个单词吗？"学生看着挂历一起拼写出来。以同样的方式，我询问了另外十一个月份的写法。等学生把所有月份都拼写完以后，我接着说："现在你们知道了一年有十二个月，而且知道了它们的写法，现在请听一遍它们的发音。"于是我播放了这些月份的录音，学生们尽可能看着挂历上的每一个月份单词跟读并能正确地发音。

我接着问："同学们，谁能告诉我每个月都有多少天呢？"学生答："30天，31天。"有两个小女生还说："28天，29天！"

对于两个小女生的回答有些出乎我的意料，但如果简单地不理不睬甚至批评她们未免有些草率，于是我用同学们最熟悉的句型反问："Are they right or wrong?" 回答可谓是一片叽叽喳喳，有的说"Yes"，有的说"No"，其中女生曹俏的声音特响亮："Right，right……"

我好不容易让激动不已的同学们安静下来，然后走向曹俏问道："为什么你说28，29是对的呢?"曹俏答："因为在中国的农历二月里面有可能出现28天或29天!"这时我听到有几个先前喊"Wrong"的同学恍然大悟地"哦"了一声。我让她坐下，说："曹俏说的没错，中国的历法又称为夏历，还是我国古代伟大发明之一呢！可是英语国家的人们也有这种历法吗?"同学们似乎受"爱国主义"精神的影响，立即用响亮的"No!"表示他们的不认可，我不失时机地又问了一句："那么英语的二月里只有28，29天吗?"同学们这回明白过来了："没——有!"我追问道："那么英语月份里的每一天又是如何表达的呢?比如六月一日怎么说?"刚刚安静下来的教室立刻又像平静的湖面投进一块石头一样热闹起来，不少学生都说："June one!"也有几个细心的女生小声地议论："不对，你看，书上的'1'后面还有个'st'呢!"旁边的一个男生发表自己的见解："'st'大概是日历的标志吧!"到此，我看讨论的有些眉目了，马上接过话题说："是的，同学们发现了日期表达法里每个数字后面都有两个字母，它们的确是日历的特征，有了它们，这些简单的数字便称之为'序数词'——表达日期顺序的词。可是它们又是怎样读的呢?请大家听一听英国人是怎么说的!"

我在学生们的笑声中摁响了录音机，让他们听并跟读。在简单枯燥地重复了几遍之后，我看出有些同学显出了一些不耐烦的神色，于是停下来，将全班分为四个小组，让他们讨论并找出这31个序数词拼写和读音的规则。此招还真见效，学生在得到这种"高度信任"和"大权"之后兴致高涨，两三分钟后各小组便"捷报频传"，我也乐得将各组的战果做了一个总结，并将结果连同12个月份一起展示在黑板上，待同学们都作好课堂记录之后，我又拿出事先准备好的一张写有10月1日的大日历卡片，问："这一天怎么说?有谁知道它意味着什么吗?"班长张丹丹同学立即抢答："It's October first. 是中华人民共和国的生日!"我向她投去了赞许的目光，示意她坐下后，我说："Yes，very good! It's the birthday of our country!"我特意强调了"生日"这个单词，并展示在黑板上，看到大多数同学脸上都露出会意的神情后，我一边喊起黄硕同学，一边展示另一个句型的投影：When is your birthday？黄硕流利地回答：“My birthday is August 5th.”我让他在黑板前将他的姓名和生日写到事先准备好的小表格里，并立即投影到黑板上，接着问其他同学：“When is Huang Shuo′s birthday?”

按这种方式，我又找其他同学作了一些示范，然后让全班同学结对或分成小组操练。

稍后，我喊出一个叫郝冰的中等生出来检查效果，没曾想他似乎受教室内“快乐的空气”的影响，内向的他话竟也多了起来：“My birthday is Ju1y 5th, and I can eat a big cake!”曹俏立即插话了：“No，I eat eggs，red eggs!”于是同学们也纷纷接口：“Noodles!”“Dumplings!”……我正想把话题抢回来，一向喜欢思考的马娜又发难了：“老师，为什么有的人生日吃蛋糕，而有的人却吃鸡蛋、面条呢？为什么会有这种差别呢?”我耐心却又赞许地解释：“中国人过生日吃红鸡蛋和面条，因为红鸡蛋意味 good luck，面条意味着 long life。而在英语国家里，生日一般吃蛋糕、点蜡烛，一根蜡烛代表着一岁。”

至此，时间只剩下 5 分钟，看着全班同学一个个兴奋满足的神情，我布置下了这节课的最后一组任务：

一、When is your father/mother′s birthday?

How do you celebrate?（做出拱手、庆贺的手势）

每个人回去以后，询问父母亲的生日及庆祝方式，并以小组为单位作好小组记录，统计好后作为下节课展示的内容之一。

二、每个人制订一周的时间安排表，注明一周内（几月几号）都干些什么。

一节热闹得有些“失控”的英语课在铃声和学生们兴奋的讨论声中结束了。

初中生具有强烈的好奇心和好胜心，但兴趣不稳定、容易波动，针对学生的这一特点，通过设疑法，把要解答的问题开门见山地提出，激发他们的学习兴趣，启发他们积极思索，使他们自发地产生要获得问题答案的欲望。在他们获得答案后，也就能体会到成功的喜悦与欢乐。

## 教学延伸

语言教学活动是交际的活动，交际活动中充满着情感和乐趣。同样，英语教学活动也是寓教于乐、寓情于乐的活动。寓情于乐会使教学气氛变得轻松、愉快、自然，教师愿教，学生愿学。寓情于乐是通过趣味盎然的教学活动来培养学生的兴趣，增进师生间、学生间的友谊，活跃课堂气氛。新教材突出体现语言教学的交际性，为我们提供了富有情感和乐趣的教学素材，并通过文字和图画在课本中充分体现出来。课本中蕴含的这些快乐情感需要教师运用与之相适应的教学方法激活它，使其转化为学生学习的热情和提高能力的动力。

爱因斯坦说过："兴趣是最好的老师。"因此，趣味教学的核心问题是：创造一个和谐融洽的师生关系；营造一个轻松愉快的学习环境；采用灵活多变的教学方法，让学生做中学，学中用，从而激发兴趣，主动去学，提高效率。由于教师的实际情况不相同，教学对象不同，使用教材不同，因而进行趣味教学没有也不可能有固定的模式可循，但趣味教学所探讨的这些方面和所要追求的效果是相同的。本文愿就此谈几点拙见，以期引起同仁的兴趣，共同探讨这个问题，来推动中学英语教学。

1. 和谐、融洽的师生关系

教和学是一对矛盾，作为矛盾双方所代表的教师和学生如何让师生关系和谐融洽，对完成教学目的至关重要。青少年的心理特点告诉我们，这个年龄段的学生"亲师性"较强。如果他们对某个老师有好感，他们便对这位老师的课感兴趣并分外重视，肯下力气、花工夫学这门课，因而成绩优异。这种现象大概就是我们常说的"爱屋及乌"吧！反之，如果他们不喜欢某一位老师，由于逆反心理，他们也就不愿学或不学这位老师的课，这种现象也是大家常见的。

所以，教师要深入学生，和学生打成一片，了解学生的兴趣、爱好、喜怒哀乐情绪的变化，时时处处关心学生，爱护学生，尊重学生，有的放矢地帮助学生。让你在学生的眼中不仅是一位可敬的师长，更是他们可亲可敬的亲密朋友。当然，这并非说他们的缺点不可批评，可以听之任之，而是批评和表扬是出于去爱护他们，因而批评的方式比批评本身更重要。要让他们的自尊心不受伤害，人格不受侮辱，让他们从内心感到教师的批评是诚挚的、由衷的爱护和帮助。这样，也只有这样师生才能关系和谐，感情融洽，学生们才能兴趣盎然地进行学习。

2. 创造一个轻松愉快的学习环境

传统的教学模式和方法，总是教师“一言堂”，课堂上教师总是向学生进行枯燥地灌输，学生始终处于消极、被动的学习地位，没有什么轻松、愉快而言，因而也就无兴趣可谈。即使那些认真学习的学生，也无非只是把自己当作知识的记忆器，为分数不得已而为之。但就多数而言，由于不感兴趣也就逐渐放弃英语学习，从而导致“两极分化”，教学质量不佳。

课堂学习环境如何，对于激发学生的学习兴趣影响极大，教师的责任在于为学生创造轻松、愉快的学习环境。为了做到这一点，教师要以满腔的热情，全身心地投入课堂教学。要做到仪表要洒脱，精神要饱满，表情要轻松愉快，目光要亲切，态度要和蔼，举止要大方、文雅，谈吐要简洁，语言要标准、地道、流利，书写要规范、漂亮，版面设计要合理醒目等。

为了淡化传统教学给人们的印象，要“寓教于乐”、“动静结合”、“学用结合”、“师生配合”。总之，兴趣是推动学生学习的内在动力。教师要因时、因地、因人，创设多种能激发学生学习兴趣的教学情景与手段，以增强英语教学效果，提高学生学习英语的能力。一堂课，始终要让学生学得轻松愉快、兴趣盎然。

总之，整个过程，教师不是在“教教材”，而是在“用教材教”。教师根据学生的实际情况和生活经验创造性地使用教材，从学生熟悉的知识入手，创建一个个与学生生活密切相关的问题情境，让学生带着问题思考，寻找解决问题的办法。真正体现《语文课程标准》的精神——“在发展语言能力的同时，发展思维能力，激发想象力和创造力。”

## 专家点评

新课程改革的实施，教师面对的不仅是新的教材，更重要的是新的课程理念以及全新的教法。教师必须在更新理念的同时不断提高业务水平，拓展知识层面，注重学科的整合，教师要跨越狭隘的学科界限，建立起“大学科”的观念。如果将外语教学理解为仅仅是英语知识和技能的传授和训练，必然对合作能力的培养、对情感体验、对思维训练等置于不顾，必然会使学生学习内容的丰富性、挑战性和开放性被削弱，教育情景的浸润性功能被降低。因此，教师应以心理学理论和语言习得理论为依据，吸收国家《英语课程标准》中对英语教学课堂活动建议，尽量多地运用全新的教学模式设计教学。

此案例使我们欣喜地看到，广大一线教师在经过几年的认真学习与努力探索、实践，新课程理念已经融入他们的教学灵魂。本堂课，汪老师并没有按我们传统的传授语言知识的方法来教学，而是大胆地跳出教材，教学的内容虽取材于教材，却远远超越了教材，重点是教会学生如何自主地学习，这样的教学方法对于学生们将来的学习无疑是受益无穷的。

那么教师利用什么样的教学方法才能更好地达成教学目标？本案例提供了一种很好的经验总结，因为来自于一线教师的实际操作，是可以被借鉴、参考的。

希望老师们在教学中都能做一个有心人，及时总结经验与教训，这样，不仅有利于教师的自身成长，也是学生的一大幸事！

（何双梅）

# 教会学生在体验中学习，在实践中创新

## 自主探究，让学生自己探索问题的答案

数学教学不仅仅是完成学科知识教学，更重要的是要培养学生的创新意识和创造能力。在当今高度信息化的社会，数学教学也要与社会生活紧密结合，通过灵活多样的情境创设和动手操作活动，让学生体验成功，感受学习的乐趣，激发学习的热情，培养学生合作探究精神，提高学生综合素质。

### 案例自述

〔李　岩〕

上小学五年级数学课《圆的面积》，我以课件导入，提出问题，导入教学：(播放课件)

“在相邻的两间农舍前，小兰和小明两个正在争执，他们都说自家门前的菜地大。(出示两块菜地，形状一个是正方形，一个是圆形) 请同学们来帮助他们算一下，到底谁家的菜地大呢?”

生 1:“小兰家的大，因为他是正方形。”

生 2:“小明家的大，因为圆形面积看起来比正方形的面积大。”

“我们怎样才能证明自己所说的那个菜地面积大呢?”我抓住机会，用问题引起学生们的思考。

生:“我们可以分别求出正方形菜地的面积和圆形菜地的面积，再比较它们的大小。”

“好主意。”我及时地表扬了这位学生。

生：“老师，正方形的面积我们会求了，可圆的面积怎样求我们还没学呢。”

“你说得很对。这节课，我们就解决这一问题，研究圆的面积计算。”我一边说着，一边出示圆形教具，每组发一个半径4厘米的圆形图片。

“如何计算你们手中圆形的面积呢？请大家动脑筋想、动手操作，小组讨论一下，然后发表各自的见解。”

生1：“能不能用面积单位直接去量（也就是数方格的方法）？”

生2：“可不可以用圆的半径作边长的正方形去比较，估算一下圆的面积？”

生3：“能不能像推导平行四边形面积公式那样，通过剪拼，将圆形也转化成已学过的平面图形，如长方形、平行四边形或三角形，然后再来推导？”

生4：“看看图形的面积与已学过的长方形、三角形及平行四边形等有什么联系，根据它们间的联系进行推导。”

……

“同学们就这一问题作出了很好的假设，但是否成功，关键还在于它能不能经受实验的验证。大家可以借助手头的材料和工具，运用已有的经验和方法，大胆试一试。”我及时地启发学生去尝试。

此时，学生们在我的鼓励下，积极地思考，热烈地研讨，分组合作尝试，教室里充满了研究学习的气氛。当因部分学生对这一问题的学习研究比较明朗的时候，我引导他们进入下一阶段的学习。

“同学们，现在有不少同学已经成功地对自己的假设进行了验证并得出了结论。现在看哪组同学向大家汇报一下自己的研究思路与成果？”

生1：“我用1平方厘米的正方形去量，不足1平方厘米的按半平方厘米计算，大约是14平方厘米。”

生2：“我把一个圆4等分，用半径作边长画一个正方形。这个正方形的面积是 $r^2=2\times2=4$ 平方厘米。画同样4个正方形，它们的面积大约是 $4r^2=4\times4=16$ 平方厘米。”

生3：“我们把圆分成了16个相等的扇形，然后拼成了一个近似于平行四边形的图形，拼成的平行四边形的底相当于圆的周长的一半，拼成的平行四边形的高相当于圆的半径。因为平行四边形的面积＝底×高，所以圆的面积＝圆周长的一半×半径。这个圆的面积大约是 $\pi r^2=3.14\times4=12.56$ 平方厘米。”

生 4:“我们把圆分成了 32 个相等的扇形，然后拼成了一个近似于长方形的图形，拼成的长方形的长相当于圆的周长的一半，拼成的长方形的宽相当于圆的半径。因为长方形的面积 = 长 × 宽，所以圆的面积 = 圆周长的一半 × 半径。用字母表示就是 $s=\pi r^2$，我手中这个圆的面积大约是 $3.14\times4=12.56$ 平方厘米。”

……

“同学们，刚才我们各组都对圆的面积计算方式进行了很好的研究，提出了各自的设想和方法，现在，我们大家评价一下哪个小组的计算结果更准确、方法更科学呢?”我及时地把学习引入评价验证阶段。

生1:“第四种方法最接近准确数，因为第一种方法，能看出圆是曲线，用正方形测量还有多余的部分，不够准确。测量结果明显大于圆的面积，第二种方法从直观上就能看出这个圆的面积还要加上外面 4 小块，才是 $4r^2$。第三、四种答案对。”

“认为第三、四种答案对的同学，能够再充分地说一说理由吗?”我启发学生注重思考的缜密性。

生:“因为它们把圆形转化成近似于平行四边形或长方形，它的面积没有变化。”

“说得很好，动手操作我们可以感受到所求圆的面积，用数方格的方法太麻烦；用估算的方法误差太大；只有用图形转化的方法推导出圆的面积计算公式，再求圆的面积就简便多了。”说到这，我环视了一下教室，确认大多数学生已理解和认同，接着说:“这里我们把圆可分成 16 等分，32 等分……”

生:“还可分成 64 等分，128 等分……”

“究竟能分多少份呢?”

生:“无数份，可以永远分下去。”

“对。这就是说，分得份数是无限的。大家可以想一想，如果分的份数越多……”

生:“长边就越接近直线，这个图形就越接近于长方形。”

“对！同学们概括地非常好。”我加重语气鼓励学生，把教学转入结论和巩固阶段。

“通过我们的研究和操作，可以看出把圆形转化成长方形，推导出求圆面积公式的方法最简便，现在谁来把用这种方法推导圆面积公式的过程完整地说一遍?”

生：“我们把圆分成了32个相等的扇形，然后拼成了一个近似于长方形的图形。圆的周长的一半相当于拼成的长方形的长，圆的半径相当于拼成的长方形的宽，因为长方形的面积=长×宽，所以圆的面积=圆的周长的一半×半径。用字母表示就是$s=\pi r^2$。”

“推论很严密，结论很准确。现在老师发给大家不同大小的图形，同学们测量数据，并计算出这些圆形的面积。”

教室里，学生们又开始了学习和验算。

## 教学延伸

当今时代科学技术日新月异，对人的要求不但要知识渊博，而且要具有创新意识、创新精神和创新能力，而创新能力的培养是在以学生为主体的基础上，让学生在质疑交流中走向创新。数学是基础教育，作为小学数学教师，担负重要教学任务，要在教学中积极引导学生启迪创新思想。

1. 创设教学情境，激发学生探究学习的兴趣，培养他们良好的创新思维习惯

创设教学情境，能激发学生的探究兴趣，培养学生良好的创新思维习惯。首先，教师要深入钻研教学大纲和教材，了解和把握学生的学习特点，紧扣教学任务，把知识传授给学生，使学生既有所得，又乐在其中，从而激发学生探求知识的兴趣。其次，创设数学教学情境应采取多种多样的方式，既可以采取设问的方式，也可以采取作业的方式。在课堂教学中，还可以通过投入、运用或渗透情感并利用各种教学手段，如语言、挂图及录音、录像、电影、微机等等，创设、渲染出生动的教学环境和氛围，从听觉、视觉、感觉等多方面唤起学生身临其境的感觉和学习兴趣，让学生在这种特有的教学环境和氛围中去感知数学，进而达到理解与认识的升华。如：本案例教师利用微机这样的电教手段创设、渲染出生动的教学环境和氛围，从视觉方面唤起学生的身临其境的感受和学习兴趣。这样创设情境的导入教学使本来枯燥的数字教学增加了情趣，激发了学生的学习热情。

2. 要让学生在质疑中创新

课堂教学是实施素质教育的主阵地，是培养学生各种能力的主要场所。传统的师问生答知识传递式的课堂教学已不能适应现代教学的需要，它对学生的思维禁锢过多，不利于学生的发展。现代化的课堂应是建立在民主平等的基础上，创造一种和谐的教学氛围，创设一定的教学情境，充分发挥学生的自主性，通过师生互动、生生互动的形式来完成教学任务，达到培养学生各种能力的目的。要在教学活动中鼓励学生质疑，启发学生想说、敢说，大胆发表自己的见解与看法，寻找自己观点的依据，实践创新学习。

3. 要创设有利于培养学生创新能力的教学氛围

民主和谐的教学氛围，有利于解放学生思想，活跃学生思维，使其创新精神得以发挥。要实现创设民主和谐的教学氛围，教师首先要解放自己的思想，转变教育观念，改革教学方法。要充分相信学生的能力，彻底摒弃“唯我独尊”、“一言堂”、“满堂灌”的学生完全被动学习的教学方法，要使学生自觉主动地参与学习，充分表达自己的创意，形成“心理安全”及“心理自由”的情感。

4. 巧设练习，提高学生的创新思维能力

以练习为主线，是数学课堂教学的一大特色。通过练习，学生才能发现问题、解决问题，才能有所创新。但是，这里的练习并不是指题海战术，而是要求教师精心设计一些多层次、有坡度的练习，使学生既巩固了基础知识，又提高了解题的灵活性和思维的敏捷性，从而培养学生的创新能力。在教学过程中，教师可以通过一题多变、一题多解、一题多用的练习来培养学生的创新思维。

教师创造性地使用教材，将在生活中学习运用数学知识的教育理念渗透到各个教学环节中，将学数学和用数学有机地联系起来，充分发挥学生的主体作用，让他们利用自己掌握的知识，通过合作交流，在发现问题、提出问题、分析问题、解决问题的过程中，享受到成功的愉悦，体会到数学在生活中的价值，这本身就是对学生创新意识的培养。

## 专家点评

上述案例中，教师始终在为学生创设生成问题、解决问题的环境。学生在问题中思考，在思考中动手实验，在实验中解决问题。可以说教师在引导学生做自己没有尝试过的东西，在引导学生通过观察进行思考，这应该是数学教学的一个重要精神：缘自生活，提炼生活，回归生活。在这个过程中培养了学生的创造性思维，学生在这个过程中发现了解决问题的方法，整个教学过程寓知识与技能、过程与方法，使情感态度于一体，体现了新课程背景下的有效教学。可以说，学生在学习过程中是快乐的，是思考的快乐，发现的快乐，收获的快乐。只有教师在教学过程中的主导地位和学生在课堂上主体地位被充分地发挥出来，学生才能真正获得有效的学习体验。

（何双梅）

# 到生活中学习口语

## 实用型学习，让学生更深体会知识的用途

口语体现了一个人的教养和基本的语言能力，是中小学语文教学的一个重要内容。作为生活中最基本的交际形式，作为人与人之间相互交流的工具，小学阶段的口语教育要注重听说能力训练，注重生活口语能力培养。因此，口语教学要生活化，要让学生感受语言交际的愉悦和快乐。

〔李秀丽〕

小学低年级语文课上，教师正在讲授语言训练课《打电话》。

“昨天晚上，芳芳从天气预报中知道明天要下雨、降温。她及时给同桌丁丁打电话，告诉他明天上学要多穿衣服、带雨具。于是丁丁没有被雨淋，也避免了感冒、生病。丁丁很感谢芳芳的提醒和关心。你能想象一下昨晚芳芳与丁丁的谈话情景，然后同学合作把它表演出来吗?”在教学进入应用提高环节时，我以实际生活情景向学生们提出了学习任务。

生：“可以是同桌一组进行表演吗?”

师：“可以，而且是要到前面来表演。”

刚才询问的一组同学走到讲台前面，开始了他们的表演。

生甲：“喂，你是丁丁吗？明天降温，你多穿点。”

生乙：“知道了。”

“他们表演得怎么样？大家有什么意见和建议？”两名学生表演结束，我及时地征询学生们的意见。

生：“他们不礼貌，应该互相问好。”

生：“要先拨打电话号码。”

生：“她还忘了说下雨的事了。”

生：“你怎么知道接电话的就一定是丁丁呢，要是他妈妈怎么办？”

这位学生的质问引起课堂上一片笑声。

“同学们，这两位同学的表演还是不错的，毕竟他们是第一次电话表演。”我及时鼓励了表演的两位学生，接着说：“同学们，大家为他们提出了很好的问题。这正是我们在口语交际中，特别是打电话时要注意的事情。下面请同学们针对以上问题，前后桌同学配合一下，以刚才电话内容为例，进行表演练习。”

此时多数学生进行前后桌表演练习，还有个别学生进行多人配合表演。这一现象引起了我的关注。

“请三人组的同学到前面来进行表演。”在我的提议下三人组来到台前表演。

师：“先说说怎么会想到由三个人来表演？”

生甲：“前面同学提到了不一定就是丁丁接的电话，所以想到会有家里别的人。”

师：“是这样，那好，开始表演。”

生甲做拨电话号码状，嘴里发出拨电话的声音。其他同学笑。

生乙：“你好！请问你要找哪位？”

生甲：“阿姨您好！我要找丁丁。”

生乙（做呼唤状）：“丁丁，电话。”

生丙：“来了。你好！你是谁？”

生甲：“我是芳芳，明天有雨，还要降温，你要多穿点，别感冒了。”

生丙：“知道了。谢谢！再见！”

生甲：“再见！”

此时，教室里响起了一片掌声。

师：“同学们再来评价一下。”

生：“芳芳应该先跟阿姨说一下自己是谁。”

生："丁丁太啰嗦了，不用再问'你是谁'了。"

生："芳芳也啰嗦。"

生："丁丁问'你是谁'，也没有礼貌。"

生："不对，是太……太……太生硬了。"

师："同学们说得太好了，可是你们现在说的都是他们的不足，再说说他们的优点好不好?"

生："他们把意思都说明白了。"

生："他们很有礼貌。"

生："他们想象的很好。"

生："他们能按老师的要求做。"

师："同学们，欣赏别人的优点就会向优点看齐，找出别人的差距是为了弥补自己的不足。通过刚才同学们的评价，大家知道了打电话要注意的就是：语言流畅，内容简明，文明有礼，语调亲切。老师相信，通过不断的锻炼，同学们都会很好地利用语言进行交流。

除了同学之间，我们生活中能够与之交往的人很多，你还想给谁打电话?想说些什么事情？那么就运用我们今天所学的知识，自由合作表演一下吧。"

……

至此，学生们的情绪被完全调动起来，不仅是语言，更多的是思维，从学生们相互表演的内容来看涉及生活中的方方面面。从这种贴近生活的口语训练中，学生学会了交际，学会了说话，提高自己的生活能力和思维能力。

教学只有贴近学生、贴近生活才能让学生在不经意间，在快乐的氛围里理解生活中那些看起来司空见惯却蕴含着许多"学问"的现象。

## 教学延伸

小学低年级的口语教学其实是一项实践性教学。教师应该根据学生善于模仿、敢于表演的年龄特点，大胆放手让学生去实践，不断总结实践中的经验与教训，得出一定的规律。在教学中教师要注意：

1. 巧设情境，进入角色

低年级学生形象思维比较强，根据每节课的不同特点，运用多媒体手段或其他的方式，创设学生喜闻乐见的情境，巧妙导入，激发学生的学习兴趣，拨动学生情感的琴弦，使之产生共鸣，让学生自然而然地投入到学习过程中。

2. 巧设提问，鼓励质疑

提问要讲究一个“巧”字，既要掌握提问的时机，又要讲究问题的难易适度；既要让学生自始至终都处于思考状态，又要寓知识于情趣之中。因此，教师要鼓励学生敢于发表独到的见解与观点，敢于提出问题，要挖掘学生潜在的能力，张扬其个性，还给他们一片“绿色”的学习空间。

3. 创设“障碍”情境，激活口语表达

孩子是带着问题来到这个世界上的，他们对一切都充满着新鲜和好奇。越是在有障碍的情况下，他们的思维越活跃，兴趣越浓厚，联想越丰富，表达越自如，越畅快。因此，教学过程中适时、适当地创设一些“障碍”有利于培养学生的语言表达的逻辑性和对语言的组织技巧。

4. 学会倾听，敢于表达

口语表达是听话、说话的发展，是一种双向甚至多向互动的语言活动，我们在训练学生说的同时，还要特别注意训练学生意识到听话人的存在，要尊重听话人，要根据听话人的特点和反应及时调整自己的语言，提高表达能力。同时更要注意的是，要培养学生倾听的习惯，注意听说话人的语言表达，注意观察说话人的表情，注意领会说话人的意图，这是口语表达达到互动的最基本的要求，这个目的可以通过训练学生进行评价来达到。

5. 注重多种评价，实现三维目标

口语交际的评价要把人的发展放在中心位置，要为学生口头表达创造性的发展提供时空余地，这种评价可以是生生互评，教师评，也可以是师生互评。本案例中表演后的评价就是采取了生生互评与教师评价相结合的方式，使学生在互评中理清了思路，总结了规律，同时学会了简单的交际，掌握了技能。拓展环节更是给学生以足够的想象与实践的空间，使一堂看上去十分简单的口语交际课既生动又有较大的“含金量”。

新课程背景下的语文教学，必须是在教师对教材深刻的研究、思考之下的精心设计，这种设计是围绕着教材所给定的内容进行挖掘和拓展，是教师在用教材教，而不是在教教材。

## 专家点评

本案例所提供的教学内容虽然很浅显，但教师能够深刻挖掘教材内容，利用“打电话”这样一个小小的教学内容，对学生进行了简单的人际交流的传授、文明礼貌的强调、做人道理的强化等等，学生从中学会了质疑，学会了对知识的总结，学会了倾听，学会了评价，还学会了欣赏，仔细想来这个案例给人的印象是“皮薄馅大”，干净利索，学生的学习容量相对较大。

有效的教学实际上指的是：学生在课堂上接受的信息量大、学生能力锻炼的程度大，即虽然课型小，但三维目标体现得到位。本案例应该说就是这方面的一个典范。教学中三个层次的设计浑然一体，教师在把握课堂上也显得自如、大方，学生始终处在一种和谐的、欢乐的、自然的氛围中，他们学的是生活中最常见的知识，但又高于生活，是对生活的提炼，更重要的是学生始终参与到这种提炼中而不着痕迹，这就是教学的艺术。低年级学生说话不留情面，更喜欢批评别人，教师能在完成教学内容的同时，重视对学生“会欣赏别人的优点”这个品质的培养，这对学生的一生将产生重要的影响。

（周文娟）

# 快乐数学行，伴我生活中

## 理论回归实践，让学生把知识带入生活

“宇宙之大，粒子之微，火箭之速，化工之巧，地球之变，日用之繁，无处不用数学。”大千世界，天上人间，无处不有数学，学生的学习内容既可以从教材中学，也可以从现实生活实践中去学。新课程标准指出：“数学教学是数学活动教学，教师要紧密联系生活实际，从学生的经验和已有的知识创设生动的教学情境，激发学生的学习兴趣，使学生在实际生活中体会到数学的用途，并运用所学的知识，解决实际问题，减少对数学的畏惧感和枯燥感。”作为一名教师应当将学生的生活与数学结合起来，让学生熟知、亲近现实生活；让学生真切地体会到生活中处处有数学，生活中处处用数学；让学生增强对数学学习的应用意识，培养学生的创新意识。强调数学抽象（即生活问题的数学化）和数学应用（即数学问题的生活化）这两者的辩证结合，对于学习数学具有十分重要的意义。

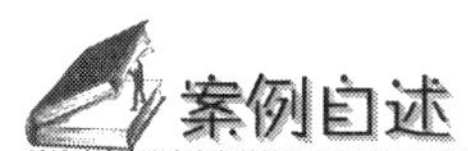

### 案例自述

〔杨秋艳〕

讲述多姿多彩的立体图形一课，我先是带领学生进行了一次有趣的几何之旅。(播放幻灯片)

从奥运村全貌、城市建筑、乡村住宅，到四通八达的立交桥，街头巷尾的交通标志，还有剪纸艺术、城市雕塑，千姿百态的动物，申奥标志等等。同学

们被一组组美丽的图片吸引住了。

“同学们从这一组组图片中感受到了些什么?”

同学们顿时活跃起来，纷纷举手要求发言。

“我发现了一些熟悉的几何图形，有平面图形和立体图形。”

“我们生活在一个多姿多彩的图形世界里。”潘宇同学刚坐下，李建鹏同学又站起来补充到。

“北京奥运会奥运村模型简直是太壮观了。”姚永旭站起来颇有几分感慨地说。

……

“同学们都说得很好，我们生活在一个多姿多彩的图形世界里，其中蕴含着大量的几何图形。本节课我们就来研究图形的问题。”我及时地总结了学生们的发言并引入新课教学（板书课题）。

“在讲授新课之前，我想和同学们一起玩一个游戏。同学们一定看过‘超市大赢家’这档节目，知道其中一些游戏规则吗?”我一边说着一边用幻灯片打出游戏规则。

“现在我请每个学习小组选派两名你们认为最有默契的同学来，老师手里拿的布袋里有几种常见的几何体，我请其中一名同学掏出其中一种并描述其形状，然后由另一名同学说出物体的名称。”

第一组选派的是朱明洁和张楠。朱明洁摸着一个魔方，绘声绘色的描述说:“它是一个正方体形状的，是一种益智玩具，我们小时候都玩过，并且有六个面，每一个面有一种颜色……”

“是魔方。”

没等朱明洁说完，张楠就抢先说出了答案。

此时，朱明洁得意地从布袋里拿出了魔方，同学们一片欢呼。

在快乐的几何游戏中，同学们准确地描述着一个个几何体，成功地说出每一种几何图形，有圆柱、棱柱、圆锥、球体、棱锥等等。

在学生们回答的过程中，我把其中的圆柱、棱柱、圆锥、球体和棱锥五种立体图形用电脑打出。

“同学们，这里有我们刚才猜出的五种几何体，大家比较这些图形，看看相互之间有什么类似的地方?又有什么不同的地方?”

顿时，教室里一片寂静。一阵沉思之后，学生们开始议论。

“老师，它们都是立体图形。”一个学生急不可耐地抢先发言，引起一片笑声。

“这位同学说得很对，请其他同学接着说。”我及时肯定了这位学生的回答。

“圆柱和圆锥侧面是曲面，棱柱、棱锥侧面是平的。”数学课代表李娜站起来回答。

“圆锥体和棱柱体的底面都是平的。”

“圆锥、棱锥顶部是尖的，圆柱、圆锥的底面是圆的。”

“棱柱、棱锥的底面是多边形。”

……

学生们认真观察并判断着五种图形的差异，竞相说出自己的答案。

课程进行到这里，我把事先准备好的橡皮泥发给学生，让他们用橡皮泥捏出自己喜爱的立体图形，小组之间进行竞赛，由组长到讲台上展示本组作品。我对他们的制作进行了点评，整节课都在这种愉快的学习氛围中结束。

我们的数学教学在强调将生活问题带进课堂的同时也应尝试让学生带着数学走进生活，数学离不开生活，生活离不开数学。在教学中引导学生寻找生活中的数学问题，能更好地培养学生的创新精神和实践能力，更是培养学生学习数学兴趣的最佳途径。

## 教学延伸

1. 强调数学与生活的联系是课改的一个重要特征

《数学课程标准解读》中指出：数学课程的内容一定要充分考虑数学发展进程中人类的活动轨迹，贴近学生熟悉的现实生活，不断沟通生活中的数学与教科书上数学的联系，使生活和数学融为一体。寻找生活中的数学问题，激发学习兴趣，数学离不开生活，生活离不开数学，所以在本节教学中，我引导学生在生活中寻找数学几何体的实物，让学生感受到数学与人类生活的联系。数学是来源于生活的，通过寻找，真切感受到生活处处有数学，学生更加体验到数学对人类历史发展所作的贡献，从而立志学好数学，为祖国建设添砖加瓦。

2. 学生的数学学习内容应当是现实的，有意义的，富有挑战性的

有效的数学学习活动不能单纯地依赖模仿与记忆，动手实践、自主探究也

是学习数学的重要方式。学生的数学学习活动是一个生动活泼的、主动的和富有个性的过程，所以教师应当激发学生的学习积极性，为学生充分提供进行数学活动的机会，帮助他们在自主探索与不断发现的过程中，真正理解和掌握基本的数学知识与技能、数学思想与方法，获得广泛的数学活动经验。在本节课的教学中，老师根据学生的特点，抓住了最佳时机激发学生的学习兴趣，充分发挥学生的学习主动性、积极性和创造性。学生通过自己的观察，得出几种几何图形的区别和联系，而不是由老师生填硬塞，这就切实地让学生的主体性得到发挥，让学生成为数学学习的主人，教师则是数学学习的组织者、引导者和合作者。通过多种教学媒体参与教学活动来提高学生的整体数学素质，鼓励学生在实际生活中大胆地实践应用所学的数学知识，以感悟数学价值，从而更加热爱数学。

3. 兴趣是最好的老师

苏霍姆林斯基说过："世界通过游戏展现在孩子面前，人的创造才能常常在游戏中表现出来，没有游戏，也就没有充分的智力发展。"所以，在本节教学中，我努力做到"玩"数学，让数学教学情趣化、趣味化。引入阶段安排小游戏，充分体现了"以人为本，主动发展"的指导思想。源于生活创设情境，激发学生的学习兴趣。课堂最后一个环节，让学生自己动手做自己喜欢的立体图形，学生在愉快的环境中自然地掌握数学，通过身边鲜活生动、富有内涵的实例，丰富了对可能性背景的认识，使学生进一步认识数学，体验数学的价值。

4. 师生互动，共同提高

现代教育论认为：教师在课堂教学中是平等地位的首席，在课堂教学中，教师与学生一起举例子，一起做游戏，一起进行小组交流讨论。教师的参与更是调动了学生的情绪，缩短了师生情感的距离，同时使课堂气氛达到高潮。学生通过相互讨论，合作交流，使他们的学习潜能得到充分发挥，学习灵感不断产生。教师在学生互动过程中，教学智慧得到发挥，教学思想方法不断丰富，教学能力得到了发展，并运用于今后的教学中。

总之，通过对本课的研究，我认识到：随着新课程改革的不断深入，教师素质需要不断提高；随着社会经济的发展，未来更需要创新型人才，而人才的培养，关键在教育。我们只有把课前研究、课内教学、课后延伸有机融合，才能更好地培养学生研究学习的能力，让学生既能直接感受知识，又能体会到运用知识的乐趣。

## 专家点评

本节课重视多元教学，体现了“以人为本，主动发展”的教学思想。

本节课通过游戏让学生动起来。教学游戏让学生主动参与到教学中来，并能结合游戏进行反思，让学生的思维“活”起来，以探索研究的姿态进入教学中。教师作为必不可少的设计者、组织者与合作者，按照学生认知发展的需求，营造师生之间、生生之间轻松互动的氛围，使教学过程成为以学生为主体的探究与思考。

源于生活创设情境培养学生学习的兴趣。通过观察图片中的奥运村的全貌和图片中的建筑与所学立体图形的联系，突出数学就在我们身边的同时对学生进行了爱国主义教育，告诉学生只有学好数学，才能建设自己的家乡，为祖国作贡献，使数学教学的层次得到升华。教师在教学过程中完全贯彻了少讲多学的基本理念，把课堂交给学生。整节课，学生动口、动手、动脑充分展示主人的姿态，凡是能由学生通过观察提出的问题，教师决不代替；凡是学生能表达的观点，教师决不代述。教师面向全体学生，针对学生提出的不同问题和不同要求，有的放矢，使每个学生都得到不断地提高和发展。

本节课学生不单是知识上的收获，更重要的是数学思想、方法的领悟，活动过程的体验以及对数学的重新认识。由于教法得当，课堂气氛轻松、活跃，师生关系平等、融洽，取得了良好的教学效果。

（何双梅）

# 让快乐学习进入初中数学课堂

## 活动教学，让学生在活动中快乐学习

数学是一门研究显示世界数量关系和空间形式的学科，它具有思想性强、逻辑推理严密、内容比较抽象等特点。初中数学是从小学相对直观的数学计算向抽象逻辑推理过渡阶段，因此在初中教学中，如果不注重培养学生学习数学的兴趣，学生会感到数学不仅单调枯燥，而且抽象难学，甚至产生厌学、不学的情绪，其结果难以想象。怎么才能让他们快乐学习呢？

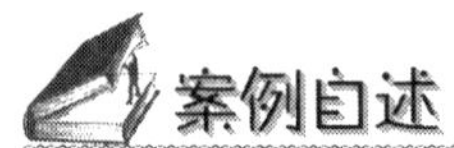

### 案例自述

〔魏彩虹〕

数学课上，我手里拿着两种漂亮的地砖，形状分别是正方形和正六边形，举起来问学生："谁家地砖是这样的？"很多同学举起手来。"那就请你到前面来把你家地砖铺设的样子给我们拼起来。"同学们争先恐后到前面来，我选择了两位同学，他们很快就拼出来了，都特别的美丽。我又问："所拼图形都有什么特征？"同学们七嘴八舌地说"彼此都挨着"，"没重叠"，"图形都是正多边形"。一名同学说："用一些不重叠摆放的正多边形把平面一部分完全覆盖，就可以达到这样的效果。""现在同学们把手里准备的图案拿出其中一种试一试，看能否达到这样的效果？"学生们按照我的要求拿出事先准备的各种熟悉的图形，如长方形、三角形、正三角形、正四边形、正五边形……动起手来，热火朝天的场面开始了。学生都非常投入，五六分钟之后有些同学拼出来了，并举手示意老师说："我是用长方形拼的，它不符合前面所说的正多边形呀。"很多同学也有这种发现，因此有同学说："只要是不重叠摆放的多边形，把平面的一部分完全覆盖就可以。"我说："我们把它称为镶嵌。那请同学们思考一下吧，用同一种图形能镶嵌应满足什么条件？"同学们看看自己手里拼出来的图形，想了一会儿，学生A说："这个正三角形我用了六个，正三角形一个内角60°，6个角的和为360°，形成一个周角。"学生B说："长方形我用了四个，一个内角90°，四个共360°。"……学生E说："只要用图形个数乘以该图形一个角的度数能够等于360°就能够镶嵌。"学生F说："那给你一个图形你却不知道用几个？怎么做呢？"学生H说："不知道几个却知道它的一个内角度数，用360°除以正多边形一个内角的度数不就等于个数了吗？如果是整数，则这个图形能镶嵌，否则不能。"同学们听后都微微点头："嗯，对。"

我做小结："用同样的几个正多边形能否镶嵌，就判断它的内角度数能否被360°整除。"一名同学站起来了"那我手里的任意的三角形，任意四边形，能不能镶嵌呢？"同学们开始了自己的又一次的拼图活动，最终发现：因为三角形内角和为180°，只需将三个内角排到一个顶点则构成了180°，有六个同样的三角形构成了一个周角；四边形内角和为360°，将四个内角同样排到一个顶点，也能构成360°，所以可以镶嵌。接着师生又共同进行了两个正多边形在一起镶嵌的问题……

教学应在轻松愉快中进行，学生只有开心了、高兴了，对你的数学课才有兴趣，才能全身心投入到课堂，学习的同时才能将教学目标转化为快乐活动的"终极目标"。

## 教学延伸

新课标指出："学生的数学学习活动应当是一个生动活泼、主动和富有个性的过程。"在新课程理念的指导下，作为数学教学的核心部分——课堂教学，应用心建构"教得称心，学得开心"的快乐教学模式。

1. 营造轻松和谐的教学氛围

著名特级教师孙双金老师曾经这样描述理想课堂上的学生："小眼发光，小手直举，小脸通红，小嘴常开。"这一恰如其分的生动形容，不正是我们期待中的课堂么？反之，一堂"静悄悄"的数学课，不要说难以将学生学习的积极性调动起来，就是教师也无法激起教学的积极性，也就不可能有教学上的亮点。教师要使用各种方法去营造轻松和谐的教学氛围，如常常故意“挑起事端”，让执有不同意见的学生争得面红耳赤；用“激将法”，让缺乏自信的学生勇敢地参与讨论；用真诚的话语、贴心的评价鼓励学生战胜困难，勇往直前。要得到学生的尊重，首先要尊重每一位学生。尊重学生，从维护学生的自尊心开始。比如在教“长方体的认识”这堂课时，李猛同学做起了小动作，在玩他新买的橡皮，没有认真听讲，我请他起来回答问题：“长方体有几个顶点？几条棱？几个面？”这突如其来的问题使他心慌了，竟支支吾吾地答不出来。我话锋一转，说：“你手里的那块橡皮很好呀，你可以把它看成一个长方体，再数一数。”这样他很快地回答了出来。后来，他一直都很认真地在听课，还积极举手回答问题。对于他上课做小动作，并不是直接去批评他，而是采用了课堂提问这种方式，这样既维护了他的自尊心，又使他吸取了深刻的教训。

课堂上教师语言的幽默感，真诚客观的评价，鼓舞人心的话语，都深受学生的欢迎。一个轻松和谐的教学氛围，能够最大限度地调动起学生的积极性，激活他们的思维，绽放思维的火花。

2. 创设精彩纷呈的数学活动

新课标指出：数学教学活动，应激发学生学习的积极性，向学生提供充分从事数学活动的机会，帮助他们在自主探索和合作交流的过程中，真正理解和掌握基本的数学知识和技能、数学思想和方法，获得广泛的数学活动经验。精彩纷呈的数学活动能极大地调动了学生学习数学的兴趣，使他们真正成为数学学习的主人，教师则成为一个组织者、引导者和合作者。可以采用以下方法：

（1）小组合作学习模式：设发言员，记录员，操作员。分工明确，各司其职，讲究效率。

（2）选题做：让学生自己选题目讲或板演，这个方法能够有效地帮助一些缺乏自信心的学生。在几道练习题里，他可以回答有把握的题，要有信心挑战稍有难度的题，充分调动他们学习的积极性，让学生自己选，“敢说敢做”。

（3）点将答题：由同学出题并自己点一位同学答题。这个互动“游戏”深受学生的欢迎。

（4）数学小品：学生都有爱表现的欲望。课堂中适当穿插一些数学小品，由此引出疑问或点明一个知识点，会令学生情绪高涨。我们还可以在课前请一些比较文静的同学来表演，充分给他们展示的机会，实现均衡，整体发展。如植树问题、行程问题等，能够很好地帮助学生理解题意。

（5）数学小擂台：出示三道与教学内容相关的稍复杂的题目，分别为一星题、两星题和三星题，让学生主动参与到学习活动中。

（6）数学医院：出示病例（即错题），请“医生”们查出病因，开出药方，对症下药。

（7）联系生活：结合生活实际，安排数学活动，解释生活中的数学，用所学的数学知识为生活服务。

此外，还有数学小故事、数学课本剧、数学智力比拼等活动形式。这些形式应用得好能够很好地集中学生的注意力，使他们快乐地学习数学，轻松地掌握数学知识。

### 3. 建立客观新颖的学习评价机制

新课程理念下的评价是目标多元、方法多样的评价体系。对数学学习的评价要关注学生学习的结果，更要关注他们学习的过程；要关注学生数学学习的水平，更要关注他们在数学活动中所表现出来的情感与态度，帮助学生认识自我，建立信心。学生对于老师的评价十分在意，评价起了不可估量的作用。评价应及时、客观、恰当、多元。

批改课堂作业要巧用评语。如提示学生思考路线的评语：“先找准数量关系式。”“利用逆推方法试试看。”“第二步该干什么。”激发学生学习兴趣、强化学习动机的评语：“方法太好了，但要细心！”“解得巧，真聪明！”“你肯定有高招！”“你能行！”“你的进步很大，因为你付出劳动！”“看到你在进步，我万分高兴，希望你更上一层楼！”帮助开发学生的潜能，激活创新意识的评语：“还有更好的解法吗？”“爱动脑筋的你肯定还有高招！”恰当指出不足之处的评语：“你很聪明，如果字再写得好一点，那就更好了！”“结果正确，但格式正确吗？”“聪明的你，一定能发现简便方法！”“搬开你前进的绊脚石——粗心，奋勇前进！”“和细心交朋友！”“你的字写得可真漂亮，要是能提高正确率，那肯定是最棒的！”“再细心一些，准行！”除了打优良等级外，还可以写上“你好棒！”“太妙了！”“Very Good！”等字样。对字写得好，作业正确率高，解题最有创意的学生，打上“Best！”对于这些陌生而新鲜的评语，学生充满了兴趣，从而更加积极而主动地学习。

这些评价方案既从学生解题思路、能力、习惯、情感、品质多方面进行了综合评价，又有利于沟通师生之间的情感，调动学生的学习积极性，促使学生养成良好的学习习惯。

数学课堂教学永远没有最完美的版本。只有不断地提升，关注学生在数学活动中所表现出来的情感和态度，使学生乐意并主动地投入到数学活动中去，真正学得轻松，学得开心。

一堂成功的数学课绝不是某个教师随意发挥的杰作，它饱含着教师对课程的深刻理解、对教材的深刻挖掘、对学生情况的全面掌握、对课堂的灵活驾驭。

## 专家点评

本案例是根据教学实际和学生的基础创设的课型，本节课无疑是一堂生动活泼的数学课。

首先，教师将一堂抽象的几何课与生活中的地砖联系在一起，形象地展示了图形之间的关系，体现了生活中的数学理念。

其次，教师引导学生动手去研究图形之间的关系，进而从中推导出相关理论，明确了本节课的内容，得出的结论自然而深刻。

第三，整个教学环节，教师都处在引导者的地位，结论都是学生得出的，学生一直处在观察——实践——思考当中，课堂上充满着思维的涌动与碰撞，学生的主体作用发挥得淋漓尽致。

第四，宽松自然的课堂氛围给学生一个良好的学习环境，学生能够自由地发挥，相互启发，相互促进。

充分发挥学生的主体作用，始终让学生处在积极的思维状态是这个案例的亮点，而这一点是在教师对课程的深刻理解、对教材的深刻挖掘、对学生情况的全面掌握、对课堂的灵活驾驭的基础上形成的，只有这样才能真正地达到有效教学的目的。

（何双梅）

# 还原数学于生活之中

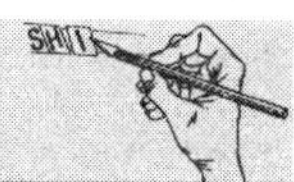

## 解决现实问题，让学生的学习充满兴趣与实效

第斯多惠说：“教学的艺术不在于传授的本领，而在于激励、唤醒、鼓舞”。由于高中数学知识具有高度的抽象性、严谨的逻辑性，有些学生学起来感到困难。如何通过合理地创设问题情境和展现意境来进行教学，创造生动活泼的教学情境，使教学更加生动、有趣，进一步激发学生的学习动机与兴趣，让学生在不断获取新知和得到心理满足的同时，产生愉快的学习情感，为学生良好的发展搭设平台，使学生全身心地投入到课堂学习情境之中，提高学生的素养，这是教师教学中探究的重要内容之一。

### 案例自述

〔沙启娥〕

这是一节高中新课程必修课，第二章数列的起始概念课——数列的概念及简单的表示方法，教学过程摘录如下：

课前准备：播放一段优美的音乐及蝴蝶兰、菊花、向日葵、松塔、菠萝、树等植物图片。

教师首先以一个学生感兴趣的推算——兔子的对数问题引入：如果一对兔子每月能生一对小兔子，而每对小兔在它出生后的第 3 个月里，又能开始生一对小兔子，假定在不发生死亡的情况下，你能算出由一对初生的兔子开始，每月兔子的个数分别是多少对？学生思索后得出：第 1 个月 1 对；第 2 个月 1 对；第 3 个月 2 对；第 4 个月 3 对；第 5 个月 5 对……每个月兔子的对数分别为：1，1，2，3，5，8，13，21，34……

教师追问："这一列数有规律吗？一年后能繁殖成多少对兔子？"学生积极地探究规律，归纳出：1+1=2，1+2=3，2+3=5，5+8=13，8+13=21，13+21=34，21+34=55，34+55=89，55+89=144，89+144=233……规律为：从第 3 个数起，这一列数中的任何一个数是前面两个数的和；一年后兔子的对数是多少，也就是看这串数的第 13 个数是多少，所以一年后能繁殖成 233 对兔子。

教师借助揭示这一列数的来由及规律，使学生感悟数列的生活背景，拓展学生的知识视野：每个月兔子的对数所构成的这一列数 1，1，2，3，5，8，13，21，34……这是由著名的数学家斐波那契发现的，称之为"斐波那契数列"。人们研究发现这是一列很神奇的数，自然进化而来的很多植物的花瓣、叶片、果籽数都与这一列数相吻合，如图中鲜花的瓣数分别为：1，2，3，5，8，13；树枝在不同时期的枝数由下至上分别为：1，1，2，3，5，8，13；蓟的头部则具有 13 条顺时针旋转和 21 条逆时针旋转的螺旋，这些植物叶序的排列规律不仅美观，还能有效地利用空间。

这个数列还有许多奇特的性质，例如每个数与它后面那个数的比值，都很接近于 0.618，正好与黄金分割相吻合。同学们可以课后搜集一下这方面的知识，扩展视野。

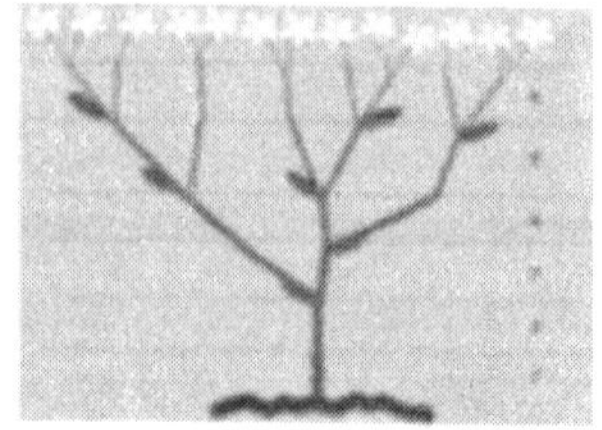

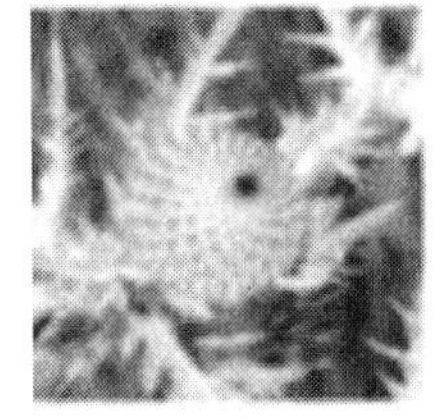  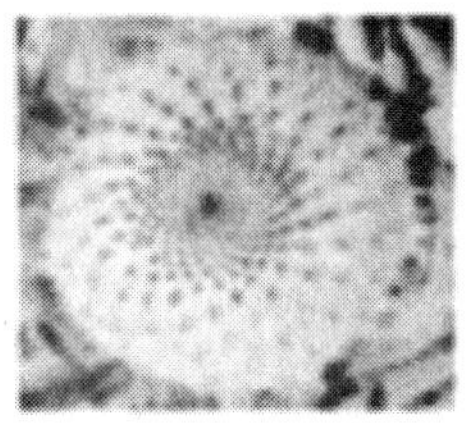 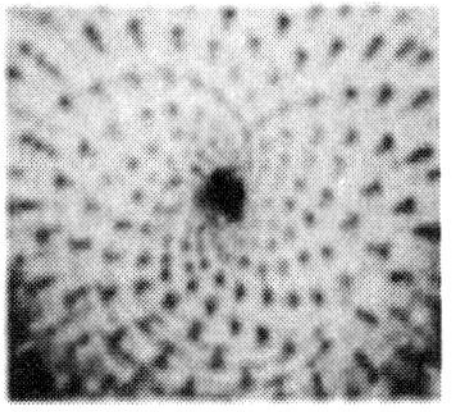

让学生挖掘日常生活中所遇到的数列的例子，在熟悉的生活背景下形成新知：学生举例有学号、成绩、日期、细胞分裂的个数等，教师补充几个例子：

1. 数学家在沙滩上摆列的石子如图所示，指出它们所对应的石子数？

2. “一尺之棰，日取其半，万世不竭”的含义？

3. 感染病毒计算机的台数？

4. 中国银行人民币活期存款年利率为 $r$，假设某人存入 $a$ 万元人民币后，既不加进存款也不取钱，如果不考虑利息税，分别求出第一年、第二年、第三年、第四年、第五年到期时的存款余额？

5. $\sqrt{2}$精确到 1、0.1、0.01、0.001 的不足与过剩近似值？

师生共同分析上述例子，归纳概括出：数列的概念、数列的项与其序号的关系、数列的分类、数列的通项公式。写出上述数列的一个通项公式。

**变式训练巩固新知**

1. 根据给出前几项，写出下列数列的一个通项公式？

2.0，2，0，…；1，4，9，16，…；3，8，15，24，…；1、4、7、10、…；

3. 写出两个或更多前三项为 2，4，8 的数列？

4. 在平面直角坐标系中画出数列 $a_n=3n-2$、$a_n=(-1)^n$、$a_n=1$、$a_n=1/n$的图像，分析它们是哪些函数图像上的点？

师生共同探究规律、寻找规律，写出通项公式；借助函数思想开拓思维；借助数形结合思想解决数列问题的方法。

**完善知识结构、总结提升、拓展思维**

1. 总结归纳知识结构，通过思考题加深知识的理解。

2. 展示一组按照斐波那契规律创作的一幅幅美丽的画，首尾呼应结束教学。

## 教学延伸

曾有一位成绩很好的学生很认真地问我：学习数学除了可以在考试中取得好成绩外，还有什么用呢？学生的话引起我的思考：高中数学知识容量大，有严谨的逻辑性、高度的抽象性，但常常忽略知识产生的生活背景及知识在生活中的应用，将知识研究作为教学重点，使数学离我们的生活有些遥远。

数学来源于生活又运用于生活。教育家卢梭认为：教学应让学生在生活及各种活动中进行学习，通过与生活实际相联系，获得直接经验，主动地进行学习。教师要帮助学生认识到：数学与我有关、与实际生活有关、数学是至关重要的。要在数学教学中，多创设数学情境，通过现实生活中丰富的实例引入数学知识，使数学知识生活化，使学生觉得所学习的内容是和实际生活息息相关的，引导学生应用数学知识解决实际问题，在探索、解决问题的过程中，使学生体会数学的应用价值。例如：在讲“概率”时，可以创设“你知道买一张体育彩票中一等奖的可能性有多大吗？”这样创设引入数学情境，可以提高学生对数学的兴趣，激发学习动机以及学好数学的愿望，而且可以培养学生凭借自己已有的生活经验和已有的知识分析、解决实际问题的能力。数学与学生的生活经验存在密切的联系，把数学教学生活化，把学生的生活经验课堂化，化抽象的数学为有趣、生动、易于理解的事物，让学生感受到数学其实是源于生活且无处不在的，将数学学习建立在日常生活中，学习数学是为了更好地解决生活中存在的问题，更好地体现生活。思考数学中的生活事例同样能使数学课堂生活化。例如在“导数”的概念引入时可设置“变化率”，通过“气球膨胀率”和“高台跳水”两个问题，让学生通过直观感知，进而抽象概括出导数的概念，进一步利用学生已经熟悉的“高台跳水”问题去研究导数的几何意义、函数的单调性与导数等问题。

在课堂教学中挖掘教材中的生活资源，注重联系生活实际，借助学生头脑中已经积累的经验，让学生去思考数学问题，从而强化学生的数学意识，培养学生的数学能力。要让学生们认识到现实生活中蕴涵着大量的数学信息，数学在现实世界中有着广泛的应用。面对实际问题时，能主动尝试着从数学的角度运用所学知识和方法寻求解决问题的策略。面对新的数学知识时，能主动地寻找实际背景并探索其应用价值。其实，我们实际生活中有很多问题都可以发动学生，让他们寻找解决问题的办法。例如，学生的压岁钱存入银行利息如何计算、每月零花钱如何使用、电话是怎样计费的、买房（汽车）贷款用什么方式还、跑运输运费怎样计算等等。通过这些问题的解决过程，使学生体会到生活处处有数学，生活离不开数学。

日本数学教育家米山国藏指出：“作为知识的数学出校门不到两年可能就忘了，唯有深深铭记在头脑中的数学的精神、数学的思想、研究的方法和着眼点等，这些随时随地发生作用，使他们终身受益。”因此在高中数学课堂教学中要让数学生活化，让学生领悟数学源于生活而用于生活，教会学生用数学的眼光去观察世界，用数学的思想去说明问题，用数学的方式去分析对策，用数学的知识去处理工作。

## 专家点评

数列是高中数学的一个重要研究对象，是刻画实际问题的重要数学模型，蕴含着重要的类比、归纳、函数与数形结合等数学思想方法。这节概念课内涵丰富、应用广泛、承上启下，是培养学生能力及素养的良好素材。本案例中，教师从促进学生有效发展的角度出发，创设了合理问题情境，揭示出数列概念的本质特征，渗透数学思想方法，体现了新课程的教育理念。体现了以下几个特点：

重视知识背景、创设问题情境、激趣导学。在数列概念的生成教学中，注重对数列背景知识的挖掘，将教学内容转化为一系列问题或问题情境。以一列神奇的数——斐波那契数列作为问题的切入点、结束语，有效地激活了学生的学习热情；以植物“发芽、开花、结果”的生长规律为主线，通过树枝的个数、鲜花的瓣数、果实的呈规律分布等问题的探究，既使学生感悟大自然的神奇，又渗透了递归思想，也体现了数列的应用价值；以数学家在沙滩上摆石子探究出三角形数、正方形数的规律，以斐波那契数列的规律创作图画，很好地培养了学生热爱科学的情感。

关注学生的学习方式、搭建师生互动平台。以建构主义理论为指导，采用适合学生发展的诱思探究教学法；创设一系列具有启发性、挑战性的例题、习题、思考题；为学生搭设观察、思考、探究、交流、反思等师生互动、生生互动平台；引导学生发现问题，鼓励学生探究问题，通过师生对问题精辟的分析、规律的揭示，逐步加深了学生对数列本质的理解。以问题引导教学，使学生的学习富有了探索性，调动了学生学习数学的内在动力，体现了新课程“以学生为本”的教育理念。

重视知识内在联系、完善知识结构。注重数列与函数、三角、微积分等知识的联系。在数列的概念、表示法、求通项公式等问题的设计上，借助函数的观点来理解数列的问题，揭示数列与相应函数的内在联系，揭示“离散”与“连续”之间的关系，体现了数列是特殊函数的观点。

渗透数学思想方法、培养良好思维品质。数学是培养和发展人的思维的重要学科，在教学中要积极引导学生观察、归纳、类比、联想。通过数列概念的形成、求通项公式等问题，渗透了特殊到一般、具体到抽象的归纳思想。通过图像揭示数列与相应函数的关系，渗透了数形结合思想，促进了学生良好数学思维习惯的形成。教学中教师重在启发、贵在引导、妙在点拨；以学生发展为起点，以学生参与为基础，以学生获得知识、提升智慧、形成能力为目的，体现了新课改的教育理念。

（何双梅）

# 三、

# 灵活机智，在应变中生成教学

# 让遭遇“意外”的课堂也精彩

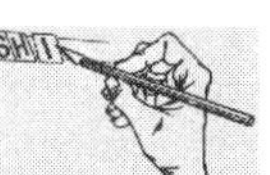

## 顺势而为，让学生成为课堂的主人

假如你是一位正在上课的老师，遇到下述的情景，你能忽视它，依然如故地上课吗？

### 案例自述

〔杨芙蓉〕

**案例一**

在教学《丑小鸭》一文时，我遭遇到这样的情景：

当我兴冲冲地捧着教案和课本来到教室，正准备讲述精心备好的课文时，学生反常地垂着头、叹着气，表情无奈得有点夸张。一询问才知道，学生从小就熟知这一故事，何况小学时还学过，没什么可读性，因此失去了对此文的学习兴趣。此时，我该怎么办？

**案例二**

正是春天，空气里散发着花的清香。我正绘声绘色地讲着课文，忽然从窗外闯进一位不速之客——蝴蝶。它把所有学生的目光都吸引了过去，蝴蝶在教室里翩翩起舞，丝毫未意识到不该来打扰这些正在上课的孩子。我已经无法继续讲课了，学生们也忍不住跳了起来，大胆地从座位上起来去追赶蝴蝶，许多学生说：“小心啊，别把蝴蝶吓坏了，让它从窗户飞出去吧。”大家一边追赶着蝴蝶，一边快乐地笑着，教室里一片喧闹。当蝴蝶被大家耐心地“请”出教室后，他们意犹未尽，纷纷议论着，猜测着。有的说：“那只蝴蝶是天使派来的，它想看看我们是怎样上课的。”有的说：“它被追赶，到这里来倾诉的。”……

接着讲课还是……

**案例三**

《五柳先生传》一课快上完时，我见学生听得正认真，便问道：“你们喜欢陶渊明这样的人吗?”

“不喜欢!”显然这是大多数同学的想法，所以回答的声音比较大。其间也有回答“喜欢”的，但声音比较微弱。

我愣住了！怎么会这样呢?

教学是一个“教”与“学”不断变化的互动过程，课堂上常常会发生一些意想不到的事情。作为老师，面对课堂教学过程中出现的“意外”，如果不能随机应变，忽视教学环境和学生状况的改变，仍旧依照原方案教学，必然会使课堂失去本该有的鲜活感。苏霍姆林斯基说：“教师工作最重要的是把学生看成活生生的人。师生间是活生生的人的相互关系。”著名教授叶澜先生也曾经说过这样的话：“课堂应是向未知方向挺进的旅程，随时都有可能发现意外的通道和美丽的图景，而不是一切都必须遵循固定线路去进行没有激情的行程。”在教师的心中，应削弱教案的权威性，提升课堂的随机性，教师要及时抓住课堂的意外，巧引妙导，使之成为激发学生“头脑风暴”的新亮点，还课堂以精彩。

对于案例一，当时我想到两种方案：一种是硬着头皮强行讲课；一种是让学生来决定如何上课。后来我决定采取第二种方案，让学生自己决定如何上课，他们的表现让我又惊又喜。

他们经讨论后“郑重”地告诉我：他们要自己讲课!

最终，通常情况下属于我的讲台，却站着学生，他们成了课堂的主讲，而我则在属于学生的位置上拿着课本听课。

学生在课堂上表现非常出色。他们不仅读课文、分析课文、思考问题，还把安徒生的童话集也搬到了课堂上。在学习和讨论的过程中，人人参与，个个发言，平时上课的拘谨都不见了，课堂上精彩迭出，课后作业也完成得相当不错。有的同学在日记里深深地感叹到：自己讲课的感觉真好！

课后，我也进行了反思：学生不是不能成为课堂学习的主人，而是我们为人师者思想禁锢，抱守传统的“传道、授业、解惑”的教育观念不放，才使得他们失去了活力，乃至于失去学习的兴趣。学生作为一个现实的、主动的、活泼的、具有创造性的生命体，带着自己的知识、经验、思考、灵感参与课堂教学，会使我们的课堂出现未曾想象的精彩！所幸我抓住了这次契机，给学生一次展现风采的机会，也给自己更多的体会和感悟。

在第二个案例中，我借力打力，顺势而为。

“同学们，蝴蝶造访也算一桩奇事，我们著文记之如何?”我故弄玄虚地说着。

“好!”没想到一向怕写作文的学生很乐意地答应了。

在阅读学生的临场作文时，我被学生神奇的想象、优美的语言、纯真的感情深深地打动了！在这堂课上，我只不过是做了一点“放弃”而已，学生情感的火花竟迸发得如此绚丽夺目！

在案例三中，我鼓励学生表达思想，他们畅所欲言。

“下面有的同学好像有不同的意见，不妨大一点声说出来让大家听一听。”

生：“我不喜欢是因为他只是一味地消极避世，洁身自好，他自己是舒服自在，那国家怎么办?”（有许多同学表示赞同）

生：“我反对，他当时只是一个官职卑微的县令，怎么斗得过那些权贵呢?怎么能力挽狂澜呢?”

生：“假如我们也像陶渊明那样，那我们如何为社会作出大的贡献呢?”

生：“但我欣赏他的这种精神，不慕名利，甘于贫贱而不愿向世俗低头。现在有的同学因为家庭条件好了，就不好好读书学习，失去了精神追求，那不是更可怕吗?”

生：“如果人人都这样消极避世，躲进深山老林，那些为国捐躯的英雄烈士的牺牲岂不是没有价值了吗?”

生：“不喜欢，他写文章只是‘自娱’、‘以乐其志’，他应该批判朝廷的腐败。”

生：“他应该像鲁迅一样，把笔当作战斗的武器。”（在座的学生为其喝彩）

生：“我喜欢他闲适自得的心境，但又觉得他应该关注国家的命运。”

……

虽然学生更多的是说不喜欢的理由，但他们没有落入我的“圈套”，按照标准答案来回答，而是各抒己见、情绪高涨、思维敏捷、思路开阔，回答得异彩纷呈。课堂也因此波澜迭起，抑扬有致。学生激烈的争论打破了死气沉沉的课堂氛围，也给我的教学带来了新的契机。

## 教学延伸

《语文课程标准》提出：“语文课程丰富的人文内涵对学生精神领域的影响是深广的，学生对语文材料的反应又往往是多元的。因此，应该重视语文的熏陶感染作用，注意教学内容的价值取向，同时也应尊重学生在学习过程中的独特体验。”因此，学生在主动积极的思维和情感活动中，既加深理解和体验，又有所感悟和思考，受到情感熏陶，获得思想启迪，享受审美乐趣。

在课堂上，教师应审时度势，从实际出发，及时做出适应形势变化的调整，形成新的教学方案。著名教育家苏霍姆林斯基曾说：“教育的技巧并不在于能预见到课堂的所有细枝末节，而在于根据当时的具体情况，巧妙地在学生不知不觉之中做出相应的变动。”学生富有个性化的丰富的生活体验、奇思妙想和大胆的探索往往是课堂中的智慧之源，为师者要敏锐地捕捉这类具有生命力的意外。在课堂上要有师生之间真实的情感、智慧、思维、能力的投入，要有创造性地组织学生参与自主创新的教学活动，要有既让学生学到新的知识，又保护其自尊心的爱心体现，要有对学生敢于提问精神的培养，这样，我们的课堂能不焕发出勃勃生机、呈现精彩吗？

## 专家点评

对课堂“意外”的处理，反映了教师的教学机智；对课堂活动的这些富有价值的思考，说明教师的教育成熟。

中小学教育主要是人文教育，学生的个性化发展是基础教育的最高追求。在三个“事件”的处理过程中，教师秉持着学生主体、个性发展的教育思想，着眼于学生的成长，顺势而为，再生和重组课程，引起学生的主动参与和积极思考，使课堂教学异彩纷呈。

（何双梅）

# 课堂小插曲

## 巧用插曲，让意外变成教学的素材

作为教师，我们所面对的学生是各有不同的。因为年少，他们难免会在课堂上顽皮、犯错误甚至会“闯祸”，那么，当学生出现上述行为时，作为教者的我们，该如何处理课堂教学呢？显然，生闷气、发脾气，甚至打骂学生是不会取得良好的教育效果的，唯有智慧，才可以让我们在谈笑间消散一切烟云。

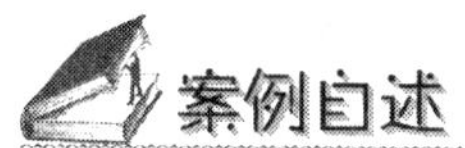

### 案例自述

〔李　爽〕

初一上学期的一堂语文课上。（学校的领导、老师前来观摩听课）教学内容是《在山的那边》。这是一篇寓意深刻的诗歌，文笔十分优美，意境深远。为了让学生对这节课感兴趣，我认真备课，并制作了教学课件。

也许是受到了我精彩讲解的影响，也许是教学课件对学生产生了巨大的吸引，课堂的前十五分钟十分顺利，看到同学们前所未有的表现，看到学校领导、老师们赞许的微笑，我也很满意。突然，从窗外传来一阵悠扬的音乐声，这声音犹如一块巨石落入平静的水面，教室里顿时喧闹起来，紧接着，像有谁下了一道命令似的，几乎所有的学生都向窗外看去。这是怎么啦？还没等我和领导、老师反应过来，坐在靠窗边的同学已经站起来，趴在窗台上向外张望，其他的同学更是着急，有的站在椅子上，有的一蹦一跳，脖子伸得老长，有的学生已经走下了座位，紧跟着十几个学生一下子涌到窗前，争先恐后地向外张望。

原来是一辆洒水车从窗前驶过，同学们兴奋地看着，嘴里还“哇哇”地叫喊着，自然谁也顾不了我了，也顾不上这是课堂了。同学们这突如其来的举动让我惊呆了，我皱着眉头，瞪起两眼，不知该如何是好，听到后排的领导、老师的窃窃私语声，更使我一时间手足无措。我想发火，想大声呵斥住同学们这种“疯狂的举动”：“你们眼里还有老师吗？这是上课时间呀，怎么想干什么就干什么，还要不要纪律？”但面对着前来听课的领导、老师，这样做不等于是宣告自己的无能吗？想到自己每天辛苦的工作和精心的课前准备，眼泪在我的眼圈里打转，我感到即伤心又委屈，束手无策地站在讲台上。

转眼工夫，洒水车远去了，那悠扬的音乐声也渐渐消逝。回过神来的学生们也意识到自己闯了“大祸”，有的赶紧坐下，有的立刻回位，还有的同学余兴未了，小声谈论着。

这时的我仿佛也一下子如梦初醒，一个信念迅速占据了我整个心灵，一定要妥善处理好这一课堂的插曲，方法决不能简单、粗暴，要用智慧征服学生。想到这，我脸上的表情舒展开了，仿佛什么事都没发生一样。静静地看了大家一会儿才拍拍手说：“好了，都回位吧。”得到满足的同学一下子变乖了，都老老实实回到了自己的座位，也许是意识到要挨批评了，谁都不敢出声，教室里恢复了平静。

我拿起粉笔，转身在黑板的右边写了一个“看”字，然后微笑着问道：“你们刚才看到了什么？”看到老师并没有发火批评大家，同学们又活跃起来，有个抢着说：“看到一辆洒水车。”很多同学附和道：“对！”我继续鼓励学生说：“你们能不能说得完整些，清楚些，看到洒水车怎么样？”一个学生站起来，胸有成竹地说：“我看到一辆白色的洒水车从教室窗前悠然而过。”我笑了，说：“很好，语言描绘更加细致生动，都会用‘悠然’一词了。谁教你的？”“我看书学的。”“你真了不起，看来多读点书确实能丰富我们的知识，使我们变得聪明起来。让我们为他的精彩发言鼓掌。”我的提议得到大家的赞同，教室里响起一阵热烈的掌声。

这时，一位一向不爱发言的学生也举手了，我马上把机会给了她。她站起来大大方方地说：“我看见一辆白色的洒水车，一边行驶一边洒下清水，使马路湿润起来。”我高兴地向她竖起了大拇指，表示鼓励。接下来，我又拿起笔，在“看”字后边写了一个“听”字，进一步问学生：“你们是先听到声音，还是先看到车?”有个学生答道:“我想起来了，是先听到声音。”我马上把“听”字擦掉，重新写到了“看”字的前面，然后夸他观察仔细。“老师，我知道洒水车是这样叫的——”爱模仿别人表演的一位学生急得满脸红，他的发言逗得大家都笑了。这时，我又不忘提醒学生:“听到声音后，你们看到同学们有什么反应，教室里变成什么样了?”我让大家分组说说。各小组的同学围在一起，议论开了……

讨论结束后，我指着黑板上的“听”和“看”说:“同学们，我们是先用耳朵听到声音，再用眼睛看到了教室里的反应，接着又看到了洒水车。我们的耳朵、眼睛都参与了观察，很好！我们还要让脑子也活动起来。大家回忆一下，你们看到洒水车后，想到了什么?”我在黑板上那个“看”字后面又写了个“想”字。同学们的积极性很高，有的说:“我想到了空气中粉尘太大，洒水车在给城市除尘，使我们的城市更加干净。”有的说:“我想到了大树和小草都渴了，洒水车要给它们浇水。”……看到同学们有了收获，我十分高兴！

最后，我让大家把刚才听到的、看到的和想到的连起来说一段话。同学们都很踊跃，小手臂举得高高的，发言的同学个个都说得很有条理，有的还说得细致入微，很精彩。听课的老师们也禁不住赞叹，我也欣慰地笑了。

类似的课堂插曲我想可能每一位教师都曾遇到，初一的学生天真烂漫，好奇心强，难免会注意力不集中，犯一点小错误，只要我们多为他们想一想，冷静处理并驾驭这课堂插曲，我们就会从意外中得到更大的收获。

## 教学延伸

其实，在这课堂插曲发生时，我真的束手无策，尤其是在有领导、老师来听课的情况下。另外，我精心设计的语文课被意外搅乱，我确实也很生气，整个过程虽不到一分钟，却打乱了我精心准备的教学方案。但现在想想，我十分庆幸自己当时没去指责学生，因为学生对外界事物感兴趣是正常的心理反应，我们不能把我们的意愿强加给学生，让学生成为任我们摆布的木偶，如果这样，那我们的教育无疑是失败的、悲哀的。尤其是当你面对的是十一二岁的初一学生时，我们一定要善于引导，要能够顺延他们的兴趣并能转移到学习上来。平时，我们总是苦于学生不会写作文，学生也怕写作文，觉得没东西写，究其根源在于他们不会观察生活。当时，我就突然想到，这意外的“捣乱”恰好给我创造了一次训练学生去看、去听、去想的机会。我很快调整好自己的情绪，暂时调整了原来的教学内容，抓住时机调动学生各种感官，训练他们的观察能力，把课堂上出现的偶发事件转变成培养学生观察能力的活教材，进而指导他们学会正确、全面、有条理地观察事物，取得了意想不到的教学效果。

另外，我还想再多谈一点，那就是要对学生进行赏识教育。在学生都回到自己的座位之后，其实大家还是十分紧张和无助的，因为他们也知道违反了课堂纪律，扰乱了课堂教学，所以，尽管这时老师没有批评他们，他们的心中也是十分惶恐的，在回答老师接下来的问题时，还是会不安，教师一定要鼓励学生，要赏识他们，让他们迅速摆脱紧张和不安，重新回到课堂中来。美国著名心理学家詹姆斯说过："人性中最深切的本质就是被人赏识的渴望。"无论你、我、他，又有谁会拒绝别人的赞扬呢？更何况是那些正在成长中的孩子们，他们更渴望被欣赏，更渴望被赞扬。因为赞扬会激发人的心志，会开发人的潜能，它能让人在逆境中看到曙光。这一点在学生身上尤为突出，尤其是教师的赏识教育具有一定的导向性，学生会把这种赏识化为一种无穷的巨大动力，产生一种积极的、强烈的心理冲动：我不比别人差！我是最棒的！我一定能行！因此，他们会尽自己最大的努力来投入到新的学习活动中。赏识教育应该关注学生的个体差异，尤其应该偏爱那些心理有障碍的、学习后进的学生，因为他们更珍惜来之不易的赏识。同样的一份赏识，对于这些学生的价值体现远远超过了对于优秀生的价值体现。"哪怕天下所有的人都看不起你的学生，做老师的也要眼含热泪地欣赏他，拥抱他，赞美他。"一个赞许的眼神，一个期盼的目光，一句激励的话语，一颗等待的耐心，都将给学生们带来不可估量的动力。

所以，是"智慧"加"赏识"，使我化被动为主动，把学生的注意力重新吸引回课堂。

不要怕学生犯错误，重要的是要善于引导，而且出发点一定是爱每一个学生，只有这样，我们才能真正地征服学生，让学生尊重我们。要用我们的智慧和我们对学生的爱，去引导我们的学生，去教育我们的学生。

## 专家点评

一辆洒水车的驶过，使这位老师精心设计的《在山的那边》一课的课堂上出现了波折，这节课似乎也没有完成“教学任务”。

学生们没有受到老师的批评指责，他们兴趣盎然地把听、看、想的内容说了出来。课堂上涌动着那稚嫩的好奇和探索，语言变成了快乐的音符，这难道不是一堂成功的语文课吗！

设想一下，假如老师硬让学生回到座位上，继续讲《在山的那边》，学生失去的将是何等鲜活的体验；假如老师板起面孔维持纪律，孩子们的好奇心和探究冲动将会受到压抑。

教学任务是什么？不仅是要完成计划之中的教学内容，更重要的是要注意培养和爱护学生的求知欲望，并把这种求知欲望引导到实现教学目标的活动之中。

这位老师能在发生突发事件时，灵活地调整教学内容，“借力打力”，是一个很值得借鉴的案例。

（何双梅）

# 游戏教学的快乐

## 在玩中学，游戏活动引导学生学习

刚上初中的学生，学习的科目增加了，难度也增大了。地理课的教学内容也比他们想象中的难多了，尤其是学习经纬线和经纬网的时候，很多学生就因为难度大而失去了学习的兴趣。兴趣是最好的老师，如何激发学生的学习兴趣和求知欲望，让他们把学习变成是一件快乐的事情呢？

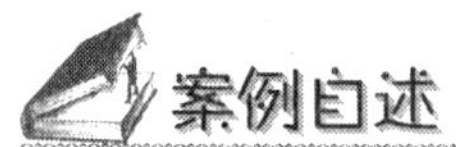

### 案例自述

〔于佰荣〕

地理课上，我照例带着有经纬网的地球仪走进教室。

“老师又把‘鸟笼子’拿来了。”学生悄悄地嘀咕着说。

“看来大家还记得这个‘鸟笼子’，那这个‘鸟笼子’的构成大家还有印象吗？”我因势利导地问到，笑着对学生提出了第一个问题。

同学们有的低下了头，有的在思考，但还是有学生说出了自己的答案：

“横的是纬线，竖的是经线。”

“经线都是半圆形，长度都相等，指示南北方向。”

“纬线都是圆圈，从赤道向两极逐渐缩短，到两极为点，都指示东西方向。”

“不同的经线有不同的度数，以本初子午线为基准分为东经和西经，各有180度。”

“纬度是以赤道为起点，向南北各分作90度。”

“东西半球的分界线是0度和180度，南北半球的分界线是赤道。”

……

我及时地肯定了学生的回答，并更正了错误的说法，“看来同学们的确是认真观察过并印象深刻，容易混淆的还要加强噢。鉴于大家的表现，老师要给予奖励。”

看到学生惊讶的目光，我故作神秘地问：“同学们喜欢做游戏吗?”

可想而知，回答是异口同声：“喜欢！老师，你带我们玩去吧!”“好啊，今天的游戏地点就在我们教室!”看着同学们疑惑的目光，我布置的第一个游戏是“看谁反应快！——找排号。”游戏规则是这样的：全班同学根据座位，离讲桌最近的为第一排，依次往后为第二排、第三排，一直到第八排；靠近窗户的同学为一号，依次往右为二号、三号，直到八号。“请同学们记住自己的排和号，老师点到位置的同学请你站起来示意大家。听清楚了吗?”

“听清楚了。”

“这个游戏中的排和号与生活中的什么相似?”

“电影院找座位!”有些孩子认为太简单，不以为然。

“既然我们已经能够像电影院找座位一样找准自己的位置，那我们继续。”

游戏二：“你说我说——确定位置。”

“将第四排的同学规定为赤道，举手示意大家，说出你们所处的纬度；第五号的同学为本初子午线，示意大家并说经度。根据经纬线的特点，请同学们分析判断自己所在的经纬度，看看我们班的同学共同构成了一幅什么图?”

学生惊讶地发现这就是经纬网！紧接着的问题是：“那么这个经纬网可以用来做什么?”

“确定位置!”学生们异常兴奋地回答。

“我们共同绘制出由同学构成的经纬网，并在经纬网上找出你所在的位置。看谁又快又准。”我借机提出新的问题。

接着，我不时地在黑板上的经纬网中找出一点，请一位学生读出它的经纬度，另一位同学判断这个点所处的半球位置，而评委则是坐在该位置的同学，其他同学监督，发现错误及时更正。这个游戏让大家非常兴奋，很多同学都跃跃欲试，教室里顿时热闹起来。

游戏三：“紧急救援”——体验经纬网在实际生活和生产中的应用。

"假定我们班级是一片茫茫大海，有一艘轮船不幸触礁，急需救援，同学们请注意：出事地点是10°E，30°N附近洋面，现在有三支救援队前去营救，1队位置在20°W，30°S；2队位置在30°E，10°N；3队位置在0°，10°N。请三队立即行动，前去救援。对于表现好的救援队，我们将给加分奖励！"

我抓住时机，及时地抛出了这个综合性问题。这样学生们不仅要找到出事地点，还要分析救援地点，分析正确才能参与救援行动。这个活动需要学生离开座位，到达指定位置，就这样，在游戏中结束了这节课的学习。直到下课还有些同学乐此不疲，还没"玩够"，让我感到有点意外。

类似的活动很多老师都尝试过、组织过，它把教教材的传统模式转变为用教材教，在生活中和实践中开发课程资源，在游戏中引导学生提升观察思考能力、空间想象能力、分析解决问题的能力，同时增强他们的竞争意识和合作意识。

## 教学延伸

在这节课游戏刚开始的时候，有些同学没有很好地适应，要么是忘记了自己的位置，要么还没反应过来，但大家的积极性都被很好地调动起来，精力越来越集中，因为这在他们看来，并不是很难的一件事，每个学生都不甘落后，这也是我想要的效果。游戏二较游戏一有难度，但孩子们经过短暂的适应后，积极性激发起来了，特别是当平时不爱发言的学生读对了，同学们都会报以掌声给予鼓励，而且大家互相交流自己的位置，多数同学能够正确地理解经纬度的划分方法。游戏三是典型的地理知识在实际中的运用，学生们不仅要找到出事地点，还要分析救援地点，分析正确才能参与救援行动。如果学生不尽兴或有些学生找不准，就让他们自己来设计活动。尽管课堂看起来有些乱，但这种形式却受到学生的欢迎，它不仅拉近了师生之间的距离，而且符合初一学生的心理特点，同学们能够集中注意力，参与到课堂活动中来，学生在乐中学，在玩中学。一个人判断失误，大家帮助纠正，充分发挥学生的主体作用，能够增强活动的实效性。

将游戏穿插在地理教学中，通过各种生动活泼的方式激发学生的学习兴趣并主动地获取知识，培养学生的学习能力，取得了良好的教学效果，也给了我很多启示，愿意与大家交流：

1. 建立和谐融洽的师生关系，创设良好的课堂教学情境

新课程倡导课堂教学中要建立新型的师生关系，建立相互交往、共同发展的民主、平等、合作的师生关系，将以学生发展为本作为课堂教学改革的着眼点和落脚点。因此，教师在进行教学设计时就要设身处地去当“学生”，学生希望自己的老师是什么样？学生喜欢的课堂是什么样？教师创设一种什么样的情境，既能为学生的学习提供认知停靠点，又要激发学生的学习兴趣？这是每位教师都要思考的问题。古人云“亲其师而信其道”，老师能够弯下身来和学生平等对话，走近学生心灵，及时了解学生的需求，这是提高课堂效果的前提。

2. 结合学生生活和社会生产实际，学习对生活有用的地理，对终身发展有用的地理

教学实践中，我发现：在每一节课的教学中，与学生实际的生活经历、体验联系最密切的，便是学生最感兴趣、最愿意参与的。此时他们不仅注意力集中，还会提出很多他们感兴趣的问题，也争先恐后地发表着自己的看法，达到乐学、会学的目的，使教学由封闭走向开放。在案例中，如果仅仅让学生知道经纬线相互交织构成了经纬网，它是用来确定位置的，学生只知道结果，没有意义建构的过程，这样学生学习的积极性、主动性就不强，死记硬背的程度比较大。而让学生在实践中感知，在活动中总结，贴近学生生活，再用课件演示经纬网是如何“挪”到地球仪上的，增强真实感。让他们意识到学好地理，不仅能更好地生活，还能为未来发展奠定基础，这样才能激发学生内在的学习动力，这是提高课堂效果的基础。

3. 改变学生的学习方式，让学生成为真正的主人

教学是教师教与学生学的统一。新课程所确定的培养目标和所倡导的学习方式要求教师必须转换角色，改变已有的教学行为。同时，学生是学习的主体，课堂教学要以学生的活动为主线，激励学生主动参与，主动实践，主动思考，主动探索，师生互动，让课堂焕发生命活力，让学生感受学习的乐趣。其实游戏只是课堂活动形式的一种，实际教学中的角色扮演、知识竞赛、小小发布会等都是学生喜闻乐见的活动，学生的参与度高，有成就感，这样的活动都能够激发学生的求知欲望和求胜心理。这是提高地理课堂效果的保障。

古代著名教育家孔子说：“知之者，不如好之者；好知者，不如乐之者。”

学生只有对知识感兴趣，才会爱学、乐学。教师必须想方设法培养学生学习的兴趣，创设一系列的活动，让学生在活动中促进教学三维目标的有效实现。

增强教学的实效性，就要从课堂活动出发，关注每一个学生，考虑学生的年龄特点，考虑学生的心理和知识需求，考虑学科的特征，考虑时代的发展等诸多因素，让学生会学、乐学，授之以“渔”，这是新课程改革留给师生的最大空间。

## 专家点评

快乐了学生，快乐了老师，取得了实效，这是上述案例最突出的特点。

从学生来说，刚上初中，带着陌生，带着忐忑，刚开始学习地理就接触到理论性强、比较枯燥的经纬线和经纬网，别说空间想象力，光是需要理解的部分就会使学生失去兴趣。于老师的教学采用游戏的方式无疑是迎合了学生年龄小、活泼爱玩的心理，拉近了师生之间的距离，在由易到难、由近及远的游戏活动中，使学生的分析、理解、记忆及实践能力有了提高；而且学生参与的面广，能够互相帮助，互相协作，达到共同学习的目的。

从教者来说，尽管这样的课堂活动需要老师精心地设计、组织，花费更多的精力，但和以往的板着面孔的授受式相比，不再是教师唱独角戏，不再是填鸭式的教学，师生之间是平等、合作的关系，教师是课堂教学的策划者和组织者，是学生学习的引导者和参与者，是学生学习上的朋友。课堂上的“乱”，某种程度上说明是学生的参与度高，互相督促、更正的结果。

学生对学习的意犹未尽，老师的意外之感，都是寓教于乐的结果。让学生学会自主学习，让老师不再感到内容难讲，师生共同品味着活动带来的快乐，这正是我们所希望的。也许，当老师能回到从前，再次做学生；当老师能和学生一起以朋友身份合作分享的时候，相信老师一定会达到一个新的境界！

（何双梅）

# 课堂上的歌声

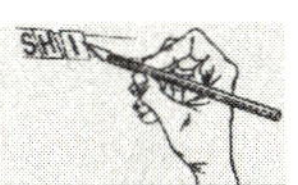

## 以人为本，营造和谐的教育环境

课堂千变万化，具有偶然性和不可预测性。课堂教学不可能完全按照老师预先想象的那样顺利，常常会出现意外，而这些意外又可能使老师感到尴尬。作为老师，要善于处理课堂教学中的突发事件，因势利导，冷静处理并驾驭它，运用教育机智，随机应变、科学巧妙地利用各种契机为课堂教学服务。

### 案例自述

〔于晓娜〕

在讲授初一（下）第9单元《MY FAVOURITE MUSIC》时，我采用了多媒体教学，并精心设计了课堂导入。歌手周杰伦、蔡依林等学生们喜欢的歌手成了我导入的对象。

"Who is he?"

学生是时尚的，此时兴趣高涨。

"How much do you know about them? Let us learn Lesson 2 together." 在提问中，我顺理成章地导入正课。

一切如我预期想象，导入图片时同学们积极性很高，特别当出现周杰伦照片的时候，很多同学更是兴奋不已，我也暗自对自己的教学设计很满意。可当我想展示下一幅图片的时候，却传来了隐隐约约的哼唱声，我发现一个男生低着头，摇着脑袋，脚下还踏着节拍，正陶醉在音乐中，原来我的导入引起了他唱歌的欲望，并且很是投入。这个学生平时表现不是很好，喜欢做小动作，英语成绩也比较差，但是他酷爱唱歌，周杰伦、S.H.E……没有他不熟悉的，每天歌不离口。

此时一部分学生已经注意到他在唱歌，他们看着我，在等我处理这件偶然事件。“精心设计的导入没有正常进行，要严厉批评吗？”“不能。”我告诫自己，课堂上的严厉批评不仅会破坏课堂气氛，也会打消学生学习的积极性，我想了想，然后我说：

“My class，today we have talked some singers. Now，I find a good singer in my class. Can you guess who?”

同学们看到我这样说，他们的注意力也集中到我的问题上，露出惊讶的表情，你猜我，我猜他，但是谁也没有猜到。当我微笑地说出学生的名字的时候，大家都吃惊地张大了嘴巴，把目光投向那个男同学，他也停止了唱歌，脸也突地红了。

我走到他的面前，我说：“Can you sing a song for us?”他不知所措地望着我，我的微笑给了他很大的鼓励，他吞吞吐吐的回答：“Yes，I can.”并唱起了周杰伦的《蜗牛》。

刚开始的时候声音很小，在我的带领下，同学们一起给他打节拍，他越来越自信，声音也越来越大，一曲结束，全班响起了一片掌声，他脸上也露出了满足的微笑，有一种意犹未尽的感觉。于是我趁热打铁地说：“You are good at singing. You can sing Chinese songs very well. I hope you can sing English songs too. Next time，can you sing an English song for us? But at first，you must study English hard. Today，let us follow him to learn lesson 2. OK?”

整整一堂课，这个男生不仅听讲得很认真，而且从没举过手的他也踊跃发言。

这堂课的成功很让我高兴，更让我高兴的是我的随机应变使这堂课变得更鲜活、生动。这对我来说是课堂教学中一个小小的片段，这个片段随着每天的日常教学而渐渐淡忘，但对学生却有着非常大的影响。一天，班上的语文老师拿给我看那位男生的一篇周记，“今天是我最高兴的一堂课，我在课堂上情不自禁地哼歌，我以为英语老师会狠狠地批评我，老师不但没有批评我，反而让我为同学唱歌，同学们给我热烈的掌声。老师还让我将来用英语给同学们唱歌，看来我真的需要努力学习了，特别需要努力学习英语，为同学和老师们唱英语歌曲，我一定加油哟，我相信我会像蜗牛一样登上高峰!”

简单而稚嫩的语言给我触动很大，我也开始观察这位同学的变化。以前英语学科是他最不喜欢的学科，但是现在在课堂上，淘气的他不但专心了许多，并且能够主动举手回答问题，作业也工整了，认真做着笔记，积极地发言，并且我发现在他的桌子上贴了一张自己制造的座右铭卡片，上面写着“I love English”。各科老师都感觉出了他的变化，在期中考试中他取得了很大进步。在考试总结中，他得到了初中阶段的第一次奖励，他兴奋不已。我相信这对他来说是一种鼓励，也是一种促进，更是一次机会。

对这次偶然事件的处理，我很庆幸我没有采取严厉批评的简单方式，而是在尊重学生、不扼杀学生兴趣的基础上，引导学生努力学好英语，可谓一举两得。教师适时地鼓励学生，对他们有很大的促进作用，有时甚至可以使学生发生彻底的变化，一个巧妙的导入使课堂精彩，一个适时的导入使学生受益终生。

其实这种情况在日常的教学中是时有发生的，如果处理不当，就会伤害学生的感情及自尊心，所以能否较为妥善地处理好突发事件就显得尤为重要。

## 教学延伸

古人云：“师者：传道、授业、解惑也。”但是教师要扮演好这个角色，达到理想的教学效果，仅具有学科的专业知识、懂得教育的原理和方法，是远远不够的，可以说传道、授业、解惑并非易事。在短短的 45 分钟里，即使教师课前进行了周密的准备，但在教学过程中仍会发生一些意想不到的事。有时预先设计的问题超出了学生的实际水平，一时让你尴尬万分；有时一件事情的发生导致课堂的失控，一时让你不知所措；有时调皮学生的捣乱，会让你哭笑不得……而这种种的偶发事件都需要教师用自己的教学机智去处理并且做出即时的、正确的反应，从而使教学能顺利地进行。

新课程理念认为，教学过程既是知识、信息传输反馈的过程，也是精神、情感交流融会的过程。教师丰富细腻的面部表情，充满爱心的教学语言，恰当、适度的评价方式，能产生师生心理上的认同与共振。课后反思这节课，如果当时我批评了那位同学，也许一节生动有趣的课会变得支离破碎，那位同学也许会对英语这一学科产生厌烦。看来，巧妙地把教学中的意外变为可利用的切入点，既不影响教学的顺利进行，还使学生受到了教育。巧妙的教学机智，教会学生在品味的同时，更加深了对课文的理解，从中品味出更多的知识与道理。即时地运用教学机智，也能达到润物细无声的效果。教学中的一些客观因素经常影响我们的正常教学，教师应不断地面对挑战，在意想不到的情境中表现出积极的状态，在具体情境中体现自己反思性的智慧。

通过这堂课，我总结了以下几点经验，和大家交流。

1．“花言巧语”，弥补失误

教师在教学中有时会有意制造些“失误”，有时又不可避免地会真正出现一些失误，面对后一种失误，有的教师会轻描淡写地躲过去，其实这种失误往往是可贵的，教师要善于捕捉住这些失误，要从容地对待，面对各种意想不到的情况做出恰当地处理，因势利导妥善解决，开辟一块新天地来扭转失误，圆满完成教学任务。

2．把握教态，控制学态

在日常教学中，我们经常会遇到一些顽皮的学生，在课堂上发出怪声音、搞小动作、交头接耳等行为。这些与教学活动不相符的行为，不仅影响了教师讲课的情绪，也扰乱了班级正常的教学秩序。如果教师一味地对这些学生加以指责，既消耗了其他学生的时间，也大大影响了教学情绪。这时，我们顺水推舟、因势利导，就能将棘手的问题变简单了。

3．幽默情趣，挑起气氛

由于种种原因，我们经常会遇到课堂气氛沉闷的现象。兴趣不是天生的，而是环境的产物。用情趣调动学生，用幽默感染学生，这样的课堂环境才会充满活力，充满生气，才会激发学生的兴趣。

教学机智体现着教师的风格与教学水平的成熟程度。这种成熟是在长期教学实践中磨炼出来的。课堂教学的情况是千变万化的，这就要求教师不断在教学中摸索，具备自己独特的教学机智，让教学水平凭借着教育机智这个阶梯不断提升。

教学中偶发事件是事先预料不到的，所以应随时因势利导，随机应变，巧妙地把它融进自己的教学中，利用意外情况与讲授内容快速的合理的契合，借题发挥做“文章”。这样灵感性的发挥创造，是课前备课在课堂上的随时延伸，是教师知识积累、各方面修养及激情瞬间的高度凝合。

## 专家点评

在上述案例中，这位老师的做法无疑是值得肯定的。

首先是老师对待这位同学的态度，其实这种情况在日常的教学中是时有发生的，如果处理不当，就会伤害学生的感情及自尊心，进而挫伤其学习积极性。在处理这起偶发事件时，要把握一条原则，即，认识到学生的优点和长处，及时捕捉教育学生的恰当时机，然后加以引导和激发。这样不仅可以取得良好的教育效果，同时也给课堂营造一种宽松、民主、和谐的教学氛围。事实证明，教师对学生所持的心态不同，处理突发事件的方法不同，就会产生截然不同的效果。因此教师应当坚持正确的教育原则，针对不同的情况采取不同的处理方式，因势利导，激发积极因素，发扬积极因素，以获得正面教育效果。

当然，教师的教学机智并不是与生俱来的，而是教师在后天的教育活动和教育环境中，经过磨炼与感悟而逐渐获得的。如果要让课堂在自己手中得心应手，我们必须在实践中摸索，在摸索中探讨，在探讨中进步；用教学机智不断武装自己的头脑，提高处理课堂偶发事件的随机应变的能力，让教学机智在课堂中闪光。

（李　晶）

# 无声的批评

## 冷静处理，巧妙解决学生的恶作剧

课堂上学生淘气、犯错误是正常的，关键是教师的处理态度和方法。在犯错误后，老师的态度和教育方式对学生的身心发展会产生很大的影响。对于一些偶发事件的处理，好的方法不仅能够很好地解决当时发生的问题，令学生欣然接受、幡然改过，而且会使之受益终生。

### 案例自述

〔秦雨妹〕

当教师，我有个难以弥补的缺点：个子矮。一块黑板，只能用一大半，因此，每天上课至少要擦一次黑板。

初一下学期的一堂语文课上。

我正在分析《最后一课》，课文中感人的故事情节经我抑扬顿挫的朗读与细致入微的讲解更加催人泪下，同学们的情绪在与我一问一答的过程中逐渐激昂，课堂氛围达到了高潮。此时黑板写满了，我想擦拭一下黑板，黑板擦却找不到了。我环顾了一下教室，同学们也在用不解的眼光四处张望，我的目光与后排一位叫小刚的男同学“碰撞”了，只见他正在用狡黠的眼光，似笑非笑地看着我。我把目光锁定在他身上，他也有些不自在，赶紧说：“在黑板上边。”紧接着又补充一句：“你够不着！”然后趴在桌子上窃笑着。我转身抬头一看，黑板擦果然放在黑板边框的上边，以我的身材的确够不着，如果勉强要够，势必要出丑。我一下子明白了什么，小刚几次搞恶作剧的情形又浮现在我的眼前：上课拽前座女同学的头发；将黑板擦放到门框上砸进门的同学和老师；在我身后远远地躲起来调侃地喊“小秦”……此时教室里开始有了骚动，个别同学也跟着笑了。

我愤怒了，“他居然在取笑我！一定要好好收拾一下这个小刚！”想着，我转过身来，教室一下子安静了，同学们在用各种不同的表情看着我：期待、愤怒、同情、埋怨、窃喜……

一瞬间，我又冷静了下来，因愤怒而变得难看的脸色逐渐恢复为笑脸，“同学们，《最后一课》是一篇十分经典的课文，特别是最后一部分可谓点睛之笔，下面给大家一点时间把最后三段背诵下来，一会儿默写。”

眼看就要爆发的火山突然冷却了，同学们的情绪被带回到课堂上，小刚也开始背课文，而且比每天课堂上的表现都认真。五分钟后，我开始提问背诵，前两位同学背得都不错，我说：“光背诵下来还不行，还要落实在纸、笔上。”说着我自然地走到了教室的后面，站在小刚附近，“请大家拿出一张纸，开始默写。”顿了一下，我接着说：“小刚，请你到黑板上默写。请大家自觉遵守纪律，自己写自己的。”

小刚犹豫了一下，无奈地走上讲台，我又补充一句：“黑板可以擦掉了。”然后若无其事地检查着同学们的默写，还不时地指导着。小刚只好从黑板上方拿下黑板擦，擦掉黑板上的字，默写起来，由于背得认真，小刚很顺利地默写完毕。我走上讲台，与同学们认真地检查了小刚的默写，然后高兴地在黑板上用红笔打了“100 分”，“小刚今天的表现非常好，课堂上听得认真，背得也认真，希望你今后坚持认真上课。”

下课了，黑板擦的事再也没有人提。之后的日子里，我几乎每天都提问小刚，有时适当地表扬他一下，小刚不再搞恶作剧了，很多人奇怪小刚怎么一下子变得懂事了，只有我和小刚心里明白其中的奥秘。

学生淘气的形式是五花八门的，他们捉弄的对象往往也锁定在老师身上，特别是有特点的老师身上，给老师起外号、模仿老师的怪动作等都是经常有的现象。其实这都是学生的好奇心和对老师的特殊关注使然。

## 教学延伸

学生淘气可以分为有意的与无意的、善意的与恶意的。像小刚这样的淘气学生哪个班级都有，他们往往因为淘气，在老师和同学那里得不到好脸色，也常常挨老师的批评，于是他们往往变本加厉，原来无意的淘气就变成了有意的捉弄。其实，这是一种渴望引起关注的表现，此时能够帮助他的，只有教师。教师要明白这样学生的心理状态，一味地批评不仅达不到教育的目的，有可能还会因此削弱了这类学生的上进心。

小刚平时的表现的确很令人头痛，由于总犯错误，同学们不愿意理他，老师的办公室也成了他经常光顾的场所，每次他被带到办公室我的头都会"嗡"的一下，他又……

今天他把捉弄的矛头指向了我的痛处，我真的非常愤怒，所幸的是，当我看到同学们的各种表情时，我一下子冷静了，我面对的是全体学生，不能因为他是在捉弄我，我就有权力停下课程与他纠缠"为什么要捉弄老师"的问题，同时还要教育小刚这样做不对。怎么办？在布置学生背诵的几分钟内，我一直在想解决的办法：事情是明摆着的，但是下课找小刚谈，声色俱厉地批评他，他一定不会承认，因为没有证据；发动群众找出是小刚做的证据，既影响同学们的学习又会破坏小刚与同学之间的关系；不吱声就这样过去，小刚一定会以为自己的阴谋得逞了，将会更加猖狂，这样不利于小刚的成长。他还是个孩子，平时的处境也挺难受的，我首先从心里原谅了他。想办法，既让小刚明白老师知道是他干的，又让小刚知道老师原谅了他，想帮助他，这是当时我脑子里的指导原则。于是，在五分钟的紧张思考后，出现了上面的解决办法。

十五年后的一次同学聚会上，小刚就那次黑板擦事件向我正式道歉，他泪流满面地说："老师，虽然您当时一句批评的话也没有，但我明白您什么都知道。您让我学会了尊重与原谅，您使我改变了对人生的认识，您让我看到了什么是爱与美好。"他还告诉我，我是他当时捉弄的最后一个老师，原以为我的认真与严格一定会导致他与我之间的一场大战，然后他就会离开那个对于他来说只有白眼与批评的教室。现在想想如果当时我没有及时控制住自己的愤怒而一味地追究下去，将会产生怎样的后果！

反思自己多年来的教育行为，有如下感悟：

1. 教师面对偶发事件要保持冷静的头脑

偶发事件是每位教师都能遇到的，因为偶发事件来得突然，要求教师要很快地拿出解决办法，由于给教师思考的时间短，很容易做出不当的决定。此时保持冷静的头脑非常重要，我提供两个方法供大家参考：

（1）要有正确的教育观。这是理念上的问题，但在关键时刻则是指导教师思维与行为的主导思想。如上面的案例，关键时刻老师想的不是自己的尊严，而是全体学生的利益和对个别学生的教育与挽救，此时决定主要矛盾与次要矛盾的是教育观，指导思考原则的也是教育观。

（2）转移矛盾，争取思考解决办法的时间。偶发事件突发时，往往不给教师思考的时间，很多问题解决不当都是因为当时没有细致的思考。转移矛盾是争取时间的好办法，上例中我让学生背课文就是一种转移矛盾的方法，这让我有了五分钟的思考时间，想到了一种恰当的解决方法。

2. 研究学生心理，给后进生更多的关注

教育公平在理论上说是行得通的，但在教育实践中，教育公平很难做到。教师的喜优厌劣往往是在不经意间流露出来的，而学生的表现又不是单一的好，因此教师就要特别要求自己给后进生更多的关注，因为孩子希望得到老师更多的关爱与呵护的心理是一样的，而后进生因为表现不好，这种希望还要更强烈一些，因此总想做些什么引起老师的关注，结果越弄越糟。教师掌握了这种心理，就能察言观色，有意识地、有目的地帮助后进学生健康成长。

3. 要灵活运用教育方法

教育方法很多，在学校还是以说服教育为主，但说服教育往往达不到教育的预期目的，这时教师就要思考灵活运用一些其他的方式方法，如：榜样示范法、阅读教育法、激励教育法、暗示教育法、活动教育法等等。我在上例中主要运用的是暗示法和激励法。由于每位教师的教学风格、管理风格不同，教育方法运用的也不同，教育方法的灵活运用需要教师在教育实践中慢慢地体会。

淘气学生往往更需要教师的关爱，学生犯错误后，教师以怎样的态度对待他，教师创造出一种怎样的氛围来帮助他，这对于学生的成长十分重要。

## 专家点评

上述案例中，这位老师的做法可谓十分巧妙，既教育挽救了学生又保全了自己的尊严，同时也顾全了全体同学的利益。

让小刚上黑板上默写的细节是关键，对于黑板擦的事老师什么话也没说，却用这个细节点出老师知道这件事是小刚干的，又以擦黑板的形式惩罚了小刚——你自己放的黑板擦你自己拿下来，还要把黑板擦掉。这种无声的批评既教育了小刚，又给小刚留有面子，更重要的是维护了全体同学课堂上的学习权利，可谓一举多得。

老师在黑板上打的红红的“100分”则是精彩之笔，使这个事件的处理没有停留在批评上，而是拓展到帮助上，从小刚“犹豫”、“无奈”到认真地默写可以看出小刚当时的心理是十分复杂的，而当他当着全班同学的面得到了红红的“100分”和老师的表扬时，相信小刚的心里一定是充满了愧疚与感激。

之后每堂课上的提问与适当的表扬则是对这一事件教育效果的巩固与延伸，小刚在老师不断的帮助与鼓励下逐渐改掉坏毛病，学会做人，这是教师的教育目的所在。

从这个案例中我们看到了一位具有正确的教育观、满怀爱心、工作热情高、浑身充满了教育智慧的“小”老师。

（何双梅）

# 小径分岔

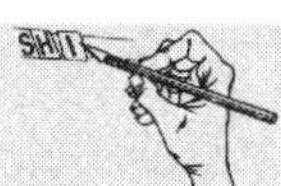

## 巧妙引导，适时拉回学生的思维

在日常教学过程中，难免会出现偏离课堂教学设计的情况。教师应具备适时调控、把握课堂教学状态的能力，运用各种教学技能和策略，让学生在放飞的情愫中去体验获得知识的快乐。

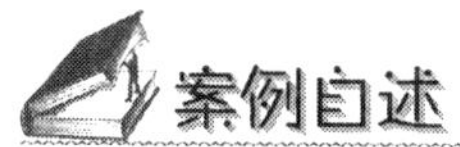

### 案例自述

〔赵绿蔓〕

前不久，在送教下乡活动中，有这么一段花絮。

课题是《探究飞行，放飞希望》，本节课内容来源于河北少儿出版社出版的生物教材（七年级上）《家禽》一节，以家鸽为例，探究鸟类适于飞行的特征。我在引导学生探究家鸽的体型时，为了活跃课堂气氛，加大学生的探究欲望和体验探究过程，加入了一个探究小实验，让每位学生在课堂上叠一只纸飞机，之后掷纸飞机，看哪只飞得最远？其目的是想通过此实验，分析其原因，得出流线型的体型有助于飞行的结论，但在课堂上却出现了如此情景！

“老师，他的飞机飞得远是因为他胖，用的力气大。”

“因为他的飞机小，轻。”

“因为他扔的角度好，所以飞得远。”

“因为他那离窗户远，风的阻力小。”

……

原想得出的结论受到了冲击，想探究下一个问题是不可能的了，因为在孩子们的脑袋里仍然在思索着“为什么他的飞机会飞得那么远？而我的却没有?”手里拿着自己的纸飞机，观察着、思考着。有的甚至将纸飞机拆开重新叠着，有的小组几个学生在相互磋商。

我的原计划被打破，看着情绪饱满、正在探究纸飞机的学生们，我不想打断学生的探究欲望，灵机一动，将飞得最高的那架纸飞机高高举起，大声问到：

“我们现在就来探究纸飞机要想飞得远，会受到哪些自身和外界因素的影响?”

师生开始了激烈地讨论和探究。经过几分钟的讨论和试飞之后，学生们得到了以下的结论。

影响纸飞机飞行的外界因素有：空气的阻力、飞行的角度、给予的动力等。

影响纸飞机飞行的自身因素有：机型、机翼的大小、飞机的质地等。

我因势利导进行总结：“就我们现在的知识水平，得出了以上结论。那么，人类制造的飞机是受到哪种动物的启发而研制出来的呢?”

学生们有的说：“鸟类”，有的说：“像蜻蜓那样会飞的昆虫。”我抓住时机进行引导：“人们看到鸟、昆虫在天空中飞行，自己也想在天空中飞行，于是探究它们适于飞行的特征，之后经过实践探究有了今天的飞机。现在，我们就来揭开鸟类和昆虫适于飞行的秘密，好吗?”

这回，学生们探究得更认真、内容更具体、兴致更浓了。时间剩余不多的情况下，我只好把许多要探究的课题布置给了学生。

第二节课，当我走进教室时，学生们将我团团围住，有的手拿着羽毛，有的手握着飞机，有的手捧着科技书……都争着发表自己的见解。虽然上节课没有完成教学任务，但今天出现的场面让我欣喜不已！学生通过自己课下查找相关书籍及亲身体验，有针对性进行了探究，而且还提出了许多自己的见解和预设的发展。学生对这部分知识的掌握和对这节课的印象比任何一堂课都深刻。

## 教学延伸

随着新课程走进教学，课程的结构发生了很大程度的变化。将教师与学生的“人文”特点注入课堂教学之中，控制课堂教学的不再仅仅是教材。在新课堂中知识被“激活”，教师说，他们常常“控制”不了学生，学生完全有了自由，常常按自己的想法去做。在这样的课堂教学中，常常闪动着生命的灵性，同时也会有惊喜、新的发现和创新，教师在发现和创新中体会着快乐、感悟着成长。

与以上案例相似的情境许多教师在实施新课程的过程中都可能经历过，但绝大多数教师会采取将学生“拽”回到原定的计划和内容中来。其结果势必会压制学生的探究欲望，违背学生的探究意愿，影响学生的探究兴致，对下一个问题的探究会大打折扣。

针对这节课我进行了深入的沉思，深入思考产生这种现象的原因和解决策略。假如在课堂上，我不顾学生对纸飞机的探究欲望，训斥学生，把他们硬拉回到我预设的教学内容上来，我想第二节课出现的创造性的火花是不会看到的，学生的那种探究的热情和深入研究的欲望是不会出现的。那么这节课只会让我和学生“不欢而散”，或许潜在的后患是学生从此对生物学失去了兴趣，对教师失去了信任，这个代价太沉重了。

此外，我对这节课出现此种现象究其产生的原因，重新审视我的教学设计，发现“小实验”有不科学、不严谨的地方，所以在课堂教学中出现了“小径分岔”。通过此次事件，提醒我在进行教学创新的同时，要多方面考察、研究，要注重知识的科学性，以免误导学生。

## 专家点评

课堂应该真正成为学生和教师生长的地方。教师在其推进教学的多种可能性过程中要体现对教学过程的高度把握，在极富创造力和生命力的动态过程中，不断激活新的教学状态，真正唤醒学生的主体意识，促进学生个体生命的充分自由发展。让学生在主动参与中发展，让学生通过体验去认识事物；让学生在独立探索中成长，让学生在自主发展中成熟。

课堂教学蕴含着巨大的生命力，只有师生的生命力在课堂教学中得到有效发挥，才能真正有助于学生的培养和教师的提高，课堂上才有真正的活力。因此，要改变现有课堂教学中常见的见书不见人、人围着书转的局面，必须研究课堂教学师生状态的众多因素，研究课堂教学中师生活动的全部丰富性，研究如何开发课堂教学的生命潜力。

教师要能根据课堂中学生的表现适时调整自己的教学策略，而不是无视学生的思维趋向，只是按照自己教学的设计勉强完成教学任务。只有这样，学生才能学有所获。勉为其难地进行是缺乏应变能力的一种表现。任何一种好的教学设计都不能“包打天下”，教师应该自觉掌握各种教学技能和策略，以及应对方法，这样，才能在教学中游刃有余。

好的教学在于将课堂资源挖掘到最充分的地步。要想教学达到最高的境界，首要的就是要学会把自己的教学经验、理解、困惑、问题等及时整理，并融入下一次的教学过程中。同时，教师一定要了解学生的学情，做到自己的教学设计能“因地因时制宜”或者“因材施教”，进而形成自己的教学智慧。什么时候把获得的新的体验、感受等教育智慧融入新的教学中，而且越来越多，什么时候就渐入佳境了。只有当教学的水平达到一种境界，它才会呈现出随处生景、行云流水的状态，才会在课堂上欣赏到意想不到的风景，才能使学生快乐、健康、持续地成长。

（何双梅）

# 让孩子们知道：学习是快乐的

## 愉悦中体验，尊重学生的体验乐趣

如今的一些学生，常常把学习当作了一项苦差事，语文的学习尤其如此。怎么能让学生在看似琐碎的阅读训练和艰难的作文写作中获得乐趣，这是我们语文教师一直困惑也是一直关注的焦点。其实，让学生获得乐趣也不是很难。快乐学习，需要老师运用自己的智慧努力创造。

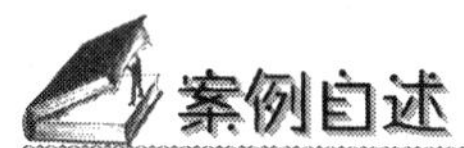

### 案例自述

〔李　莉〕

下午第一节课的铃声刚刚响过，全体学生都在紧张有序地做着语文课前的准备工作，这时班级靠墙的角落里一阵小骚动引起了我的注意。

我悄悄地走过去，学生们的注意力似乎是被什么东西吸引了，以至没有看到我。原来，在最后一排的一名叫张玉峰的孩子的手里，竟然提着一个银白色的钢丝笼子，里面装着一个米黄色的毛茸茸的小动物，它的体态很小，好像很怕人的样子，我也禁不住好奇，说："那是什么？能给我看看吗？"张玉峰和其他几个同学猛地抬起头，一脸惊慌失措的表情，他们神色紧张地看着我。看得出，他们很喜欢手里的小东西，为了打消他的顾虑，我笑着说："我不是没收，只是想看看。"

张玉峰犹豫了一下，慢慢地将小巧的钢丝笼递到我的手里。当我举起手里的笼子细细地观察时，几乎所有的学生都忘记了平时的纪律，挤到我的身后，还叽叽喳喳的开始议论起来。

“这是什么啊?”有人说是黄鼠狼，有人说这是松鼠。

面对大家的猜测，张玉峰不慌不忙地说：“它叫金丝熊。”

我提着笼子走上讲台，把它放在讲台旁边的卫生角上，然后开始导入新课。

“今天，我们来共同研读一篇美文《历练后的飞翔》……”

可是我发现有一部分学生的注意力仍然集中在那个被笼子关住的小动物身上，我有些生气了，于是停止了讲课，站在讲台上默默地注视着这些同学，他们很快地察觉到了我的沉默，慌忙将目光收回，但是仍然有几个孩子依然紧盯着那个小动物发呆。从一些学生紧张的表情上我可以猜测出当时我的脸色一定很难看，教室里很安静。

我忽然意识到：如果靠呵斥来强迫他们收回思路，然后我拉着脸上完这节课，那这节课一定糟透了。

忽然我灵机一动，事先设计好的导语变成了下面的一段话：“大家对这个小小的金丝熊很感兴趣，那么大家猜想一下，它的母亲为了锻炼它的生存本领，会不会把它的腿折断，然后把它从悬崖上推下去?”

学生们开始一愣，随后说：“不可能，那不是把自己的孩子给害了吗？要是鸟类还差不多，至少有翅膀。”

我立刻给予肯定，“说得太对了，鹰就是因为经过这么残忍的训练而成为飞行之王的，那我们就先来关心一下鹰的成长，大家放心，这只金丝熊是不会有翅膀的。”

然后我拿出一张纸，把笼子盖了起来。学生们禁不住笑了，课堂气氛也一下子变得融洽了。

当然，这节课的学习和平时一样，在带给他们知识的同时，很多学生也品尝到了进步的喜悦。快下课的时候，我把笼子上面的纸拿开，在大家好奇的目光里，我忽然意识到：这种好奇心如果经过耐心的引导，再加上生动的观察，它也许可以帮助学生写出一篇成功的习作呢。

于是，我说：“那好吧，下面大家可以按顺序依次走到讲台前来观察一下你们喜欢的这个小动物，记住它的体态特征，今天回去在相关的书籍里查找资料。然后我们明天就以‘我最喜爱的小动物’为话题写一篇记叙文。只是，现在这个小家伙要暂时寄养在我这里，如果张玉峰的作文写得比平时的好，那我就作为奖励，再把这个小家伙还给他。”

第二天的语文课上，当我手提着小小的金丝熊出现在讲台上，课堂气氛变得异常活跃，学生们的眼睛里闪着兴奋的光芒，他们争先恐后地说出自己查找的材料，描述自己对于金丝熊的了解。我知道这节作文课将不再是我的“一言堂”。为了让学生更好地了解金丝熊，我再次请所有的学生依次到讲台前进一步仔细观察它的体态、毛色、动作等特征。

有淘气的学生将手指伸进了笼子里，于是惊呼：“老师，它的毛好松软，而且它很胆小呢。我的手指一碰到它，它就躲开了。”

“它的爪子那么小，你看它吃东西还用前爪捧着呢。”

“老师，你看，它要睡觉了，闭上眼睛了。”

“它的尾巴很小。”

“老师，它的鼻子尖尖的，还有胡须，这和老鼠很像。”

“它的眼睛黑亮黑亮的，而且那么圆，像是成熟的黑葡萄。”

……

十分钟过去了，我示意孩子们回到自己的座位上去，开始转入作文教学。我说：“我想大家都很喜欢这个小家伙，但是张玉峰是最关心它的吧，怕它被我据为己有吧。”教室里响起了善意的笑声。我接着说：“那好，我们的作文就从金丝熊开始吧。大家准备写点什么呢？”

“可以写我生日的时候，爸爸送给我一只金丝熊作为礼物。我仔细地观察它，照顾它。”

“可以写一次误会，金丝熊睡觉了，我以为它死了，特别伤心，埋怨妈妈没照顾好它。”

“可以写一次生动的作文课，我们第一次接触并且近距离地观察金丝熊。”

……

学生的思维空前的活跃，我发现他们的故事很简单，但是却都是真实和生动的。无疑，这次作文相对来说，是比较成功的。学生的作文中关于金丝熊的描绘惟妙惟肖。

“圆圆的笼子不停地转着，金丝熊也好像永不知疲劳地奔跑着，脊背一拱一拱的，尖尖的头前伸着，看得出，这样的奔跑真的不是游戏，因为我在它的大眼睛里看得见我的影子，也看得见它的恐惧。”——《礼物》

“它微微蜷缩着身子，一动也不动，两只粉红色的前爪有些无力地扣住尖

尖的嘴，好像很害怕的样子。”——《它真的死了》

“我们的眼睛睁得大大的，看着眼前这个小家伙，它毛茸茸的背很柔软。我们忘记了语文课，可是老师没有生气，还让我们仔细地观察它。真好！”——《一节生动的作文课》

“我真想也要这么一只金丝熊，我还想把它提起来，看看它惊慌失措的样子。”——《我真想》

而张玉峰的表现更是出人意料，以往很少能写出一篇作文的他，竟然在很短的篇幅里完整地讲述了得到金丝熊的过程和金丝熊被我暂时没收时他的焦急和惦记。我真的没看出来，他的心思那么细腻。

在此基础上，我积极地引导学生修改自己的作文，从修改的过程中，学生更加主动地把自己对于金丝熊的深刻印象用恰当的形容词和动词加以描述，比如：“它用前爪捧着一个果实饱满的栗子，用尖尖的小嘴在啃。”和“它用前爪抱着一颗果实饱满的栗子，用尖尖的小嘴在咬。”相比较之下，学生觉得前者更生动地体现了金丝熊的柔弱、乖巧、伶俐的外部特征。由此，也意识到，写人的文章里，不同的动词通常也可以从不同程度上体现人物的特征，兴趣使他们战胜了对于作文写作和修改的畏难情绪，尤其是修改的过程，因为有兴趣的作用，也化痛苦为快乐了。这不正是最大的收获吗？

真正的教育是能动的，不是墨守成规，更不是照本宣科，孩子们的眼睛和心灵永远是充满好奇的，这里面孕育着对知识的渴求，好的老师应该充分关注这点，并且善于利用和创造可以使教学快乐起来的契机，从而更加激发学生的主观能动性。

## 教学延伸

现在，经历过这堂课的孩子们已经是高一的学生了，而他们再次回到母校和我促膝谈心的时候，经常会提起这堂课，可见这堂课给他们的印象之深。学生是在枯燥的学习中悄悄期盼下课，还是在愉悦的体验中增长知识，效果的差异是可想而知的。长此以往，它改变的不仅是学生的学习能力和水平，甚至会在很大程度上决定孩子们对于学习的认同度。或者说，它可能决定一个孩子是否具有终身学习的愿望。因此，我觉得作为教师，在教学中要充分注意以下几点：

1. 要充分关注真实的体验对于知识生成过程和思维品质培养的能动作用

这种体验多依赖于客观真实的教学情境，它不仅指教师的理性设计，也不是教师、学校提供的单纯的文字等信息就可以替代的，它应该是学生现有的认知水平可以接受的或者可以激起他们求知欲的客观存在。只有这样，学生的体验才是真实的，只有这样的体验才会有利于促进学生的学习，激发他们的学习潜能。也就是说：实效的教学导入和学习过程应该是贴近学生的生活实际，接近学生的认知水平。比如上面的案例就充分地说明了这一点，学生对于文本信息的挖掘为什么不够深入，因为他们对于知识的积累少，充分的体验当然谈不上。再有，就是由于他们缺乏细致的观察能力和感悟能力，导致无法使自己的生活经验和课堂提供的信息建立有机的联系，所以理解都谈不上，那么体验又从何谈起呢？为了更好地解决这些问题，我在日常的教学中特别重视课堂情境的创设，充分利用有限的教学资源，运用声像资料、相关文字信息等导入新课。说到这里，我觉得我们真的应该向魏书生老师学习。在讲授《核舟记》一文时，他是这样导入的：

师："文中提到的'长约八分有奇，高可二黍许'有多大?"

生："有大米粒那么大。"

师："那么请大家在这一只如米粒般大小的船上，画出五个人，八扇窗。"

学生开始尽力的尝试，按照老师的要求来做。

生："地方太小了，画不出来。"

师："那王叔远怎么能在这么小的地方用刻刀雕刻出这些栩栩如生的人物和景物呢?"

学生此时自然对于王叔远的精湛技艺有了非常强烈的赞叹之情，所以，自然理解了其技艺之善、核舟之精。

2. 充分利用看似偶然出现的教学契机，往往会收到事半功倍的效果

好的课堂，应该是民主的、和谐的、机智的。这就要求教师在充分了解学生的基础上，善于抓住精彩的瞬间引导学生体会学习的"快乐"。上面案例中的情境导入看似随机，其实既缓解了紧张的气氛，又在宽松的氛围里有效地规范了学生的有意注意，这比不顾教学实际，一味坚持所谓的进度和计划要好得多，何况课堂上多些这样善意的笑声未尝不是好事。而后面对于金丝熊的观察和描绘的成功，也正说明了充分利用教学中偶然出现的契机，往往能更充分地

激发学生学习兴趣，产生意想不到的效果。因为，此刻学生的思维往往受好奇心的指引，产生了强烈的求知欲。这个满足好奇心的探索过程，就为知识的形成和能力的培养做了充足的准备。

学生的生活经验、认知水平和意志品质都存在差异，怎样使我们的教学尽量地面向全体，使每个学生都有收获，这是我们的目标，也是我们的责任，要做到这些，需要我们不断地改进我们的教学方法，不断地吸取先进经验。

## 专家点评

应该说，我们在上面的案例中看见了值得高兴的一个现象，那就是：教师开始逐渐地意识到，学生需要的教学应该是让他们在愉悦的体验中有所收获的过程。“金丝熊事件”看上去是偶然的，其实它反映的是我们的教学是能动的、具有不可预知性的过程。处理得好，学生会在快乐中学习，处理得不好，学生的学习积极性和探索意识将受到人为的压制。我们不能期待所有的教学过程都按照我们原有的计划有条不紊地实施，根据教学实际适当地调整教学计划或者教学步骤，是对学生的最大尊重，也是人文理念在教学中的体现。它和教材的重组和开发一样具有价值。要做到这些，我们需要做到以下两点：

1. 教师要努力提高驾驭课堂、应对课堂突发事件的能力。

这需要教师在吃透教材、明确教学重点和难点、充分了解学生的基础上，敢于进行大胆的尝试，善于从一个全新的角度引导学生进入柳暗花明的新境界。这既需要充分的知识积累，同时也需要不断地总结自己教学中的得失。既要善于用札记的形式客观记录自己在教学中的得失，又要及时进行经验教训的总结。化繁为简、驾轻就熟的教学境界是教学智慧的体现，更是多年工作经验的积累。否则，疲于应付地被动工作，无形中也是对于教学资源的巨大浪费。

2. 要充分关注学生的“经验”。

这就要求我们的课堂教学要和学生的生活世界及社会、科学世界紧密联系，这样才能保证我们的教学是学生能够接受和乐于接受的。有爱的教育才是真正的教育，使学生乐学的教学过程才是真正的教学。我们经常提倡的教学现代化，首先就是教学的现实化。这点，上面巧妙利用金丝熊为课堂教学服务的经验就是值得提倡的。

（何双梅）

# 一堂有趣的英语课

## 趣味教学，激发学生学习的兴趣

语言不是随便可以学好的，学母语如此，学习外语更是如此。但是，如果教学得法，便可事半功倍。趣味教学可以说是一种好方法。

中学生这个年龄阶段的特点是：爱说爱动，自我约束、自我控制能力不强。如果教师教学中忽视这些特点，单纯沿用传统教学模式，使用传统教学方法进行机械地讲解，把学生当成知识的容纳器，填鸭式地向他们灌输在他们眼中枯燥无味、冷冰冰的语法、词汇，他们便不感兴趣，因而也就谈不上学习的积极性和主动性。学习需要兴趣，就某种意义上讲，学英语就更需要兴趣。如何激发学生的学习兴趣，保持并使之成为他们学习的动力，这正是趣味教学的出发点。

### 案例自述

〔杜　曼〕

我由于参加批改中考试卷和学生们分别已有一周的时间了。今天我一进教室，许多学生就亲热地凑到了我的身边。“这么多天，老师干什么去了？”同学们都非常想知道。于是，我灵机一动，今天的英语课，我不教课本上的内容，而是来了一回别开生面的“答记者问”，同时我向学生们提出了一个要求：用英语交谈。

生1：“Miss Du，will you please tell me where did you go?”（还挺有礼貌，会

用 will you please)

师："You are very polite. But there are some mistakes in your sentence. Who can correct the sentence?"（同时我板书学生的问句。学生经常这样出错，今天趁机再次纠错）

生 2："Miss Du, will you please tell me where you went?"（我继续鼓励学生进一步找出错误并改正）

生 3："Miss Du, will you please tell me where you have gone?"

生 4："Miss Du, will you please tell me where you have been?"

师："I'd like to tell all of you that I went to correct the papers."（我肯定学生的进步）

生 5："Which parts should we pay attention to when we are having a test?"

师："There is need for improvement in your handwriting. Listening and reading are more important than before. And you must write a composition every week. If you do as I say, you'll make rapid progress in your English study."（瞧，一张张脸上流露出向往的表情）

生 6："Miss Du, what did you learn these days?"

师："I know there is no end to learn. Not only to you, but also to us teachers."（告诉学生老师也是不断学习的）

生 7："Miss Du, what is your first English teacher like?"（有同学发出了笑声，显然是觉得这个问题提得幼稚）

师："Well, who can tell me what my teacher is like?（我把"皮球"踢回给学生，结果无一人举手）See, there is a little difficulty. The student who asked this question is hard-working, so we shouldn't laugh at him. Now I tell you that my teacher is with great knowledge. Every time my teacher comes to the classroom, he's always well dressed and his lessons are lively and interesting."

师："Just now you asked me. Now I think it's time for me to ask you. Can you tell me what happened while I was away?"

生："Yes."（回答整齐而有力，同学们一个个跃跃欲试）

"We won the first prize in the basketball match." 一位男生兴奋地说。

"I didn't finish my homework last week." 一位学生不好意思地说。

"I made a kite with my father's help and we are going to fly it this Sunday." 一位

学生高兴地说，脸上还放着光彩。

……

问题还在提出，回答仍在继续。课堂已经成为我们师生交流的课堂、对话的课堂、碰撞的课堂。

爱因斯坦说过："兴趣是最好的老师。"因此，我认为，趣味教学的核心是：创造一个和谐融洽、轻松、愉快的学习环境，采用灵活多变的教学方法，让学生做中学，学中用，从而激发兴趣，学得主动，提高效率。

## 教学延伸

由于教师的素质不相同，教学对象不同，使用教材不同，因而进行趣味教学没有也不可能有固定的模式可循。但趣味教学所探讨的方面和所要追求的效果是相同的。下面就此谈几点拙见，以期引起同仁的兴趣，共同探讨这个问题。

1. 和谐、融洽师生关系

教和学是一对矛盾，作为矛盾双方的代表，教师和学生如何和谐融洽师生关系，对完成教学任务至关紧要。青少年的心理特点告诉我们，这个年龄段的学生"亲师性"较强。如果他们对某个老师有好感，他们便对这位老师的课感兴趣并分外重视，肯下大气力，花大功夫学这门课，因而成绩优异。反之，如果他们不喜欢某一位老师，由于逆反心理，他们也就不愿学或不学这位老师的课。这种现象也是大家经常见到的。所以，教师要深入学生，关心学生，爱护学生，尊重学生，有的放矢地帮助学生。让你在学生的眼中不仅是一位可敬的师长，更是他们可亲可敬的亲密朋友。也只有这样，师生才能关系和谐、感情融洽、兴趣盎然地进行学习。

2. 创造一个轻松愉快的学习环境

传统的教学模式和方法，总是教师"一言堂"，课堂上教师总是向学生灌输，学生始终处于消极、被动的学习地位，没有什么轻松、愉快而言，因而也就无兴趣可谈。

课堂环境如何，对于激发学生的学习兴趣影响极大，教师的责任在于为学生创造轻松、愉快的学习环境。

为了淡化传统教学给人们的印象，要“寓教于乐”、“动静结合”、“学用结合”、“师生配合”。

课前，可根据教学内容，由教师用学生能听懂和大致能听懂的英语讲一个幽默笑话，一则谚语，或由学生进行课前三分钟英语会话练习，自由演讲，自由谈，集体唱一首英语歌曲，从而活跃气氛，激发学生兴趣，完成教学前的预热活动。

有一则谚语说：“A good beginning is half done.”（良好的开端，就是成功了一半）导入新课要讲究艺术。根据教学内容，可设置一个悬念吸引学生；也可提出一个发人深思的问题，抓住学生；还可从直观教具和演示开始。教学中，不能照本宣科，大声念一遍，小声念一遍，就算进行了教学。要善于用教室的人和物、直观教具（如图片、挂图、简笔画）设置情景。语言总是和情景连在一起的，没有情景的语言是枯燥无味的，有了情景学生才印象深刻、音形意有机结合。要精讲，长则生厌。要变讲为提问，学生大量的时间是参与而不是旁观，学中用，用中学。只有这样学生才感兴趣。要注意在实践中满足学生的“成功欲”，不同水平、不同层次的问题和语言材料，要由不同水平、不同层次的学生实践。这样，每个学生都可品尝成功的喜悦和成就感，从而情趣大振，热情倍增。一旦学生出了差错，不要埋怨训斥，要注意纠正错误的技巧，保护学生的积极性不受挫折。一堂课就是一个完整的艺术品，不仅要有一个好的开始和发展，也要有一个好的结尾。根据不同的情况，下课前可给学生设置一个新的“悬念”，留一个耐人寻味的问题，放一遍课文录音，让学生小结一下课堂主要内容，唱一首歌曲等。

总之，一堂课，始终要让学生学得轻松愉快、兴趣盎然。

3. 教学方法要灵活多样，充满情趣

单一的教学方法是乏味的。即使一个好的方法，经常用也就失去了它的魅力。为了激发学生的兴趣，保持学生的兴趣，巩固学生的兴趣，教师要认真钻研教材，根据教学内容的不同，在不同的学习阶段，就不能用一样的方法，这就要求教师付出心血，不断地探索，不断地追求。

比如教字母，26个字母说起来很简单，但真正教得快、教得准、教得好，让学生学得有趣味，也并非每一位教师都能做得到的。有的照本宣科，每次几个字母，依次教完就过去了。可有的把字母做成卡片让学生做字母排队游戏，分组进行字母排队比赛，教唱字母歌。这样做不仅学生学得快而好，还锻炼学生的观察能力，反应灵敏能力。两种做法，两种效果，前者索然无味，后者其乐融融。开始教单词，我们可充分利用直观教具，比如教 Football，我们指着足球："What's this? It's a football. football，football." 再重复一下，足球的音形意深深印在学生脑子里，以后看到足球就会脱口而出"football"，"football"，而不需要汉语翻译作中介。教词汇也在教思维，如果进行词汇复习，我们可进行"Guess"，比如复习 bell，football，pen，book，car，jeep 等名词。我们便可把准备好的小实物、图片、模型放在讲台上，先让学生看一下，然后放到讲台下，把一件（比如 book）放在一个准备好的大袋子里，然后拿出，用学生已学过的句型问：

T："What's in my bag?" 学生猜后回答。（宜单人进行）

S："It's a football."

如果答不对，就说："No，it isn't." 接着问另一个学生。

T："What's it?" 学生猜答。

S："It's a book." 猜对了，教师鼓励这个学生说。

T："Yes，you're right."（如果学了 Clever，还可进一步说）

T："You are very clever!"

然后再换一件继续进行。如此等等，既复习了单词，也熟悉了句型，既练了听，也练了说，而且学生不以学为苦，还兴趣浓厚地参与其中。

教句子开始可进行听力比赛，看谁最先说出所听的句子，看谁读得好。进而进行单词组句比赛等等，都可提高学生兴趣，比老师一遍一遍地讲，学生一遍一遍地读，效果好得多。

教课文，根据不同体裁和内容，可采用模拟对话，扮演角色，讲故事，述大意、改变人称，变对话为叙述，变叙述为对话，即兴口头作文，看图说话，组句成文等多种形式。这样把死教材活用，学生学的兴趣浓，用的机会多，效果必然好。

4. 课内外相结合

英语教学应主要放在课内，向 45 分钟要质量。但要学好英语光靠每周几次英语课是不够的。所以，我们还要大力开展课外教学活动。但这种活动，不应是课内教学的继续，也不应是无组织的放任自流。教师应把不同的班级、不同层次、不同水平、不同爱好的同学，进行适当地组织。比如，有目的地培养骨干，开展英语游戏、开演唱会、朗诵会、讲演比赛、识词默写比赛、作文比赛、听力比赛等等，既可各班进行，也可同年级、全校进行。其目的是活跃学生课外生活，巩固课内学的知识，创造英语学习的气氛，培养学生学英语的兴趣，使课内外学习相结合，相得益彰。

语言教学在很大程度上依赖于学生与教师之间的团结、合作以及相互支持的师生关系，而这种关系时刻都受到彼此情感的影响。恰当、合理地使用语言，有助于沟通情感、增进友谊和相互尊重，改善师生关系，同时还可以创建一种和谐的语言活动氛围，产生浸润性的效果，让学生愉快地沉浸在英语的氛围中。在课上，教师要善于调控学生的积极性，建立融洽、民主、团结、相互尊重的氛围，创造有利于学习的心理状态，形成积极的学习态度，让学生学得主动，学得愉快。

## 专家点评

英语教学要适合每一个学生，教师如何根据学生的需要恰当地使用教学资源是其中最关键的一个因素。杜老师这节英语课，注意到学生的情感状态，贴近学生的学习生活实际，在轻松愉悦的氛围中完成了本节课的教学任务。杜老师的英语教学机智、灵活，有着浓厚的人文色彩。比如，在每一个学生对问题做出回答之后，教师都应该及时给予反馈，并且注意评价语言的丰富性。学生每一次的开口表达，都是教师进行教育，进行鼓励，进行师生交流，达到师生互动的最佳时机。一堂课上这样的机会在不断地反复出现，教师善于把握好每一次机会，使学生在一个轻松、真实的语言环境中得到发展与提高。每一个人的内心都充满被关怀、被鼓励的愿望，对于学生而言能得到老师的肯定尤为重要。因此课堂上老师看似不经意的一句话，会对学生产生深远的影响。

英语作为一门语言，要教授的不应仅仅只是语言知识，还应包括人文关怀，包括情感熏陶。教师在课堂上的与人为善，不仅是对学生成绩的肯定，同时也会对学生的情感态度产生潜移默化的影响，能教会学生去发现别人的优点，教会学生用宽容去对待身边的一切人、事、物。有人曾说过：情感教育渗透在课堂的每一分、每一秒。那么，教师就应该先从自身做起，用关怀的目光，用鼓励的言语去肯定，去激励每一个学生。

（何双梅）

# “意料之外”的非常规教学

## 因生施教，关注学生个体差异

教学活动是复杂的，课堂上随时会出现许多“意料之外”的事情。而这正是教学的魅力。教学要在挑战和机遇中表现机智，获得成功。

### 案例自述

〔魏振宗〕

“背越式跳高”，是一节新授课。动作技能的教学目标是“使学生学会背越式跳高的动作方法，并能用背越式跳过不低于原地起跳跃过的高度”。

一名学生在分组练习中，模仿“助跑”、“起跳”、“过杆”等分解动作都做得很不错，但在动作展示过程中，一直不能很好地完成动作。而在课的后半部分的测评活动中表现得更糟糕，就连平时原地起跳能过杆的高度都过不去，应该说这是教学所始料不及的。

经过片刻思考，我决定用“半圆式助跑”的方法解决这个问题。于是，我在助跑区画了一条圆弧，让这名学生沿着圆弧助跑，（我把这种助跑方式称为“半圆式助跑”）并提高了横杆的高度。果然，效果十分明显，经过几次试跳，这名学生顺利跳过了及格的高度。学生的脸上终于露出了笑容。

课后评课时，有一些听课老师查看了我的教案并提出了疑问：这种纠正错误的教学方法教案中为什么没有设计，也没有提到；为什么在当时的课堂上不让学生再多做几次规范的助跑和起跳练习，那样完全可以解决问题；画一个圆弧让学生跑还真没见过……是不是有点不伦不类，也不够专业。的确，这种“半圆式助跑”体育教材中没有介绍，很多教师也没有见过，如此说来，我真有点冒天下之大不韪，然而，让我们换一个角度去思考，我也许并不是第一人。

记得20年前中国女排在日本参加的一次国际大赛上，当时赛程已过半，各球队都在休息，养精蓄锐，准备后面的比赛。出人意料的是时任中国队主教练的袁伟民却把队员全部拉到了训练场上，进行了一次高强度的训练。当时国内外专家、媒体一片哗然，都感到惊讶和不解。这不符合常规呀！因为从运动训练角度讲，此时的动员正需要休息呀！此时的高强度的训练势必导致运动员体能下降，从而影响后面的比赛。然而比赛的结果却恰恰相反，赛后袁伟民主教练道出了其中的原因，中队女排当时更需要强化技战术，体能对中国女排来说不是主要问题。

在教学过程中，由于学生的身体条件各不相同，认知能力也相差很大。对于同一种技术来说，有的学得快，有的学得慢；有人适合用于分解法来学习，有人必须采用完整练习法才可奏效；有人甚至看一遍或听一遍就能学会。正是由于这种差别，决定了教师在具体项目的教学时，不能采用一刀切的做法，必须运用灵活的教育教学方法和手段，只有这样才能做到“因材施教”，确保每个学生的进步。回到前面的案例，由于这名学生以前学的是跨越式跳高，众所周知，跨越式跳高采用的是直线助跑方式，而背越式跳高是曲线助跑方式，直线助跑方式不利于背越式跳高的起跳和过杆。这正是该学生学习背越式跳高屡屡失败的原因。“半圆式助跑”恰恰能解决这一问题。这种助跑方式，可以使练习者始终保持有利于背越式跳高起跳的最佳身体姿势，因而奏效。当然我们也可以采用其他方法和途径解决上述问题，比如像评课教师所说的再重复几次“正规”的起跳和助跑练习，也就是教材中介绍的，大多数教师教学中常用的教学手段和方法，同样可以做到纠正错误的目的。对教学方法的选择我的想法是，教学中教师能用一句话解决问题，就不必讲得太多。一个眼神或一个简单动作就能使学生心领神会，应该是教学的一种境界。体育教学更应该注重实效性，因为一节课只有短短的45分钟，作为教师必须了解自己的学生，教学时应采用简捷有效的教学方法和手段。在一节课的具体教学中，采用的教法和手段绝不是一成不变的。对于同一教材，学生不同，教学方法和教学手段也不可能相同。这节课的主要目标是完成技能教学任务，“让学生掌握背越式跳高动作方法”，在此基础上“体验背越式跳高的成功与挑战的乐趣”。无论运用何种手段与方法，只要不违背教学的基本原则并且有效，那就应该是好办法。

## 教学延伸

智者千虑，必有一失。教学设计力求精心，把课堂教学时所有可能发生的每一个情境都纳入意料之中，从理论上讲是可能做到的，但实践中，又有谁没有“意料之外”呢？教学设计中没有设计课堂中发生的“纠错”这一环节实属正常。这也许就是“意料之外”吧！关键是在“意料之外”发生之后，教师如何去处理这种意料之外，这就需要教师的教学机智。首先教师应该具备扎实的学科基本功，敏锐的观察能力和应变能力，也就是功底要厚实。除此之外，还应该充分地了解和掌握自己教学的基本情况。试想，如果不能准确地观察和分析出学生到底错在哪里，是绝不可能在短时间内采取“非常规”的但很有效的处理和解决问题的办法。我们仔细去分析，有时“非常规”的教学手段和方法，其实比一般的常规教学手段和方法更加合理，更加符合运动技能学习的规律。

运动技能作为“身体认知”是人类认知体系的重要组成部分，它必须遵循认识事物的规律。多年来，我们一般从简单到复杂，从局部到整体，从分解到完整的规律设计运动技能教学过程。但是落实到一个具体的运动项目技能的教学时，我们一定要根据这个项目的特点来确定其应遵循的规律，否则，运动教学的质量和教学效果就会大大下降。例如：体操中的技巧教学，按从侧滚翻、前滚翻、后滚翻、头手翻、侧手翻的顺序，由易到难进行教学；而在球类教学中，如果按照运动训练的顺序进行教学，传接球、运球、射门（或投篮）、比赛的顺序循序渐进地安排教学，学生的兴趣和教学效果其实并不好。通过观察发现，学生自发地做体操时总是从简单的动作开始，他们学习球类活动时总是从游戏和比赛开始，而不是从单个动作开始练习。学习跑步也不是从起跑和急跑到途中跑再到冲刺，而是从追逐性游戏和赛跑开始练的，而且大多数孩子喜欢扭曲着身体跑曲线。由此可见，运动技能教学是有规律可循的。在具体教学过程中，哪些运动技能教学必须从简单的动作开始而采用分解练习的方法，哪些运动技能的教学可以化繁就简来学习而采用完整教学法呢？这就要求教师了解和掌握学生的兴趣和需要。依据教材的特点去把握，尽量做到因材施教。教师只有面向全体学生做到因材施教，才可能做到新课程提出的“确保每一个学生受益”。然而我们在体育教学设计时（甚至是单元教学设计），始终不能达到“让百分之百的学生能够完成某一动作技能的教学目标。”这一现象是普遍存在的，应该成为我们今后的一个研究课题。试想，那些在体育教学中始终不能学会某一运动技能的学生，久而久之，必然会对该技能的学习失去兴趣，对体育课丧失信心。我们常说：“学生爱体育不爱体育课。”想来与此有直接关系。教学中我们绝不能“循规蹈矩”、“墨守成规”，要坚持因材施教，创新教育。

## 专家点评

“教学有法，教无定法”是广大体育教师所熟悉的教学规律；“因材施教”是大家所熟悉的教学原则，但运用的前提是对学生充分的了解，教学中具体应该运用何种教法，不是一成不变的。正像文中阐述的一样，必须依教材特点和学生基础情况而确定教学方法和教学手段。教学方法和教学手段的运用必须做到有的放矢。也就是说，教学“贵在得法”。本文突破了教材的传统而标新立异，在了解把握学生的基础上，对个别学生运用“非正规”的助跑方式教学，使学生掌握了完整的技术动作。仔细分析很有道理，它符合体育教学中“身体认知”的规律。我们应该“备课不仅要备教材，更重要的要备学生。”教育教学工作是教师创造性工作的过程，教学中一定要灵活地运用教学手段和方法，注重教学的实效性。

（何双梅）

# 四、学生是教学的“主角”

# 别开生面的生物课

## 开发课程资源，打造灵动课堂

“开发课程资源”确实是这次课程改革的亮点之一，主动的、创造性的课程实施总是与课程资源的开发联系在一起的。开发课程资源使统一的课程标准具体化，产生针对不同教学环境、教学对象的个性化的课程实施。那么，教师作为课程资源开发的主体，选择什么样的资源进行开发，才能使学生迸发学习的兴趣、产生探究的欲望、品尝发现的激情、体验成功的喜悦？选择什么样的课程资源进行开发，才能使课堂变成欢乐的海洋，使课堂成为学生快乐学习的场所？

### 案例自述

〔孙静华〕

又是一节生物课，推开电教室的门，望着熟悉的课堂，微笑不自觉地浮现在脸上，这就是我和同学们共同成长的天地。

刚刚下课，同学们还没来，我熟练地打开机器，开始做上课的准备，手在忙碌着，心中是满满的自信，是能给同学们一个惊喜的自信，这自信来自课前精心的设计与准备。

当学生走进教室时，音乐随之响起，这是一首庾澄庆的歌曲（FLASH），名字叫《蛋炒饭》。望着屏幕上的卡通图像，我清楚地看到了同学们脸上愕然到愉快、好奇的表情转换。我则用微笑回答同学们疑惑的眼神。

上课铃音清脆地响起，我关掉动画，开始上课。

“刚才老师为大家播放了一首歌曲，你们喜欢吗，听过没有？谁知道这首歌的歌名？”

“是《蛋炒饭》。”我又问：“那你们吃过蛋炒饭吗？”

同学们纷纷答到：“吃过。”我微笑地看着这些可爱的同学们，说：“如果老师不请你们吃蛋炒饭，而是要请你们吃一顿大餐，你们想吃吗？”同学们激动起来，大声答道：“想！”甚至还有同学小声说：“不知老师能请咱们吃什么？”

我为大家发了一张点餐单，给同学们一分钟的时间自由点餐。同学们认真审视着点餐单，开始选择。在同学们点餐的这段时间内，我为他们播放了一段轻柔的音乐，小家伙们就像置身在餐厅内一样。这张点餐单，甚至连这段音乐都花了我不少心思。点餐单的样式和饭店里的点餐单相似，不光有各种令人垂涎欲滴的菜名，还配有菜肴的图片。

巡视同学们的点餐情况时，我有意选择了两名同学的点餐单，当我向全班同学展示他们的点餐单时，大家很快就发现了问题，这两名同学一个点了很多肉菜，一个点的都是洋快餐。同学们觉得这样吃营养肯定不合理，但当我要求说出理由时，同学们却面面相觑，说不清楚了。于是，我说：“吃可是一门科学呢，那怎样吃才科学、才健康呢？那就让我们走进《关注合理营养，健康成长》这一课。”

接下来，同学们和我共同经历了四个板块的递进学习，共同寻找问题的答案。

在学习《饮食生活面面观》时，我们一起分析不吃早餐、偏食、挑食、嗜吃洋快餐的危害，同学们运用学过的食物中的营养物质的相关知识，分析这些饮食习惯后，得出一个结论：要想身体健康，饮食必须合理。

在学习《平衡膳食对对碰》时，我先请同学们审视自身的饮食习惯，我们一起做了一个小测试——你吃得合理吗？

1. 你昨天吃鸡蛋了吗？

2. 你昨天喝鲜奶或者酸奶了吗？

3. 你昨天吃水果了没有？

4. 你昨天吃鱼或者鸡肉或者瘦肉了吗？

5. 你餐桌上昨天有没有豆腐或者其他的豆制品？

6. 昨天你有没有吃点粗粮杂粮之类的？

7. 昨天你吃的菜里放的油是否少？

8. 你昨天吃到 3 种以上颜色的蔬菜了吗？

9. 你昨天吃的食物有 10 种吗？

10. 昨天你运动了吗？运动后自己觉得舒服吗？

这 10 个小问题，要求同学记录自己有多少个否定答案。参与、互动式的测试方式，激起了同学们的极大兴趣，有的同学数着自己的指头来记数，有的用笔在本子上画符号来记数。

当我告诉大家：当“否定答案等于或超过 4 个时，便说明吃得不合理”时，教室喧闹起来，原来有那么多的同学没通过测试。

当我说：“那怎样吃才能让我们获得合理的营养呢？”班级马上肃静下来，同学们都瞪着求知的大眼睛看着我。

我微笑着卖了一个关子，让同学们小组合作探究，自行来解决“吃什么，吃多少”这两个合理营养的核心问题。

在小组长的带领下，同学们分组玩了一个拼图游戏，用老师发给大家的食物图片，按大家讨论确定的依据进行分类，并按大家所认为每日应食用的量排序，哪一类食物是一天当中吃得最多的，其次是什么，以此类推。

当约定的时间一到，我说：“同学们配合得真好，生活经验都很丰富，又善于思考，简直可以当营养学家了。”同学们都会心地笑了。“那营养学家是怎样建议的呢？”我为同学们展示了中国营养学家为中国城乡居民制订的《中国居民平衡膳食宝塔》，形象地用金字塔作为食物摄入量的分布图，并主要针对青少年，分层为大家进行介绍：五谷类，应多吃五谷杂粮；蔬菜水果类，可以遵循绿、黄、红、紫、白的颜色规律，营养价值依次降低；鱼禽肉蛋类，我国青少年脂肪摄入量足够，一定要严格控制脂肪的摄入；奶、豆类，同学们每日要保证一袋奶的摄入；油脂类，纯能量食物，每日摄入量不超过 25 克。

通过将自己的探究结果与营养学家的结论进行对比，同学们很快知道了自己的探究结论是否正确，而不是由老师进行简单的评判。这种学生自主生成的是结论，印象当然是更深刻的。

在《你说我说星秀场》时，我们将合理营养的理论转换成了顺口溜和口诀，通过这种方式边娱乐边记忆。如：早餐吃得像皇帝，午餐吃得像平民，晚餐吃得像乞丐；吃肉不吃蒜，营养减一半；海带豆腐汤，消化吸收强；猪肝加菠菜，补血好搭档；百合妙鸡蛋，清心又安神；有粗有细，不甜不咸，三四五顿，七八分饱……

在《设计食谱爱心园》中，同学们用刚学到的合理营养的知识，为父母设计食谱，独立设计后，先经过小组内的互助合作进行完善，再进行全班的交流。通过全班同学的激烈讨论，完善食谱，在实践知识、加深印象的同时，还渗透了回报父母、回馈社会的情感教育。

一个同学激动地说："当我把按照食谱做好的营养晚餐端到父母面前时，一定要向他们深鞠一躬并对他们说，'爸爸、妈妈你们为我辛苦了，现在我长大了，要用学到的知识来回报你们，希望辛苦的你们吃了我做的营养餐能健康长寿！'"

同学们的话语也感动了作为一名母亲的我。

这节课结束了，虽然我没有请他们吃真正的大餐，但希望是为他们提供了一次知识的盛宴，精神的大餐。

了解学生的心理，掌握他们的认知水平，积极开发和利用各种课程资源，让学生感兴趣、愿学、乐学。这改变的不仅仅是依靠教科书开展教学的传统做法，更主要的是打造了一个有针对性的灵动课堂。

## 教学延伸

课程资源的开发以什么为依据？生活中的所有事与物都是可能的课程资源，但不一定都能成为现实的课程资源。不能仅仅根据可能的资源来设置，而要特别考虑其对不同年级学生的教育意义和课程功能，特别要考虑是否有利于实现课程计划的培养目标。在此基础上，进一步的筛选依据就是同等条件下，更能激发学生学习兴趣、探索欲望的那些课程资源。

1. 充分利用多媒体设备

人类的感知行为主要包括视觉、听觉和触觉三种不同的途径。而多媒体技术的使用，即"利用计算机交互式地综合处理文字、图形、图像、声音等多种信息，使它们建立起逻辑连接，成为一个系统。"这种多感官的调动、多感觉的运用，将以往形式单一、直线展开的教学内容变得直观、形象，从而激发起学生的学习积极性，引起学生学习的兴趣，更利于学习效率的提高。

课堂上不时响起轻松的音乐，屏幕上展示着色彩鲜艳的图像，这对于青少年来说，是最直接的刺激，在这样的课堂上，学生还哪有时间去溜号呢？

2. 充分利用网络的丰富信息

网上搜集信息既可弥补课堂时间有限、信息有限的局限，更是培养学生科学素养的必要组成部分，这种搜集信息、处理信息的能力也是未来学生生存的技能之一。兴趣是最好的老师，只有学生亲自参加才能激发学生更大的兴趣。

3. 挖掘生活经验这种隐性课程资源

学生和家长的生活经验都是无形的课程资源，新旧知识有交叉，更有利于知识在人脑中的储存。只有学生亲自体验用学过的知识解决新问题、生成新知识的过程，他才能真正体会到学习的乐趣和成功的喜悦。

我在进行《两栖动物的生殖和发育》一节时，涉及环境污染对两栖动物影响的内容，学生通过现场调查，可以亲眼看到环境污染的程度，但无法了解环境污染前后两栖动物的生存情况的变化。在此，我设计了请学生课后向父母或祖父母做调查的环节，父母小时候的蓝天碧水、傍晚的阵阵蛙鸣与现在生活环境的对比，使学生深刻地认识到保护环境的重要性。

4. 挖掘学生身边世界的问题资源

真实世界的问题，关乎学生自身的问题，解决后能指导学生的生活，这样的问题更能激起学生解决的欲望和学习的兴趣，而解决问题的过程也将成为学生快乐的体验过程。

青少年吃洋快餐的问题已成为一个社会问题，家长、老师的空洞说教并不能阻止美食的诱惑。我在处理此问题时，使用一个电脑课件，由学生现场交互点餐，生成营养成分统计表，学生可直观看到所选洋快餐所含的脂肪、蛋白质、能量等占一天需要量的比例。而某些营养物质的过多、某些营养物质的含量不足，长期累积会导致哪些疾病，直观的图片，才能使学生感同身受。

总之，教师是要“用”教材，而不是“教”教材，要做课程资源开发的有心人，为学生创设灵动课堂。

## 专家点评

新课程的实施，教师面对的不仅是新的教材，更重要的是新的课程理念。理念的转化，对自身角色认知的转变是教师必须面对与承受的改革阵痛。此案例使我们欣喜地看到，广大一线教师经过几年的认真学习与努力探索、实践，新课程已经融入他们的教学灵魂。

在统一的课程标准指导下，教材不再是唯一的课程资源，它只是课程标准骨架上的一部分血肉。新课程倡导面向全体学生，学生个体的认知水平又因外部环境的不同存在着地域性差异，各校有各校的实际情况，各班有各班的实际情况，甚至个别学生的实际情况也有差异，这就造成一本教材包打天下的局限性，但有了课程标准这副既定骨架，教师就可依据学生、教学条件等实际情况，开发、组合更有实效性的课程资源。

那么教师开发什么样的课程资源才能更好地达成学习目标？本案例提供了一种很好的经验总结，因为它来自于一线教师的实际操作，有很强的参考、借鉴性。

希望老师们在教学中都能做一个有心人，及时总结经验与教训，这样，不仅有利于教师的自身成长，也是学生的一大幸事！

（何双梅）

# 愉快而自主的语文学习

## 换位教学，把讲台让给学生

自主探究学习真的自主了，学生才真正快乐了。

当今，我们提倡学生自主学习，但是很多学生的学习还是没有自主的内动力，其主要原因是教师在教学中没能激发起学生学习的情趣，没有给学生提供施展自我的空间，使之苦于学习、被动学习。怎样才能让学生成为课堂教学的主体，从而轻松愉快地学习呢？我在教学中，根据一定的教学内容，采取有选择地让学生来尝试教学，效果很出意料之外。请看案例。

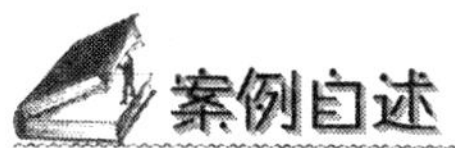

### 案例自述

〔陆建华〕

**案例一**

初二语文课堂上，正在由学生讲授《就英法联军远征中国给巴特勒上尉的信》一课。

这是一个不同寻常的语文课，学生在讲台上侃侃而谈，而老师坐在学生的座位上，认真听学生“授课”。

“小老师”就在黑板上写下四个大字“琴瑟琵琶”。煞有介事地问：“大家看黑板上这四个比较特殊的字，它们有什么特点?”

生：“每个字的上面都有两个王字。”

“对。关于这四个字谁能知道有关的故事。”

生："在清朝统治最腐败的一个时期，当时李鸿章去和外国人签一个协议，外国人出了一个上联就有这四个字，'琴瑟琵琶，八大王王王在上'，他们想用这四个字来羞辱一下中国人，当时有一个谈判大臣就对了下联：'魑魅魍魉，四小鬼鬼鬼在旁'。其中用了'魑魅魍魉'这四个字，全都是鬼子旁，以此挽回了中国人的尊严。"

生："还有'琴瑟琵琶，八大王一般头面。魑魅魍魉，四小鬼各自肚肠'。"

"同学们，我昨天在网上查了一下，这个对联有很多版本，你说的是《射雕英雄传》中的黄药师说的对联。我看的版本是有关英国等八国联军侵略中国的故事。有关这个典故，还是请我们老师具体讲一讲。""小老师"一边说着，还一边向我递了一个眼色。

"清朝末年时候，八国联军侵犯边境，他们派代表要与中国谈判。而这个联军的代表花重金聘请文人，用上联来挑衅。其中'琴瑟琵琶'，与下联中的'魑魅魍魉'这八个字常常在对联中成对出现。这副对联就是讽刺八国联军侵犯边境时出的。"我说完后，又坐到了座位上。

"也就是说，这副对联是中国人讽刺八国联军时而出的。我们可以想象中国人讽刺外国人是为了维护民族的尊严，而能主持正义，讽刺自己国家侵略行径的人却很少。但是，就有这样一个人，他是谁呢？维克多·雨果！他没有民族偏见，站在人类发展的高度，为和平和正义作出贡献。下面我们就来学习他的文章，《就英法联军远征中国给巴特勒上尉的信》一课，感受这位珍视人类文明的成果、尊重人类文明的伟大作家。"……

**案例二**

创意巧妙的作业设计。

由学生讲授初二年级《亲爱的爸爸妈妈》一课。教学小结之后，"小老师"设计了这样一个别出心裁的作业：

"这篇文章看似矛盾实为统一的语句敲击着人们的心灵，让读者受到震动，与作者产生共鸣，深刻体会到战争的罪恶。虽然我们生活在和平年代，但世界上许多地方仍然硝烟弥漫，女人们痛苦的眼泪，孩子们惊恐的呼叫，那一双双流露着悲痛和渴望的眼睛似乎在向我们呼喊：'不要战争，保卫和平！'请同学们以此为主题，设计一则公益广告。给同学们 8 分钟时间，不只是广告词，而且还要做广告场景设计并用语言诠释。""小老师"一口气布置完作业，还到同学中查看、巡视交流了一番。

由于作业是经同学们事先研究征得的，学生们积极构思、绘画，学习情趣高昂，很多同学举手发言。可以说是构思新颖别致，形式多样，内容丰富。下面是几位同学的设计：

**公益广告**

镜头一：林木茂盛的森林中，明媚的阳光在柔软的草地上留下斑斑驳驳的树影。林中一条小溪愉快地“奔跑着”，溪水清澄如碎玉，溪底静静排列着一颗颗古朴自然的卵石，无言。一群白衣小朋友在林中插花编环，清澈明净的笑声伴着鸟鸣在空中回荡。背景音乐：班德瑞的《寂静山林》。镜头上移，对准蓝得如同绸缎的天空和柔软的云彩，声音仍在回荡，屏幕上淡淡现出，一行毛笔行书：爱与美没有界限。

镜头二：镜头从天空中缓缓移下，画面却转换成炮火后的废墟，几个骨瘦如柴、衣不蔽体的孩子躲在断壁残垣后瑟瑟发抖。特写：孩子眼中满是惶恐和仇恨的目光。空中硝烟弥漫，远处除了枪声，万籁俱寂。

镜头三：卢浮宫中，断臂的维纳斯在哭泣，脸上两行清泪落到衣衫上。黑暗的夜晚，偌大的卢浮宫中只有维纳斯的啜泣声……

镜头四：一群和平鸽衔着一个巨大的橄榄枝，飞上灰色的天，飞过的地方天空转回蓝色，一行小楷淡出：和平是蓝天。

**案例三**

课堂上，“小老师”讲授毛泽东诗词《十六字令三首》。授课中虽然还有瑕疵，但是，能够挖掘与延伸教材，激发学生主动学习的热情是我没有想到的。讲课完毕，这位体验老师教学的学生没有走下讲台，他侧着身子面向老师恭敬地、深深地鞠了一躬，并深切地说了一句：“老师，您辛苦了！”

看着他那略带愧疚而又诚恳的眼神，我心里一时间热乎乎的。

“老师，几天来，我都在积极备课，为了讲好这堂课，证明我有能力完成这项任务，我广泛查阅资料、收集经典、设计课堂、制作课件、组织语言等等，熬了几个夜晚，很是辛苦。今天上了讲台，自己感觉讲得不好，深感惭愧。不过我收获很多，在钻研教材时，我不仅学会了学习语文的方法，对语文产生了浓厚的兴趣，而且使我更深刻地感觉到当老师的不易。老师为了拿出最好的课，每一天都在辛苦备课，而我们还不好好学习，这能对得起老师吗？因此我一定要好好学习，体谅老师的辛苦，珍惜老师的劳动成果。”

此时掌声响起，全班同学向我投来感激的目光。这一举动很是让我激动。学生能体会老师的辛苦，怀着一颗感恩的心，反省自己学习上的不足，提醒同学们要善待每一堂语文课，感受语文的魅力。

这样的课堂凝聚着学生辛勤的汗水，倾注着真诚的思想情感，表现了学生学习语文的无限乐趣。寻找教师的感觉，促使学生的好奇心、自信心、自尊心、独立自主、综合能力等充分地展示出来。适当给学生提供实践的契机，一定会使学生获得成功的喜悦。

## 教学延伸

学生走上神圣的讲台教授阅读课，进行主动性探究学习的尝试，我坚持了11年，是面对沉闷的语文课堂想出的一种办法，是我多年来教学的一道风景线，也是学生非常喜欢做的事情。他们能够自愿、自主、自信，是因为他们得到了老师的尊重和信任。学生都有好奇心、模仿能力和表现欲，老师的讲课风格、教学的引导，甚至老师的说话语气和一个动作，无不潜移默化地影响着学生，给他权力放手去做，他们会学着老师的样子去做，如果真的调动了学生学习的积极性，他不但感受到学习的乐趣，还能证实自我价值，那么他们潜在的能量就会充分地挖掘出来，就会在探索知识的过程中呈现出愉悦的学习气氛。魏书生曾认为：“民主化、科学化像语文教学的双翼，它能载着我们从必然王国逐渐飞向自由王国。”把某些教学工作下放给学生，体现着教师教学的民主化；让学生参与部分教学工作，意在让学生了解学习过程，及时反馈、及时引导，以提高他们学习的自觉性。

学生在他们的教学当中，积极参与、学会质疑、主动求知，更重要的是创新发展。在他们的课堂上，大家踊跃发言，其中有质疑、有辩论，甚至有的同学因为“小老师”没有叫他发言而不高兴。

以上这三个同学的教学是他们自己申请授课，自己选择课文的。三个案例是从不同角度截取课堂环节中的一部分，从中我们可以受到点滴启示。

第一位学生是一个性格内敛的男孩，课堂很少发言，大家争先恐后参与讲课的情景感染了他，他也非常乐意尝试，从课堂导入中足见他的用心。

第二名学生是性格外向的女孩，她善于表达，思想比较活跃，课堂少不了她的发言，是学校的尖子生，广告作业足见她深厚的文化底蕴，她成功的课堂带动许多同学。

第三名学生是很顽皮任性的男孩，时常违反纪律，喜欢学习数学，对语文习兴趣低落，甚至语文作业有时都不写。而这次他的课却如此用心，如此感悟，特别是他能够深刻理解老师的辛苦，这个举动是我始料未及的，这情感上的收获在老师授课的课堂上是不会出现的。怦然心动的一瞬更坚定了我把课堂还给学生的信念，“心动”会促使“行动”，会增强语文学习的乐趣。有的学生说道：“我从没有像今天这样认真听课过，感觉很痛快。”学生能从自身体会到老师的辛苦，这种独特的亲身体验如果只是老师上课，学生是体会不到的。

看来以学生为主的课堂是给学生搭建了自主学习的舞台，从思想教育入手，培养他们高尚的学习动机，点燃他们奋发向上的心灵之火，这是新课标核心的体现。

通过学生参与教学，可感悟以下几点：

第一，学生的潜能是无限的，教师教学方法可以是多彩的，把课堂还给学生，充分体现学生的主体地位，体现以人为本、以生为本的精神，有利于学生创造力的发挥。每个学生都有自己的学习方式，都有自己的潜力，我们不可忽视学生的想象力和创造力。

第二，寓教于乐，乐在学生本身心智的启迪。心智是人们的心灵与智能的表现，心动促行动，学生上讲台是自主学习内动力最好的挖掘。

第三，课堂上体现出学生自尊、自信、自主、自强的精神追求，共同合作意识和刻苦钻研精神。学生讲课便于双方多向交流，教学双方都是学生，就自然多了一份亲近和默契，双方无拘无束，密切配合，都成为真正的学习主体。

总之，这个过程是学生构建自己知识的过程，鼓励学生质疑问难，给学生提供自我展示的机会，营造一种生动活泼的学习局面和氛围，让课堂成为学生进行自主创新活动的天地，在这里将会孕育出无限的生机。

教育实践表明：以学生为主体、教师为主导的教学不是空洞理论的说教，应该真正落到实处，自主探究学习真的自主了，学习也就真的有了乐趣。

## 专家点评

这位教师在自述案例中采用了学生参与教学的方法，不要小看这一环节，这是学生自我价值的一种体现，是语文教坛上盛开的一朵奇葩。

首先，这样做可以激发学生学习语文的兴趣，让他们了解到学习原来是一件有趣的事情。“兴趣是最好的老师”，有了兴趣，学生就能主动地学习，学生会努力备好课，上好课，听好课，自己可以是学习的主宰。

其次，“老师”与学生能进行“零距离”交流，创造和谐的教学环境。有利于信息的传递，更有利于情感的沟通。

最后，能激发学生课外收集资料的积极性，拓宽学生的视野，能全面提高学生的综合素质，丰富学生的情感。

在整个过程中，学生参与广泛，积极性也被充分调动起来，借助讲台“上课”更能充分地展示学生的综合素质。设计公益广告的同学很有创意，并且自己也写下文章，充分展示了自己的才华。

因此，活跃的课堂气氛、和谐的课堂教学、合作探究的钻研精神以及丰富的想象力和创造力都能在这样的课堂中呈现出来。

（何双梅）

# 让“快乐”与“智慧”齐飞

## 创设问题情境，引领学生不断思考

在新一轮的课程改革中，构建充满生命活力的课堂，真正促进学生个体生命的成长，成为素质教育的核心理念。语文作为一个人文性很强的学科，要求教师在教学中注重学生个人独特的感受、体验、理解和有创意的表达，强调学生对自然、社会、人生的独特感悟。基于这一点，探究性学习成为体现学生真正价值、彰显学生个性色彩的重要方式。以下是我教八年级下册《喂——出来》一课教学实录。

### 案例自述

〔王　薇〕

（课前准备：学生通过各种途径查找作者星新一的介绍，初识科幻小说的知识）

**一、导入新课**

多媒体播放科幻片《哈里·波特》片段请同学们欣赏，学生聚精会神地看，发出“太神奇了”的赞叹，接着动画展示“喂——出来”的标题与“黑洞”的问题情境。

**二、教学片段**

问题探究（自主）

师：“作者围绕‘黑洞’怎样展开想象，请同学们揣摩作者的想象活动。”

生1：“作者想象了各种事物和形形色色的人。台风、庙、声音、栅栏、绳子、秤砣、扩音机、原子能反应堆的废料、机密文件、尸体、废物、污水、日记本、照片、假钞、犯罪证据、小石头、村人、记者、科学家、学者、看客、警察、商人、工人……”

师：“你找得很准，但作者是怎样把它们贯穿到一起的呢？”

生2：“作者把这些事物和人进行了合理的想象。台风先把庙吹倒、卷跑，人们才发现洞露出来了。村人非常吃惊、奇怪，并发现洞深不可测，很快洞吸引了许多人，大家商量后，把这个洞卖给了一个投机商人，这个商人创办了一家新奇的填洞公司。于是人们就把工作生活中的很多废弃物扔到这个洞里，城市变得越来越美丽了。可是一位工人在休息时头顶却传来了奇怪的叫声‘喂——出来’和一块没让他发现的小石头。”

师：“你概括得很好，谁还有想法，谈一谈？”

生3：“我感觉作者想象得很有戏剧性，特别是文章结尾的叫声与小石头的重新出现。”

师：“确实，文章这种循环式结构引人入胜。”

生4：“我也觉得作者想象得很奇妙，这个洞竟然成了城市垃圾桶了，并且想得挺高明，原子能发电公司都出现了，作者想象得也很科学，好像未卜先知呀！让人佩服。”（众生皆笑）

生5：“老师，我感觉文章想象得富有童话色彩。洞出现时，有人说‘该不会是狐狸洞吧？’如果是我，我就想象不出是狐狸洞，狐狸在我们现实生活中好像只有在公园见过。还有洞的直径只有一米左右，却什么东西都能扔进去，所以我觉得文章想象奇特，很像童话。”

师：“你说得不错，想象奇特是科幻小说的主要特点。文章确实给我们展示了一个好似童话的幻想世界。同学们谈得都很好，能抓住文章主要的人和事来梳理情节脉络，品味作者匠心独运的奇特想象。从刚才同学们的神态上，老师看出你们被文章的具体情节感染了，作者精彩情节的设置不仅仅是给我们勾画了一个个奇妙、丰富、生动、有趣的画面，更重要的一层是透过小说鲜明生动的情境和形象，引发我们的一些感悟。下面同学们就以小组为单位设计出你们认为最有价值的问题，供大家来参考选择。”

**三、探究研讨**

（学生分组探究、老师参与）

组 1:“黑洞出现时村人有哪些反应?这些反应说明什么?”

生:“失声惊叫,进行各项猜测并把它围了起来。”

生:“有的大叫‘喂——出来’,有的扔小石头。”

师:“黑洞有反应吗?”

生(异口同声):“没有。”

师:“文中用了哪个词来形容。”

生:“深不可测。”

组 1:“请问这个洞真的无底吗?”

生:“我以为有底,要不然结尾不能又飞出小石头和回声。”

生:“这就好像我们的生存空间,表面看是无限的,其实未必,我们应该引起警惕,保护我们的生存环境。”

生:“我认为它讽刺了人们不切实际的幻想,这个洞是人们幻想出来的。”

师:“同学们的想法很正确,我们的地球好似无边无际,人们一味地向它扔置废弃物,地球已不堪重负,如不积极去治理环境污染,人类必遭灭顶之灾。”

组 2:“我们的问题是关于开篇被台风卷跑的‘庙’,我们感觉‘古庙’的失去与重建‘新庙’说明一定的问题。”(学生感觉有新意)

生:“通过庙被台风卷走后,人们说‘必须赶快建造一座新的庙’,还有‘人们要在这个洞上面按原来的样子建造一座庙’这两处的描写,让我感觉到村人在生活中把精神都寄托在烧香拜佛上了,行动少于心动。”

生:“你说得有点道理,村人平时去烧香拜佛,企求神灵保佑,表面看无可厚非。但庙没了,人们也就没了虚幻的寄托,各路神仙走了之后,隐患却出现了,这告诉我们每个人应该切实行动起来,去保护环境,不要做掩耳盗铃之事。”(六组同学跃跃欲试)

组6:“书中有这样一句话‘……要想治理这些公害相当困难,无论是谁都感到很棘手……由这个洞来妥善解决’我感觉这一段与第二组同学的观点有异曲同工之妙。垃圾确实是人人不愿意与之打交道的东西,但生活中这样的事情我们却不能逃避,应正视。”

生:“面对环境污染的日趋严重,我们确实不应避而不闻,得过且过,根本问题解决了,社会才能良性发展。”

师:“可是小说中说,城市垃圾倒进这个洞之后,海洋和天空又变成了美丽的蔚蓝色，城市变得越来越美好了。你们怎么看？”

生：“老师您说得不对，是‘相当一个时期内’环境变美好了，而这些都是短暂的美好，文章结尾不是声音和小石头又出来了吗？”

师：“那你们想想小石头出来以后接下来还会发生什么？”

生：“人们当初扔进什么，就会出来什么，最后危害自己。”

生：“我以为我们不能只顾眼前的利益，而不考虑长久利益，罗布泊的消逝已经给我们敲了警钟，保护生态环境势在必行。”

生：“我也觉得文章结尾的安排对我们人类是个警醒，种瓜得瓜，种豆得豆。”

师：“那句古语说得好‘不以善小而不为，不以恶小而为之’，对于环境污染日益严重的今天，树立环保意识，从小事做起，从我做起，应是当务之急。”

组4：“（举手）老师，我们对文章内容有别的看法，文章24～37段对城里人的描写很经典，我们感觉应从这个位置剖析。”

师：“谈谈看法。”

生：“作者刻画了科学家和学者的丑态，比如‘闻风而来，显示出极其渊博，无所不知的神色，镇定自若的张望’这些词的讽刺让我们看到了人性的虚伪。”

师：“你的观点很尖锐，角度很新。”

生：“我同意他的观点，商人和记者等人也一样，他们都是为了利益而来。”

生：“文章除了环境主题外，我也觉得人性的丑陋表现得很突出，人们不顾后果地无节制地填洞，预示着会遭到因果报应。”

师：“是啊，人的私欲是个无底洞，地球上的洞不容忽视，思想上的洞更要重视。”

**四、课外延伸**

（学生探究，研讨）

师：“那么，在生活中还有许多由于人们的肆意破坏而产生的无底洞，你能否谈谈自己的耳闻目睹，对此，你又有哪些新看法？”

生：“我们生活中的三废。”（废水、废气、废物）

生：“植被被毁、水土流失、沙尘暴的产生。”

生：“地球的温室效应，臭氧层空洞，还有太空垃圾。”

生："河水污染，比如我们家乡，工厂排放的污水染黑了护城河，河水散发着臭气。"

师："面对家乡水体污染你有何想法？"

生："我想在护城河周边进行宣传呼吁，让厂家意识到问题的严重性。"

生："加大惩罚力度，如果姑息迁就就会让老百姓受苦。"

师："请同学们看一下老师在网上查阅下载的环境污染图片。"（展示自然被严重破坏的图片）

生："我认为应该拿起法律武器，严惩破坏之徒。"

生："应该让环保部门严格执法，味精厂对我们城市的污染就很严重。"

生："我们要拒绝使用白色垃圾，比如：一次性饭盒，不合格塑料袋。"

生："我们可以研制超高温瞬间熔化细菌的设备，消灭生活垃圾。"

生："我们应该保护植被，植树造林。"

师："同学们都能积极热情地想方法、出计策，作者的写作理念深深地影响着我们。从现在起，让我们一齐行动起来，我相信，当我们每一个人内心都开花的时候，我们的世界就会是永不衰老的春天。"

**五、探究拓展**

师："今天作业，请同学们展开想象，从小说结尾续写下去，一两百字。"

## 教学延伸

《喂——出来》是一篇科幻小说，课文情节全部出于幻想，可读性强，寓意深长。所以我把教学目标设计为感受文章奇特的想象，领悟发人深省的理念，这也体现了语文课程的本质属性"工具性与人文性的统一"。

新课标强调阅读是学生的个性化行为，不应以教师的分析代替学生的阅读实践，逐步培养学生探究性阅读和创造性阅读的能力，提倡多角度、有创意的阅读。基于此，又针对这篇文章的自身特点，文章内容有很大的想象空间，主题的探究呈多元化。进行探究式学习可以说是一种好方法，探究学习是一种以发现、分析、解决问题为中心的学习方式，能否提出对学生具有挑战性和吸引力的问题是关键。对于课堂教学来说，教师的教学行为要具备提前进入情境的预演，给学生创设问题情境。我采用播放《哈里·波特》片段对学生进行感官上的刺激，激发学生对科幻小说的兴趣，然后展示《喂——出来》的标题与

“黑洞”的动画，创设问题情境，引发学生想象，自然进入第一个学习目标，感受文章奇特的想象。本文由于是科幻小说，与童话、寓言有相似之处，学生对这类文章的内容比较敏感，所以第一阶段的探究活动自主就可以完成。

研究性学习设置的问题并不是学生一目了然的问题，它需要有探究求证的过程，有些环节学生的合作是不可少的，它会对探究起积极的辅助作用。所以在处理第二个学习目标时，我把学生分成学习小组来集体研讨，全员参加。这样多角度、有创意的阅读就应运而生，每个小组几乎都能拿出文章中比较敏感的部分来分析、比对、定位，甚至在不同的问题中出现现象的交叉与叠加，激发了学生强烈的求知欲和学习的兴奋点，使学生的思维不仅有理性的光辉又有个性的色彩。比如《喂——出来》是八年级下册第三单元的一篇文章，教参的单元定位是环境保护，但有的学生却提出文章也是人性丑恶的显现。小说是艺术，它来源于生活，学生的提法让我们清晰地看到了人类社会中人性急功近利的一面。这不能说学生的观点违背了教参就是错的，我们教育工作者要珍视学生个人的独特感受。就像我们在执教《窗》、《行道树》、《祥林嫂》、《孔乙己》等这些课时一样，不能给文章单纯定位，它们的阅读呈多元化。我们的教学不是靠近某个结果，而是要培养学生的探究意识与习惯，能在探究中获得新的领会和乐趣。

人们常把“科学、幻想、小说”视为科幻小说的三要素，对于科幻小说的阅读，我把它的学习分为三个阶段“想—感—做”。学生对一篇文章的人文感悟，除了获得思想启迪，更重要的是让这种人文关怀得以传承，获得人生体验，真正感受到成长的快乐。所以第三个步骤，我设计了一个把文本与现实结合起来的问题，并用图片创设情境刺激学生兴奋的思维，鼓励他们行动起来。

当然，探究式教学也要求教师课堂教学行为的提升，面对学生的充满智慧的问答，我们不可能都有事先应对的计划、策略。课堂教学行为的生成性，要求教师要有更为丰富的教学实践智慧。今后的探究学习将是教师与学生的智慧碰撞，快乐比拼。

## 专家点评

新课程的核心理念之一就是使学生真正成为课堂的主人，在快乐的探究、体验中成长。王老师的这节课很好地体现了这一点。

首先，王老师运用现代教学手段创设学习情境，《哈里·波特》的故事无疑是学生喜欢的，熟悉的，在教学的开始引入这个科幻片片断，起到了引领学生进入学习情境的作用。在此基础上，老师循序渐进，激发学生的想象，创造性地引导学生理解文章内容，为下一步的探究学习奠定了基础。

本节课较为成功地创设了问题情境，为学生多角度、创造性的学习与思考作了引领，创设了条件，学生的思想能力和思维品质都得到了充分的展现。围绕探究课文，老师运用一引、二放、三探、四联的方法，一步步将阅读引入到文本的深处，且有较强的生成性，使语文学习和社会生活紧密结合，提升了学生的思维品质和人文素养。

（刘正生）

# 快乐学英语，体验真实的生活

## 趣味组合素材，打造愉快积极课堂

构筑真实的课堂教学环境，增加学生的经验感知和情趣需求，让学生感受知识的丰实、学习的满足，培养学生参与学习活动的主动性。因为学习是个不断发现的过程，充满惊奇和智趣，课堂教学要引领学生感受学习过程的魅力，培养学生主动学习的情趣；同时学习也是实践和创造的过程，愉快教学要引导学生感受创新实践的愉悦，追求成功的快乐。最大限度地给学生提供参与的机会，学生的主体性得到体现，自然就产生求知和探究的欲望，也就把学习当作一件乐事了。

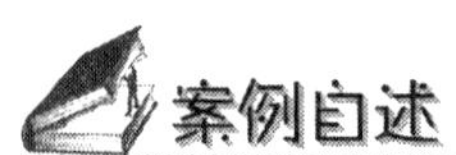

### 案例自述

〔姜俊英〕

上课铃响了，我兴冲冲地走进教室。师生问候完毕，学生在静静地等候我的下文。

“Boys and girls，can you guess what's in my bag?”我故弄玄虚地举起书包问。

“Teacher，they are bananas!”急性子张蕾抢先回答。

“No!”

“Teacher，they're books!”

“NO!”

……

很多同学都没有猜对，我故作得意地慢慢拿出了我为这节课所准备的东西——大葱、大蒜、盐、鸡蛋、洋葱、一小瓶油、一碗米饭，哇，竟然还有一个小小的平底锅……同学们愕然了，接下来就是一阵躁动。

“同学们是否做了这一课的预习呢？我们这节课的学习任务就是学习炒饭的做法，并能用英语写出其步骤。”我顺势引出了本课的主题。

本节课对于这些习惯了饭来张口的学生来说，无疑是一大难点。加之生词还那么多，所以我在备课的时候就在想怎样让同学们面对枯燥的课文感兴趣呢？所以我大胆的尝试，在体验中让同学们轻松学会这一课。

同学们见到老师这个阵势，全都热情高涨，连平时对英语课没有兴趣的同学的眼睛也变得有了光彩。

“同学们，这一节课，我们谁也不用书，把书放起来，只要把这些原材料的英文单词学会，你就可以到前面亲自动手操作了。”于是我拿起了鸡蛋，大蒜……令同学们饶有兴趣的学了起来。Garlic，eggs，onions，oil，bowl，pan，……

接着我又把关于做饭时的语言和步骤写到了黑板上，first，put……in……next，put……in……then……finally……

学生们饶有兴趣地学习和记忆老师手中红红的洋葱头，白白的大蒜，黄澄澄的豆油。他们学得很快！因为他们要迫不及待地亲自动手实践，做上一次香喷喷的炒饭！不到十分钟的时间，同学们对于这节课学习的单词已经朗朗上口了，最后由同学们推举的董家爽同学为大家开始做炒饭，教室里面顿时到处飘香，做完了，再让同学们根据黑板上的提示词语写出做炒饭的步骤。虽然时间过长，但是全班同学兴趣盎然。不用死记硬背，不用凭空想象，刚才生动活泼的表演过程就像是电影片断深深地印在了同学们的脑海里。接下来的汇报让我一阵阵惊喜，也让我一次次震惊，我发现了原本没有发现的东西……

李浩然同学从开学上课到现在就没见过他主动发过言，上课小动作还不断，他今天竟然破天荒地举了手，我有些怀疑的让他叙述，没想到他不仅讲得正确而且还很流畅。在激动之余，我不禁汗颜。教学怎样去设计，用怎样的方法，其实每个学生都有很好的创意和想法！

接下来，学生们纷纷写出了这次做炒饭的步骤。我提议，让大家回家尝试做营养粥并且用英语把过程写出来。

铃声响了，同学们的脸上都挂着甜美的微笑，因为这堂课他们学得轻松、快乐！

## 教学延伸

外语教学的首要任务是“学”而不是“教”。有效的语言教学不应违背自然过程，而应体现生活，适应学生的情感特点；不能令学生去适应教师和教材，而应让教师和教材去适应学生。我们知道，英语不同于其他基础学科，它是一门实践课，其语言技能是需要通过学生个人口语和识读训练来提高，学习的时效性关键在于学习主动性。因此，英语教学要贴近学生的生活，追求真实的教学，让学生处于实际的生活中，去说、去做、去交流，激发学生参与学习的主动性。

英语教学要生活化，教学要通过必要的情境创设激发学生说的欲望，感受学的快乐。英语教学要真实化，要让学生的学习是一种真实的活动，实在的需要，引起他们学习的主动性。

英语课堂要实现大容量信息教学，一个重要的途径就是生活化教学，真实化学习。

## 专家点评

教师是学习活动的引导者和组织者，学生是课堂的主人，本堂课充分体现以人为本的教学理念，尊重学生的个体差异，通过学生亲身经历和动手实践，鼓励学生实践交流，在生活中学习语言。引发学生的发散思维和创新意识，不断提高学生的能力。现行的 EEC 教材文本贴近生活，这就需要我们用科学的态度审视英语课堂教学，加大课改的力度，实施新标准。教师应在教学过程中有意识地加以适当的引导，激发学生对于掌握一门外语的迫切需要性，引发他们学习的积极性和主动性，充分发挥学生在课堂上的主体作用。一堂成功的课，应该让学生自始至终掌握主动权，教师只是充当“组织者”、“促进者”、“合作者”、“咨询者”、“参与者”、“引导者”等多种角色，最大限度地给学生提供参与的机会，学生的主体性得到了体现，自然就产生了求知和探究的欲望，也就把学习和交流当作了一件乐事。

（何双梅）

# 一节快乐的数学课

## 活动教学，让学生的认知更深刻

让数学课堂教学活起来，让孩子们主动地参与到数学学习活动中，到生活中寻找数学、应用数学和实践数学。

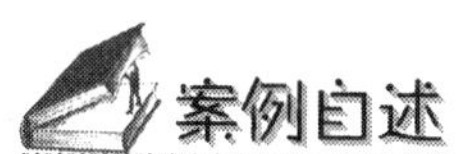

### 案例自述

〔王　瑶〕

《找规律》一课是小学一年级下学期的教学内容。这节课，对孩子来说是有一定难度的。如何让学生感受这一教学内容，认识这一数学现象，成了我这节课教学的重点。为此，我为学生设计了一个猜球闯关游戏，让学生在游戏中感受这一数学现象，探索知识，认识规律，让数学课堂变为学生的求知乐园。

“同学们，这节课老师要和大家一边做游戏，一边学习，大家看好不好啊?”

“好!”还没等我宣布完毕，学生们一片欢呼声。

“这是一个猜球闯关游戏。同学们猜对了电脑上弹出的球的颜色，就可以过关进入动物王国。现在守城老虎正在向大家挑战呢，你们有没有信心打开动物王国的大门啊?”我一边向学生介绍游戏规则，一边向学生提出了挑战。

“有——”充满诱惑力的导入，激起了学生的兴致，个个跃跃欲试。游戏开始了。

“同学们先来猜猜第一个球是什么颜色?”

“红的！”

“黄的！”

“绿的！”

……

答案是五花八门。我一按键一个红球从袋子里弹了出来，几个学生高兴地跳起来，没有猜对的学生显得有些懊悔。

“没关系，还有机会，再猜下一个。”我及时鼓励着猜错的学生。

“黄的！”

“蓝的！”

……答案还是多种多样。

我一按键一个黄球从袋子里弹了出来。“是黄的！太棒了，接着猜！”

“绿的。”“紫的。”“哎呀，又是红的。”此时有的学生好像发现了什么，兴奋地喊着：“下一个一定是黄的。”“红的。”“黄的。”欢呼的人数越来越多，学生都涨红了脸，看着球的颜色有规律地变化，大声地猜测着。随着动物王国的大门打开，全班学生都做出胜利的手势，课堂上“我对了！”的欢呼声不绝于耳。

“你们怎么猜得那么准啊？”我故意装作疑惑的样子问。

“老师，我发现球是一个红的，一个黄的，一个红的，一个黄的，这样有规律出来的。”

“你们的观察完全正确。像这样一个红的，一个黄的，一红一黄，又一红一黄重复出现的，我们就说这种排列很有规律。其实生活中有许多物体的排列都很有规律，今天这节课就让我们一起去找规律。”

接下来，我推出了找小动物的队伍排列规律、狮子大王家里物品摆放的规律。面对清晰、有趣的动画场景，学生观察得非常认真，不断说出各种物体颜色、形状上以及数量上的变化规律。

“同学们，刚才我们做的是在游戏中找出规律的事物，下面我们找一找我们自己身边、生活中有规律的事物。”我慢慢说着，期待地注视着学生。

“我找到了桌子和椅子的规律，一张桌子，两把椅子，一张桌子，两把椅子。”一个学生抢先发言。

“好！你很聪明！”我向他伸出了大拇指。

“我也找到了，我们的座位安排是一个男生，一个女生，一个男生，一个女生。”

“说对了，你真是爱观察的孩子。”在我的激励下学生更高兴了，都在积极地思考着。

“老师，一年四季也是一种规律，你看春、夏、秋、冬，总是这样的。”

“这是一个很好的发现，张宝同学已经走出了教室，发现了更新的事物，我们给他鼓掌。”

还没等我说完，后面一个学生突然站起来大声说：“老师，还有每天的太阳落、月亮升，白天黑夜这些也是规律啊。”

“老师，还有红绿灯、斑马线、12 生肖……”

学生们沉浸于学习发现的快乐中。

“你们太棒了！能发现这么多有规律的排列，让我们一起为自己精彩的表现鼓鼓掌。”

“老师，我可以拍有规律的掌声。”

“老师我发现了他拍的规律是 2 下慢的，3 下快的。”

“老师，我还能学小猫叫，也是有规律的“喵喵、喵——喵喵、喵——喵喵、喵——喵喵、喵——”

“老师，我还能学小狗叫，也是有规律的“汪汪——汪汪——汪汪——”

“我还能做舞蹈动作呢，也有规律。”还没等说完就扭起来，样子很滑稽，不过动作的确很有规律。

学生都动起来。有的学着小动物有规律地叫，有的打着有节奏的拍子，有的做着有规律的动作跳起来，还有的干脆拿起笔画起来，课堂上热闹无比。我不得不佩服他们非凡的创造力。

此时我已经找不到更合适的词语来表扬我的学生，学生也彼此感染了，他们互相欣赏着，评论着。此时我无需再说些什么，只有把鼓励的语言、赞赏的目光送给他们。无论怎样他们都在创造着规律，他们把数学课堂当成创造的乐园。

当下课铃声响起时，学生们意犹未尽，还在研究着。我看着孩子们明亮的眼睛，因为激动而红扑扑的脸蛋，也许这就是“课伊始，趣已生；课之中，趣正浓；课已尽，趣犹存”的课堂境界吧！

## 教学延伸

如果让一群刚刚入学的一年级学生天天在单调的数学课堂上和枯燥的数字打交道，那将是一件多么残忍的事情。数学概念教学，内容比较枯燥，在创设情境时，我引入了学生感兴趣的动物王国给狮子大王过生日的动画场景，请学生参加猜球闯关游戏，激发学生的学习兴趣。在学生猜测的过程中，先是随意猜测，但是随着球按颜色有规律出现时，学生准确率也随之提高。这里为学生提供了一种数学方法，培养学生有计划、有次序地观察，从而参与学习过程，进而发展学生思维。

新课程提倡把课堂交给学生，确立学生学习主体地位，让学生学习的主动性得到充分的发挥。在互动的学习氛围中，引导学生自己观察，自己发现，在愉快的教学中培养学生的创造能力。这当中，创造一个“合适”的教学情境显得尤为重要。教学情境可以把学生引入一个特定的数学问题中，可以联系学生的生活和经验，激活他们的思想，培养学生的观察能力和创造能力。学生经历了这节课之后，一定会带着数学的眼光走进生活，会处处观察含有规律排列的事物，从而体会规律美，也许这就是45分钟创造的无穷价值吧。

## 专家点评

在以上教学案例和教学思考中，王老师的做法无疑是值得肯定的。王老师把一节概念教学设计活了，学生也被激活了，知识掌握了，也运用活了。

1. 看中学

从动物王国的欢迎队伍到狮子大王的家里，处处都为学生提供了学习的资源，请学生动眼参与观察的过程。找一找哪些事物是有规律的排列，通过让学生从不同角度观察，使他们认识到事物的规律是不断变化的，从中知道了观察事物要从不同角度，考虑问题要全面，这样做的目的既拓宽了学生的思维角度，又培养了学生的数学思维逻辑。

2. 做中学

在找到有规律的排列后，学生已经对规律有了一定的认识，那么引导学生在课堂上自己发现规律，目的是引导学生主动参与学习过程，在实践中学到知识，得到发展。王老师在教学中设计了两次活动：第一次是找身边的规律；第二是创造规律。这样的教学活动能使学生的思维达到最活跃的状态，学生动手拍一拍有规律的掌声，编一编有规律的动作，学一学有规律的叫声等活动，设计漂亮的、有规律的图案，这些都是学生主动地参与学习的过程。这样一来调动学生多种感官参与学习，让学生在活动过程中寻求规律、感知规律，同时鼓励学生求异、求新，尽可能启迪学生的数学思维。

从学生投入的状态，课堂生成的知识，学生学习的反馈都说明了本节课的教学是成功的！

（何双梅）

# 学有所用，用有所乐

## 体验教学，让学生在做中学

一节成功的课堂教学，不仅要让学生掌握所学的知识，更重要的是应用知识，让学生感受到知识就在生活中，就在我们日常的实践中。进而培养学生主动探求知识，发现问题，创新实践的能力，获得积极的情感体验。

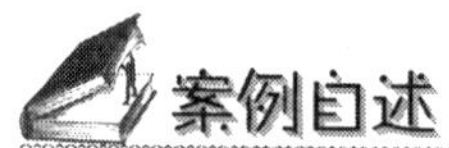

### 案例自述

〔李　倩〕

上《轴对称图形》一课时，我把事先准备好的学具交给各学生组长。

“请各组长拿出信封中老师送的礼物，把它打开分给组内的同学仔细观察。”（学具中有纸蝴蝶、剪刀、树叶、衣服……）听到我的吩咐，各组长开始把学具分发给组内的学生。

“请同学们认真观察这些图形的左边和右边，大家有什么发现？”我有意识地引导学生们。

“这些图形两边的大小是一样的。”一个学生抢先回答。

“这些图形的左边和右边是相同的。”另一个学生不甘示弱地说着自己的新发现。

“你们是怎么观察出这些图形左边和右边的大小是一样的，形状是相同的呢？”我进一步诱发学生的思考。

“我是观察出来的。”

“我是比较出来的。”

学生们争抢着说出自己的发现，但学生们寻找证据、说理的意识不强。

“你们说的可能都是对的，可怎样才能证实它呢?”

“把衣服对折起来，左右两边是一模一样的。”一阵沉静之后，一位学生有些激动地说出自己的见解。

“好孩子，真聪明！谁还能说得再详细些。”

“老师，沿着衣服中线对折起来，衣服左右两边是一样的吗?”另一位学生不失时机地补充着。

“好！他们说的结论是正确的，说理是充分的。现在老师按着他们的方法来验证一下，看看它们的左右两边是否真是一样的。”

(课件演示，在这些图形的中间出现对称轴，对称轴两边的大小和形状是一模一样的)

“同学们请看：老师把这些图形沿着这条线对折，对折后两边是一样的，这样的图形我们叫它为轴对称图形，中间的这条线就叫做这个对称图形的对称轴。”

(课件演示：图形对折后完全重合的全过程)

“同学们，我们今天学习了对称图形，发现了这种对称现象，现在大家回想一下，在我们生活中有哪些对称现象？哪位同学能举一些对称图形的例子。”

“我们教室黑板的形状是对称的。”

“我们的课桌是对称的。”

“我们人的身体左右两边是对称的。”

“我家桌子上的相框是对称的。”

……

“好！大家通过学习和研究，对对称图形有了一定的认识。现在，老师给出一组图形，请同学们判断一下，这里的图形哪些是对称图形？哪些不是？并说出怎样判断对称图形。”

(播放飞机、乌龟、不规则四边形)

“老师，飞机和乌龟是对称图形，他们都有一条线，沿这条线可以重合。折痕就是对称轴。”一位同学径直走到讲台前讲述自己的判断。

“各位同学，飞机、乌龟是对称图形，而不规则四边形不是。判断一个图形是不是轴对称图形，只要找到1条线，这条线使左右两边完全重合，这个图形就是轴对称图形。”另一位同学一本正经地阐述了自己的观点。

“两位同学的判断和总结非常好。大家给些掌声鼓励。”

“刚才这位同学说判断一个图形是不是轴对称图形，只要找到1条线，这条线使左右两边完全重合，这个图形就是轴对称图形。那么，是不是所有的对称图形都只有一条对称轴呢?”我趁热打铁，进一步延伸学习。

问题一出，一时间教室里肃静下来……

“同学们，我这里有正方形和圆形两个图形，同学们可以折一折、画一画，研究一下它们各自有几条对称轴？把找到的对称轴用点画线画出来。”我进一步启发学生。

（学生们动笔在书上画出正方形的对称轴，同桌交流研讨）

生：“正方形有4条对称轴。”

生：“圆形有2条对称轴。”

生：“不对，圆形有4条对称轴。”

生：“圆形有16条对称轴。”

生：“圆形可以有无数条对称轴。”

“同学们分析得非常正确，我们可以在圆形上画出无数条对称轴。”我一边肯定了学生们的表现，一边向他们提出了新的任务。

“同学们，请看屏幕。（课件呈现：雪花、平面图形类、建筑类、交通标志类、生活用品类等对称图形）

这上面的对称图形很美吧！现在请发挥你们的想象力，能不能动手剪一剪、折一折，在彩纸上创造一个对称图形。”

……

（教师在巡视中发现两种情况：（1）先对折再剪；（2）先对折画再剪）

“同学们，老师发现有的同学剪得又快又好，能不能告诉大家，你是用什么方法剪得又快又好的呢?”

生：“我剪的是一朵花。我是这样剪的，先把纸对折，然后画出花的形状的一半，再剪下来，打开后就是一朵对称的花。”

生：“我剪的是一棵松树，我是这样剪的，先把纸对折，剪出树的一半，打开后就是一棵对称的松树。”

生：“我先把纸对折，任意剪出的一半，打开后也是一个美丽的对称图形。”

师："这几种方法都好！我们剪对称图形的时候，就可以用同学们说的方法，先把纸对折一下，再在纸的一侧画上要剪的图形的一半，然后沿着画的线剪下来，打开后就是一个对称图形了；或者先对折再剪，打开后也是一个对称图形。"

"好！同学们通过学习，剪出很美的对称图形，现在让我们一起来欣赏这些优秀的作品！"我一边说着一边让学生把自己的作品摆到前面的讲台上。

"同学们，这节课我们一起欣赏了许多美丽的对称图形，而且同学们还亲自参与了设计，老师相信每个同学都会有自己的收获，课后大家可以自己设计或收集一些对称图形。"

## 教学延伸

教师准备实物图案让学生折一折、说一说，加强了学科间的渗透，有效地促进了学生对数学本身的感受、领悟和欣赏。在学生自主探索的基础上，让学生进行两个层面的合作交流，第一个层面是组内交流，第二个层面是全班交流。通过交流使学生感受到别人的思维方法和思维过程，以改变自己在认知方式上的单一性，促进其全面发展。同时，向他人表达自己的思维过程，也有助于反思并完善自己的认知方式，从而达到个性发展的目的。让学生在相互争论、补充、交流中寻找知识的答案，体会学习的乐趣。

通过欣赏、画一画、折一折、剪一剪对称图形的活动，力图让学生用自己的思维方式自由开放地去探索、去发现、去再创造，张扬学生的个性，培养学生的动手操作能力和创新能力。学生在整个动手操作的过程中，进一步体会对称图形的形成，感受对称图形的内在美。通过欣赏自己的作品这一活动，使学生在欣赏漂亮图案的同时与大家分享"创造美"的愉悦，体验数学的美和创造的美。学生在相互交流和观摩同学作品的过程中也会受到启发而获得一份宝贵的学习资源。

如何在教育中添加欢笑、神秘、轻松、玩乐、幻想、思考等调味品呢？我觉得，让课堂活动化是关键。教育的对象是人，所以教育应当以人为本。在活动中，教师的神态、语态、眼神、动作是十分重要的，教师要用主持人一样的激情，让每个学生都感觉到老师的召唤。我相信，教师只有投入情感，学生才会有同样的回应。

本着“在活动中体验，在体验中感悟，在感悟中成长”的理念，努力地创设问题情境，使内容活动化，活动内容化，使我们的教学设计真正是学生学习活动的设计，让学生在民主和谐的环境中学习，在激烈竞争的环境中探索，给学生一个自由翱翔的空间和发现发挥的舞台，让学生充分体验到投入实践和探索后的成就感。带着一种欣赏的眼光去聆听学生们的话语，你不能不为孩子丰富的想象力、大胆的创造力而惊叹！

对称图形是这么有趣，一节课的时间难以满足学生的兴趣与欲望。因此，老师布置了一个具有开放性、趣味性、挑战性的练习，给学生提供了发挥创造力的舞台空间，使学生的学习活动不局限在课内，而且延伸到课外，让学生体会到学有所用、用有所乐！

## 专家点评

上面这个案例是李老师执教本课的片段。学生兴趣浓厚，学得积极主动。反思整个教学过程，结合自己的两次尝试，这节课成功的关键主要体现在：

**1. 着眼于生活，活跃思维**

新课标指出：“数学课程不仅要考虑数学自身的特点，更应遵循学生学习数学的心理规律，强调从学生已有的生活经验出发……”新课标的这一理念强调了数学与生活紧密联系，在教学中，引入轴对称图形，老师注意让学生联系自己的生活实际，寻找生活中轴对称图形的踪影，让他们感受到数学与生活的密切联系，学会用数学的眼光看待周围事物，从中体验数学的价值。

**2. 为学生提供了一个民主、合作的学习环境**

这节课老师营造了一种轻松和谐的学习氛围，建立了一种新型的平等互爱的民主师生关系。教师给学生提供一个和谐的心理环境，学生的思考和情感得到充分尊重，想法和意见能够尽情地流露，每个学生的思维和情感得到了激发，充分地让学生感受到数学学习是阳光的，是充满乐趣的。

对学生正确的答案，老师不忙着去表扬；对错误的答案，也不急着去否定，而是引导他们详细地了解各种答案是怎么来的。通过这种了解，使学生明白哪怕是错误的答案，对每个人认识的提高也是有帮助的。例如课件演示，使学生深深知道圆形有无数条对称轴。

**3. 体现学科综合的思想，感受数学之美**

这节虽然是数学课，但是它所涉及的领域远远超出了数学学科的范围，与美术、美学都有交叉。学生在课堂上学习数学知识——轴对称图形，但同时也感受到了对称美，本课正是从数学角度指导学生认识这类图形，了解其特点，并会画对称轴，但无论是起始部分的导入，还是研究学习部分，无处不在渗透一个字——美！同时使学生体会数学自身蕴涵的魅力。

**4. 尊重学生，使之动手“做”数学**

“做”数学是目前数学教育的一个重要观点，它强调学生学习数学是一个现实的经验、理解和反思的过程，强调以学生为主体的学习活动对学生理解数学的重要性，认为学生的实践、探索与思考是学生理解数学的重要条件。根据教学内容的特点，老师有意识地采用操作实践、自主探索、合作交流、积极思考等活动方式，让学生从中感觉、理解知识的产生和发展的过程，品尝发现数学真理的滋味。如何判断一个图形是否为轴对称图形？老师让学生先找一找，再折一折，然后再通过小组交流，让学生亲自得出结论。这不仅使学生产生探究的兴趣，更重要的是把“教”的主观愿望转化为他们渴望“学”的内在需要。

（何双梅）

# 童心赏《童趣》

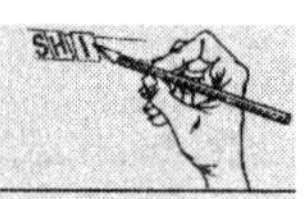

理解童心，激发学趣

德国教育家第惠多斯说：“教学的艺术不在于传授本领，而在于激励、唤醒、鼓舞。”学生在老师积极情感的激励、鼓舞下，学习积极情感盎然而生，兴趣随之而来，就会乐学、善学。

## 案例自述

〔阎维敏〕

初秋的阳光一如既往地洒进教室，我知道新一天的教学即将开始了。学生们刚刚迈进初中的大门，满是幼稚、满是童心，望着孩子们纯真的笑脸，我仿佛也回到了童年。今天，我要和孩子们一起走进《童趣》，去回味和感受童年的“真”与“趣”。

为了放松一下大家的心情，上课伊始我首先打开了投影机。

“请同学们看一样东西，（大屏幕显示图片）这是什么？”

“石头。”学生们齐声回答。

“对！是一块石头。不过，这可不是一块普通的石头，它是一件收藏品。你们再仔细看看，它跟一般的石头有什么不同？这彩色的图形像什么？”我继续发问，引起他们的兴趣。

“像金鱼。”学生们兴奋的回答。

“大家很会观察，它的确像两条金鱼。艺术家给它取了个很好听的名字

——‘金鱼戏水’。你们看，一块看似普通的石头，经过仔细观察，经过丰富的想象，就会发现它的审美价值。这说明，观察和想象是很重要的。它能使世界变得丰富多彩，能使我们的生活充满情趣。尤其是天真活泼的儿童，更能从丰富的想象中获得无穷无尽的乐趣。今天，让我们一同来走进《童趣》，看看我们的童年是不是也如《童趣》中的那样充满了乐趣（屏幕显示标题）。”我顺势引入了课题。

这是一篇文言文。初一新生，刚刚接触文言文，在学习上会有些困难。“书读百遍、其义自见”，教学中，我采取了以读导学的方式，帮助学生理解文章的意义和内涵。

在《春江花月夜》的伴奏下，我带着童心范读了这篇课文。学生们被深深地打动了，在我读完后报以热烈的掌声。借此机会，我给同学们讲述了朗读的注意事项，读时要字正腔圆。所谓“字正”，就是字音准确；所谓“腔圆”，就是发音饱满。

“同学们，朗读还要注意些什么？谁来说一下自己的体会？”

“要抑扬顿挫。”

“要注意停顿。”

“要分出轻重。”

“还要读出感情。”同学们纷纷抢着回答。

“你们说得都很好，要注意停顿、轻重。那么，谁愿意试试，读给大家听？”

两位学生相续朗读了课文。

“同学们，从两位同学颇有情感的朗读中，大家对文言文朗读有什么感受？就本文而言，应该读出什么样的感情？”我总结了学生的朗读，并启发下一步的学习思考。

“从题目《童趣》可以看出，应该读出愉悦的情感。”

“文言文朗诵，语速要放慢些。”

……

学生们争先恐后地抢着回答。

看来同学们已经基本掌握了朗读的技巧和方法。此时，我有意识地安排学生范读。

在古筝曲的配合下，一位同学带着他那稚嫩的童声朗读了这篇课文，在他刚刚读完的一刹那，教室里不约而同地想起了一个声音：“老师，我也要配乐读。”我乘机举行了一次小小的朗读比赛，把全班分成了四组，每组选派一名同学参加比赛，获胜者将获得“朗读大王”的头衔，所在组将被授予“悠悠诗韵”小组的光荣称号。

一个小有“规模”的朗读比赛在课堂上拉开了帷幕。

声情并茂的朗读，鼓掌助威的声音，构成了课堂一首动听的交响乐。在朗读比赛的鼓舞之下他们已经把课文读熟了。

在朗读比赛进行的过程中，我注意到一位同学即兴画了一幅惟妙惟肖的童趣图。我灵机一动，在接下来的课文分析前，我让同学们欣赏了一下这幅图。

“同学们，在朗读练习过程中，一位同学就课文内容即兴画了一幅惟妙惟肖的童趣图。大家看看她都画了些什么？”“画了床。”“画了海浪和竹筏。”此时有的学生疑问是床还是海浪？“是床，还有席子啊！”同学们七嘴八舌地说。我问：“那些波浪线是什么？”学生回答：“可能是床上的被子吧，人后面还有枕头呢？”

我又问：“有这么圆、这么大的枕头么？”

生：“古代的枕头啊，电视里面看到过。”

我：“对，这个孩子在干什么？”

生：“在吹笛子。”

我：“吹笛子怎么会吹出烟雾和这么多只鹤来？”

生：“应该是孩子在想问题，想到了天上的东西。”

我：“我还以为是这个孩子在抽烟呢。”（生大笑）

生：“不是抽烟，孩子手里拿的不像烟杆，因为古代抽烟的一般都有个烟斗。”

我：“到底画的是什么，我也不知道，怎么办？现在请这位同学自己来解释。”

生：“是一个孩子在床上吹烟气。”

我：“理由呢？”

生：“文中有这句话‘徐喷以烟’。”

我：“为什么要喷烟？”（这时同学们好似顿悟了，又纷纷举起了手）

生：“熏蚊子玩。”

我：“熏蚊子还是熏天上的白鹤？”

生："熏蚊子，画中的白鹤应该是孩子想象的。"

我："理由?"

生："'私拟作群鹤舞于空中'。"

我："'私拟作'什么意思?"

生："自己把它当作。"

我："好，那个孩子是谁?"

生："应该是作者。"(有些孩子不同意，说出了自己的想法)

我："到底是不是作者呢? 我们应该抓住文中交代事情的时候反复出现的一个字。"

生："'余'。"

我："对，'余'在文中的意思就是我，第一人称代词。"

生："老师，还有事情为什么没有画出来?"

我："还有事情吗? 什么事情?"

生："看两只虫子在打架。"

我："只有两只虫子?"

生："还有一个庞然大物——癞蛤蟆。"

我："为什么把癞蛤蟆说成是庞然大物?"

生："和虫子相比，它应该是非常大的。"

我："什么地方发生的事情?"

生："土墙处的草丛。"

我："作者又是怎么'拟作'的?"

生："当成了林兽丘壑。"

我："两件事有什么共同点?"

生："非常好玩。"

我："理由?"

(生快速找出：怡然称快、怡然自得)

我："要是用文中的一个词语来概括这两件事情的共同点呢?"

生："物外之趣。"

我："什么意思?"

生："超出事物本身的乐趣。"

我："怎么会有超出事物本身的乐趣呢?"

生："因为作者把他们想象成了另外的东西来玩，非常有趣。"（文章主旨）

就这样一篇古文的大概意思他们已经懂了，于是我问同学们："古文难懂吗？"学生齐声回答："不难。""你看老师没有讲字词的含义，你们都明白了文章的内容。并且在我没有布置背诵前，有许多同学已经能背出来了。"

在这节课的最后一个环节，我让同学们回忆自己的童年趣事，并把它写出来。

班里有位学生说的是关于掉牙的事："奶奶说掉上面的牙就要扔在床底，掉了下面的牙，要扔到屋顶上，那样牙齿才长得整齐。"听后，同学们都笑了。再细想自己小时候何尝不是那样呢。乐此不疲的在每一次掉牙后，按照长辈的话，把掉的牙按照要求扔在床底，扔上屋顶。甚至于扔上屋顶的牙掉下的时候，拼命去找到后再一次用劲力气往屋顶扔，就怕以后长出来的牙齿不整齐。

"小时候，我们小伙伴分成两组，玩打仗的游戏，我总是当司令。感觉神气、满足、自豪，特好玩。"

"我小时候，在家里，拿着话筒，当歌星。"

"我最喜欢过家家，把沙土当作米、水当作油、野草当作菜，做饭吃。"……

就这样，一节文言文课结束了，同学们都很快乐，带着追忆、思考和灵动走进了生活，开启新的学习。

初一学生的学习还存在着明显的兴趣倾向性，不可能对每一种事物和活动都感兴趣，教师要注意并善于发现这一倾向性，利用这一心理品质，诱发学生的学习动机。通过课外阅读、语文兴趣小组，诸如诗歌朗诵、讲故事等活动，激发、培养学生对语文的兴趣。

## 教学延伸

语文课程标准强调，语文教师"应创造性地理解和使用教材，积极开发课程资源，灵活运用多种教学策略，引导学生在实践中学会学习。"在用好教科书的基础上，在现有的教学条件允许的情况下，拓展学习内容，提高阅读能力，这充分体现了课程标准的精神。

1. 信任孩子，鼓励个性化的思维方式

孩子充满想象，他们是想象的天使，他们有足够的能力去描绘所见、所闻、所想。作为老师，要信任他们，放开手，让他们大胆地去尝试。不要提太多的要求，不要有过多的赘述。正是因为有了同学的想象画，才有了同学们七嘴八舌的议论。

2. 增添竞赛性，激发学生兴趣

在语文学习中，增添一点竞赛性，可以激发学生学习语文的兴趣。平时多开展一些演讲、讲故事、智力竞赛、作文竞赛等活动，这会促使学生产生跃跃欲试、不甘落后的心理，兴趣也会随之高涨。这节课正是因为有了朗读比赛，才让许多同学当堂成诵的。

3. 创设情境，使认知与情感相互渗透

对教材挖掘得再深，如果教法不恰当，那么再好的设想也难以转变为现实。要把作者的情感转为学生的情感，在教学中创设情境的教学法是传文授道的有效途径。在语文教学中恰当地运用音乐、幻灯、摄影等媒体，通过语言描述、动作演示等手段，造成浓烈的情绪氛围，把教材中的语言文字演化成有声有色的情景，产生“角色意识”和“内心形象”。

课堂上如果没有同学的配乐朗读，能有朗读比赛吗？在这个过程中，教师的情感对学生来说，是火种，教师要善于将自己对教材的感受及情感传给学生，教师本人也要进入情境，以自己的真情去激起学生的情感，以情传情，以情动情。夸美纽斯在《大教学论》中指出：“应该采取一切可能的方式去激发孩子身上的求知欲与求学欲望。”教师在创设教学情境时，不能满足于形式，而忽视实质，即学生心灵深处的求知欲和愉快感的真正形成。孔子曾提倡“温柔敦厚”的“诗教”、“乐教”，让学生欣然领受天下之理，妙悟人生真谛，不仅要让学生“知之”，更要让学生“好之”、“乐之”，教师要充分挖掘学生的认知潜能，让学生变胆怯为自信，变消极为主动，变怠惰为进取。

4. 理解孩子，欣赏充满童趣的语言

孩子的心灵是纯真的，他们敢想敢说，而且怎么想就怎么说，没有顾忌，没有邪恶。听孩子说话要有一颗童心，要学着用孩子的眼睛看世界，走进孩子的心灵，才能理解孩子的思想，才能真正去欣赏孩子们那些充满童趣的语言。

孔子告诉我们：“知之者不如好之者，好之者不如乐之者。”今人又说，兴趣是最好的老师。不胜枚举的事实告诉我们：激发学习兴趣是提高学习能力的前提，学生主动学习的兴趣，能促进学生主动愉快地去努力求知，乐而不疲地勤奋学习。

## 专家点评

教师深得本文题旨，善于营造“乐学”的氛围。纵观全课教学，一个“趣”字贯穿始终，学生置身于轻松愉悦的学习氛围之中，创造的潜能得到了激发，于是放言无忌，妙语连珠。倘若教者将文本大卸几块，细丝解剖，处处串讲，必然兴味索然，趣味尽失，哪里还有什么“童趣”可言！

在新课程理念的指导下，教师角色定位适当，充分调动了学生学习的主动性。在“戏蚊”和“丛草”这一教学中心环节里，教师适当发问，学生自己解决问题，教师只是起引导、指点、促进的作用。

我们看到，语文课程的三维目标在这节课得以实现，知识与技能得到了落实（主要表现为语言的习得，如正确地朗读、范读）；过程与方法受到了重视（主要表现为学生“自主探究”的学习过程，如品味“戏蚊”和“丛草”等环节）；情感、态度与价值观受到了熏陶。分享了作者的“物外之趣”，感受到了作者爱护动物、热爱生命的善良品德。

（何双梅）

# 五、快乐课堂，展示艺术教学的魅力

# 活化的物理课堂

## 以情激趣，培养学生主动学习意识

我们经常说“兴趣是最好的老师”，兴趣从哪儿来？是从一条条推理严密的定律、原理中来，还是从一道道繁琐复杂的计算说理中来？面对一双双天真、好奇的眼神，在机械呆板缺乏生气和活力的教育下逐渐黯淡下去，我们又该如何保护好学生的求知欲，激发出他们对科学知识的热爱和兴趣呢？

### 案例自述

〔石春梅〕

**片断一**

在讲解《分子动理论》一课时，我提前几分钟走进了教室，“偷偷”地把一个香味气球放到讲台柜里。上课铃响了，学生们陆续走进教室。

“好香。”“嗯，是花的香味。”“好像是玫瑰花香。”柜子里飘出的香味，挑动着学生们的好奇心，他们相互议论着，左顾右盼地回到座位上。

“好啦，上课！同学们，你们闻到了什么？”

“香味！”“玫瑰花的香味儿了，实在太好闻了。”学生们十分兴致地回答着老师的问题。

“那香味儿是从哪儿散发出来的呢？是怎样传到你们的鼻子里的？”我故弄玄虚地提问着学生。同学们瞅瞅这儿，再瞅瞅那儿，急着找出答案。

“香味儿在这呢！”我适时地把香味气球从柜子里亮了出来。

“哇，竟然是一只气球！”学生们显得很惊奇，又很兴奋。

“大家肯定想知道香味气球是怎么做出来的？香味是怎样传到我们鼻子里的？它又是怎样扩散到整个教室的？这节《分子动理论》课就能给出我们答案。”

**片段二**

今天我们学习《物体的浮与沉》一节。

我用颇为神秘的语气问：“你们想不想看魔术表演？”

“当然想！”同学们都好奇地睁大了眼睛。

我不慌不忙地把一种无色透明的液体倒入烧杯中，然后举起一只鸡蛋说“老师只是导演，真正的演员是这个鸡蛋，它可不是一只普通的鸡蛋，它能跳好看的舞蹈，你们相信吗？”

我发现同学们的胃口都被我调动起来了，就把这只鸡蛋轻轻地放入烧杯中，只见开始时沉底的鸡蛋一会儿就浑身遍布了小气泡，慢慢浮了起来，一会儿上面的气泡渐渐消失了，鸡蛋翻个身，又沉入液体中，小小的鸡蛋就像被施了法术一样，上下翻飞地运动着。

“要想破解这个魔术，就要知道物体的浮与沉是由什么因素决定的。我们就来探究这个问题。”

**片断三**

根据我十几年任教的经验，在学习到“压力、压强”时，一部分同学就会觉得困难，就会出现掉队的现象。

因而在《压力和压强》复习课上，引入时我给同学讲了一个笑话：“一名学生到医院化验血型，当医生告诉他血型是A型时，激动地握住大夫的手说，太感激您了，长这么大我还是头一回得A。”这个笑话有点冷，过一会儿，我发现那些学习较吃力的学生露出了不好意思的表情。

“是啊，谁不想成为别人心目中积极上进、成绩优秀的孩子，可是从小到大当我们经历了无数次考试和选拔后，有些同学可能由于一次或几次的失败，就觉得自己不如别人，觉得压力太大，丧失了对成功的信心和追求。你们思考一下，压力一定是坏事吗？你们桌上有实验器材，能否从能量的角度，用实验证明，压力在一定条件下可以转化为动力呢？”

同学们用力压下弹簧秤，发现压力越大，乒乓球就跳得越高，我让学生说出实验的启示，学生们说要正确看待老师、家长的期望，学着用乐观的态度面对学习中的困难，自己要树立必胜的信念，就会取得进步和成功。我在继续讲解时，发现学生眼光中充满了对知识的渴求……

**片断四**

在讲《牛顿第一定律——惯性》一节，学生们通过实验探究和科学推想，得出“牛顿第一定律”之后，我用讲故事的口吻说：“在一个风和日丽的星期天，你和妈妈坐公交车外出。当你正惬意地欣赏着窗外的美景时，路面上却上演了惊心动魄的一幕：马路对面跑过来一个小伙子，他对即将到来的危险一无所知，司机狠狠地踩了一脚刹车。站在车上的你除了惊出了一身冷汗外，还会发生什么情况？是向一个方向倒还是倒向不同方向？请举手判断。”

学生们的意见分成鲜明的两派，我说：“谁观察得准确，最好用事实去检验，老师给你们提供了器材，一辆小车和两个木块，请你们通过实验，探究出乘客在汽车启动和紧急刹车时的运动状态。”

学生们看到器材很新奇，又急于知道问题答案，因而操作得特别投入，为了现象明显，他们把较长的木块立起来放在车上模拟乘客，然后猛劲儿一拉，观察木块的运动状态；有的把立着木块的小车向另一木块撞过去，观察木块的倒向，方法都很有创意。

然后我请学生到前面交流实验方法，并汇报观察到的结果，这时学生们统一了认识，发现了问题的共性。我说：“刚才判断正确的学生说明他们善于观察生活，我们要‘知其然’更要‘知其所以然’才能成为真正的‘生活智多星’，因而我们要分析产生这一现象的原因。请你们分析车上木块原来的运动状态，受到外力之后的运动状态，你们会发现什么问题呢？讨论一下。”

学生分析出，当车突然启动时，木块原来的运动状态是静止的，车受力向前运动，木块底座受静摩擦力与车一起向前运动，此时木块整体没有随着车一起向前运动，而是向后倒去，说明在受力瞬间时，木块仍保持原来的运动状态即静止不动因而重心就向后了，于是就向后倒了。

“同学们经历了一个从生活中发现问题、提出猜想、设计并进行实验、分析论证得出科学结论的完整的科学探究过程，揭示出物体具有的一种非常重要的性质，我为你们的发现而感动和自豪。在自然界中无论静止的物体还是运动的物体都有保持原有运动状态不变的‘习惯性’，物理学中把这种物体保持运动状态不变的性质叫做‘惯性’。这有些像我们身上的‘惰性’。比如一个学生比较懒散，已经养成了每天回家先看电视再学习的习惯，当考试临近不让他看电视马上学习，他就会很不适应。他学习时还想着电视，效率能高吗？你能从中得到什么启示呢？学生们应理解我的良苦用心，明白建立良好习惯的重要性。”

“同学们知道了惯性的定义。能不能举出一些生活中用惯性解释的现象呢？”学生们开动脑筋，纷纷举手回答……

## 教学延伸

造成学生学业不良的原因很多，但仔细分析起来，学生学习情感、学习习惯是造成这一问题的主要成因。学生会由于家长和学校疏于管理或缺乏正确的引导，没有养成良好的学习习惯；也会因没有明确的学习目标和端正的学习态度，加上学习情趣低，意志力不强，导制学生厌学，成绩当然不会好。这样的学生逐渐成为了老师和同学心目中的“差生”，长此以往他们对学习就渐失兴趣和信心。要解决这一问题，实现学生的转变，关键要解决好学业不良学生的学习情感问题。实践中，我主要从以下三方面寻找突破：

1. 教师必须有一个良好的、积极的教学情态，即教师要真情投入教学

学生学习离不开教师的主导，教师主导巧在引，妙在导。作为教师在课堂上的主导情绪应该是快乐的，教师的情绪是极易感染学生的。当我们面带微笑怀着喜悦的心情进入课堂时，学生倍感亲切，愉快之情油然而生，这样会使学生思维活跃，更有效地接受信息的输入。德国伟大的教育家第斯多惠十分强调教师这种情绪的重要性，他指出：“我们认为教学的艺术不在于传授本领，而在于激励、唤醒、鼓舞。”在课堂教学中，中学生不像小学生那样活跃、主动地参与课堂教学活动，这就需要我们教师用饱满的热情来调动学生的情绪，振作他们的精神，因为兴奋的情绪和振作的精神是提高学习效率的必要条件。

比如在与同学交流时可采用下面的积极的情感和语言：

• 你是怎么想的？

• 你能讲给大家听吗？

• 你的思维很独特，咱们再听听其他同学的意见。

• 这是答案的一部分，但不是全部，你的思路是正确的。

• 我们对你的想法很感兴趣，你能再给大家说一遍吗？

2. 加强对教材内容的感情处理，即用情感创设积极向上的教学情境

我们在备课时，不仅要把握教学内容的重点、难点，还要分析、挖掘教材中各种思想感情，做好情感渗透的功课。通过用富有哲理的语言、用饱含感染力的表情、用充满情趣的实验手段来创设物理情境，烘托教学内容中的情感气氛，让知识有了情感色彩，这样学生在学习中既能感到情趣盎然，又能加深理解和记忆。比如实验设疑、故事明理、笑话激趣等。

3. 激发学生的主体情感，培养主动学习的意识和能力

如果我们只重视知识的传授，为赶进度而让学生在题海中苦苦探求，不但成效甚微还会让学生失去学习兴趣，面对基础较差、意志力较弱的学生我们更应该讲求科学的物理教学方法。我在制订教学目标、备课时，都考虑和兼顾到学生年龄特征和基础情况，在课堂教学时从物理学科的特点出发，做到：

（1）以学生思维为中心展开教学过程，突出概念形成过程，把思维过程、分析过程还给学生。

（2）在物理规律的教学中，让学生模拟科学发现过程、自主探究物理规律，使学生领略科学家的思维方式和追求真理的精神。

（3）在习题的讲解中，不求量，但求质，让学生在习题的讨论中发现问题、看到规律的运用特点，这样使全体学生都乐于参与学习过程，成为教学过程的主体，而教师则扮演教学过程的“导演”角色。

我欣喜地看到：上课前他们怀着兴奋和好奇到讲台前面来，摸摸这个、看看那个，问我实验的原理是什么；课堂上书不拿、笔不动的“干坐生”少了，头不抬、眼不睁的“旁观者”少了，他们很乐于参与到实验探究、问题讨论等环节中来。虽然一遇到较为复杂的计算题时仍然有力不从心的感觉，但我知道他们在尽量思考，他们的表达能力有了很大提高；课下我布置的作业，尤其是家庭小制作，他们也很感兴趣，完成得越来越好了，我为他们有一双巧手感到自豪……

## 专家点评

当前在课堂教学中，常出现的现象是教师对课堂教学过分地注意认知方面的传授，忽视了教师自身的情感投入，课堂上教师情绪平淡，不能充分把握教材中的情感因素，致使课堂教学显得干涩、枯燥、表面化，不但使教材内容的深刻底蕴和丰富的内涵得不到良好发挥，更使课堂难以达到良好的学习氛围，从而使学生对课堂和教学活动的关注度降低，学习效率低下。

在传统教育的指挥棒下，教师过分注重学习的结果，把学生看成盛载知识的容器，严重地扼制了学生独立学习、独立思考、独立分析能力的发展，更阻碍了学生创新思维的发展，导致了教师的“教”和学生的“学”缺失了愉快和谐，而是充满了不安、恐惧、烦躁甚至是厌恶和敌对。

要让学生“乐学”，老师就要揣摩和研究教育学、心理学，争取做到“善教”。这位老师以“情”为突破口，用情导学、以情激趣，通过老师创设情境和对学生的真心帮助，对教材的真情演绎激发出对物理课的兴趣，变被动接受为主动思维，优化了教学过程。同时使他们品尝了学习带来的快乐，使他们成为自信、乐观的人，也激发出学生的创新意识和潜能，真正使他们成为学习的主人，为全面实现素质教育提供了有益的尝试。

（何双梅）

# “咳”出来的精彩

## 灵感闪亮，从生活中发掘学习资源

生活处处皆语文，语文无处不生活。“大语文”的观念提出了很久，作为一线的小学语文教师，究竟又领略了多少内涵，掌握了多少精髓？为此，我在长期的语文教学中做出了有益的尝试。

### 案例自述

〔刘玉华〕

自习课上，教室里静悄悄的。同学们都在埋头写作业，我则在讲桌前准备明天讲课要用的资料。当我习惯性地抬起头扫视全班时，竟意外地发现了一个特殊的情况：靠窗的一位同学此刻停住了手中的笔，正出神地盯着窗外——我知道，一定是篮球场上那龙腾虎跃的身影把他的注意力牢牢吸引住了！他可是我们班的篮球高手，一个地地道道的 NBA 球迷。

“嗯哼！”我轻轻地咳嗽了一声，他像受到了惊吓的小鹿，迅速把目光从窗外收回，飞快地瞟了我一眼，眼神中满是惊恐和不安，旋即低下头开始“奋笔疾书”。教室里的同学没有受到任何干扰，仍旧和刚才一样的安静。刚才这一幕，如湖面上掠过的一只鸟儿，点起了丝丝涟漪，倏地，就消失在湖的那一边。

我不禁微微地笑了。为刚才学生那个略显不安的眼神而欣慰——毕竟，他认识到了自己的错误，也为那一声不显山不露水的轻咳而满意——能在不知不觉间达到了提醒和教育的目的。我不由得想起了一则广告语：咳嗽，是一种信号。依稀记得，那是一个止咳药的广告：拥挤的公交车上，有一只手伸向了别人的挎包，突然，一声咳嗽在车厢内响起，那只手仿佛受到了惊吓或是某种警告，马上缩了回去——其实，那只不过是一声普通的因感冒而引发的咳嗽。

咳嗽，是一种信号。

回想着刚才的一幕，我不由得有一种冲动，想要把这个关于“咳嗽”的故事讲给同学们听。

“听说过这样一句广告词吗？‘咳嗽，是一种信号……’”

学生们陆续从作业中抬起头，有的在努力回忆，有的在轻声议论，还有的迫不及待地嚷了出来：“我知道，是一个咳嗽药的广告……”

看到同学们做出了反应，我很兴奋，刚要继续这个话题，后排的一位同学笑眯眯慢悠悠地站起来，小小的眼睛眯成一条缝，像对一个小孩子一样很有耐性地纠正说：“老师，您记错了，是‘咳嗽，是一种语言……’”她一字一顿，话音还没落，马上有同学附和：“对对对，我说怎么刚才听了觉得有点不对劲。”“是！是‘咳嗽，是一种语言……’”

哦，“咳嗽，是一种语言……”我细细品味着这句话，感觉“语言”一词比刚才那个“信号”的内涵更丰富。脑海中仿佛电光火石般一闪：如果说咳嗽是一种信号，那刚才那一声咳嗽就是提醒他课堂溜号的信号；如果说咳嗽是一种语言，刚才那一声咳嗽就是我唤他回归课堂的语言——就这一声轻轻的咳嗽，竟然是一种不需要“说”，就能表情达意的语言？……

那，生活中还有没有这种无须表达就能表明某种意思的语言呢？灵感的火花瞬间在脑海中闪亮，一堂随机的语文活动课“闪亮登场”了。

我把刚才课堂上的那个小插曲讲给同学们听（当然，隐去了同学的名字，即使这样，他还是一脸的不自然，悄悄低下了头），大家善意地笑了，并且试图在教室中寻找我所说的那位溜号者。

我把话锋一转：“生活中，你还在什么样的场合里听到见到或者是感受到过这种语言呢？”

教室里一下子安静下来了，显然，他们都开始进行思考并迅速在大脑中搜索了。马上，就有很多小手争先恐后地举了起来。

“大人们见面的时候，都要握握手，这个‘握手’就是一种语言。”还是刚才那个同学率先发言，并且把自己的两只手交叉，做出“握”的动作。

“那这个‘握手’所包含的语言是什么呢?”我追问道。

“就是‘你好、你好’的意思……”

“请多多关照!”还有人插言。

又一个同学站起来:“不但是见面的时候要握手,要走的时候,也就是分别的时候也要握手。”

“那这时候的握手又代表的是什么意思呢?”

“再见,再见。”

“下次再来啊!”

同学们七嘴八舌地发表着自己的见解。

看着同学们发言的积极劲,我不由得也受到了感染,情绪比刚才又高涨了很多。本来平静的湖水此刻已泛起了波澜。但是像这样随心所欲地表达总感觉还缺乏一点条理性,于是我做了一个安静的手势:“刚才这位同学的发言给了我们很多启示,也请其他同学注意:在发言的时候,不但要告诉大家,你所发现的特殊的语言是什么,还要把它所表达的意思也说出来,这样,你的发言才更完整。”

同学们很快调整了自己的发言思路,教师里又响起了形形色色的“语言”:

“我没完成作业,老师什么都没说,但当时您盯着我看了半天……”一向不爱发言的一位同学站起来,两手不停地揪着衣角,话说到一半,就不知该怎么去表达了。

看着他为难的样子,我动员大家:“谁能帮帮他?”

“当时老师的眼神是一种批评:你怎么又不写作业呢?”说话的是另一位同学,一脸严肃的表情,把那个“又”字咬得很重,他学老师批评人的样子引来了大家的一片笑声。

“这位同学刚才敢于举手发言,还承认了自己的错误勇气可嘉,我们鼓励鼓励他!”教室里响起了一阵热烈的掌声。

“老师,刚才大家的掌声也是一种语言,那是对这位同学的鼓励,也包含着一种希望,希望他以后能多发言。”

“我记得前一段时间我们看电影《少年雷锋》,当雷锋和几个小伙伴把地主追得屁滚尿流的时候,大家都鼓掌了,那时候的掌声也是一种语言:太解气了!”

“我去参加查字典比赛之前,老师拍了拍我的肩膀,那也是一种语言,希望我能夺得一个好成绩!”

“火车要开了，人们举起胳膊挥挥手，那是再见的意思，你多保重!”

“早晨吃饭的时候，我妈就一直看着我吃，她不吃，看得我都有点不好意思了，我知道，那是妈妈喜欢我。”

“邻居家的小弟弟还不会说话，见到他妈妈就伸着胳膊，那是让他妈妈抱的意思。”

“昨天，我妈说我爸这不好那不好，后来我爸把门一摔就走了，他摔门证明他不高兴了。”

“老师提问一个同学，他不会，就一个劲儿地挠脑袋。”这个同学边说边笑，因为有些同学开始在座位上“抓耳挠腮”了。“……这也是一种语言。”

“老师，一次我自己回家，姥姥让我到家后用电话给她振一下铃，表示我安全到家了，这也是一种语言吗?”

“交警叔叔指挥交通时的手势也是一种语言。”

“眼泪也是一种语言。”

“妈妈的手也是一种语言，它那么粗糙，是在告诉我们妈妈为我们付出了多少辛劳。”这个同学眼含着泪花的发言让很多同学欷歔不已。

“奶奶的脸上有许多皱纹，那证明她老了……”“应该说，那证明她经历了很多岁月的沧桑……”

“我犯错误时爸爸打我的那一巴掌……”

教室里沸腾起来，他们的积极性空前高涨，教室里发言的热度不断攀升。

眼见着同学们的思维越来越灵活，思路越来越开阔，发言越来越精彩，我不由得暗暗为他们的出色发挥而喝彩。可总是感觉这样的发言缺乏条理性，有点杂乱无章。

选择了一个合适的火候，我开口了：“你们的连珠妙语把老师带入了一个多姿多彩的语言世界。不管是有声的还是无声的语言，都是生活中我们和别人交流的一种方式。大家能不能试着把这些特殊的语言归一下类?”稍做思考之后，大家一起按照表达形式整理成三大类，即：神情语言、肢体语言以及一些特殊声音所代表的语言。

就这样，一节随机生成的语文活动课，在活跃的氛围中结束了。同学们说得兴致勃勃，我则听得津津有味并不时拍手叫好。师生皆大欢喜，其乐融融。这样的语文课，哪个学生不爱上？哪个学生没收获？哪个老师不感触良多？

## 教学延伸

一声简单的“咳嗽”，引出一节活泼有趣的活动课，让同学们在欢笑声中思考、表达，感受着独特的语言文化的魅力并使自己的能力得到进一步提高，这是我始料未及的。平时，我们的教学多以预设为主，不是说凡事“预则立，不预则废”吗？预设让教学有备而来，有备方能无患；但有时生成性的东西因时而设、因地制宜、因事而发，反而更具生命力活力——这节课，不就是一个很好的证明吗？

有时，预设是一种美丽；而生成，是一种精彩。

今天由一声“咳嗽”联想到一则广告，从广告语中受到启发而讲述出生活中种种有声或无声的语言。学生在这种环境中没有意识到自己是在学习，而是在和大家讲述生活中的什么趣事，各个兴趣盎然。他们在已有的生活经验中搜寻、筛选、整理，酣畅流利地表述自己的所见所闻，顺理成章地便达到了整理素材、表述观点、锻炼口才的教学目的。

吕淑湘先生曾发过“数十年学不好语文，岂非咄咄怪事”的感慨，也有人做出过“误尽天下苍生是语文”的略显偏激的评论，细细想来，也许是由于我们的学生活动区域有限，生活阅历的相对贫乏，再加上部分教师“把书本当成是学生的世界”，导致语文教学枯燥乏味所造成的。所以我们在教学中，不能仅仅拘泥于教材内容，要把教材与学生周围的生活进行链接、拓宽。可以说，生活有多宽广，语文的外延就有多宽广。生活中有很多浑然天成的情境就是可以挖掘和利用的语文教学资源，俯手可拾，只要肯留心，具一双发现的慧眼，就会感受到：生活处处皆语文。古今人名的趣谈，意味隽永的广告，短信中的祝福，大街小巷中有创意的店名……都能从中发掘出有价值的东西，而举办一些丰富多彩的活动，如：辩论赛、成语接龙、谜语竞猜等，都会为语文学习注入一丝清泉，真正让封闭狭隘的语文教学转化为开放活泼的生活语文，实现学生知识的积累和转化，让学生在美不胜收的语文世界里体验生活，真可谓一举多得。

让生活因语文而精彩！

语文因生活而色彩斑斓！

## 专家点评

读了这篇案例，让我不禁想到罗丹的一句名言："生活中不是缺少美，而是缺少发现美的眼睛。"一声咳嗽之所以能让课堂出彩，是因为老师有强烈的资源意识，并努力开发、积极利用的结果。这个教学案例有以下几点值得肯定：

第一，本节语文活动课形式简单却又不失新颖，内容充满趣味性。教师营造出宽松、自由的活动氛围；学生在愉快中学习，潜移默化地了解、积累"咳嗽"的语言，在发展语言的同时也发展了思维能力。

第二，学生的主体作用得到发挥。整个活动过程中，教师只是适时地点拨、激励，让学生尽情地思考、表达；学生神思飞扬，感知、理解、联想等心理活动都处于活跃状态，很好地发挥了主体作用。

第三，走向生活。"语文学习的外延与生活相等"，这节活动课又一次向我们昭示这样一条朴素的结论：生活是语文学习的源头活水，生活中的语文学习资源无处不在。刘老师及时调整教学内容，使现实的语文教学走进学生的生活实际，教学内容不再局限于书本上、课堂里，使语文教学找到了生活实践的情境和乐趣，充满生活的气息。

（刘正生）

# 在游戏中学习

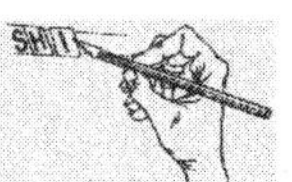

## 分层合作，根据学生状况实现有效的多元互动

我们学校开展小班化分层教学实验已有两个月时间，教学中给学生进行了同质分组和异质分组，小组合作学习成为小班化课堂教学的主要形式。然而，空间组织形式变了，合作学习的效率却并不高。如何让学生在课堂教学中的学习兴味盎然，乐此不疲呢？

### 案例自述

〔尹艳玲〕

在上《玩具柜台前的孩子》一课前，我根据学生的识字情况为学生进行了同质分组，并引导每个学习小组选择了一句快乐宣言。

师："今天这节语文课，是一节识字与朗读的游戏，我们要比一比哪个组、哪个同学最会学习，最会帮助他人学习。你们喜欢这样的小组合作学习吗？"

生："喜欢！"（看得出他们特别愿意在课堂上和同伴近距离沟通）

师："我们的快乐宣言是——"

奋进队（C层）："我努力，我进步！"

挑战队（B层）："我挑战，我成功！"

超越队（A层）："我超越，我领先！"

看到同学们斗志昂扬，我适时出示了一个问题。

师："请看'具'字，你们觉得它长得和谁特别像？"

奋进队生1:“加个十字头就是真假的‘真’。”

师:“善于观察比较，是识字的好方法。有进步！奋进队加10分!”

挑战队生1:“加个十字头去掉八字底，就是直立的‘直’。”

师:“的确，直和具长得也很像，有加有减，说得清晰明了，挑战成功，加10分!”

师:“再看‘柜’，你们有什么好办法记住它?”

奋进队生2:“木加巨就是柜。”

师（竖起大拇指):“这是我们常用的——”

生齐:“组合识字法。”

挑战队生2:“我还能用换部首识字法记住它，拒绝的拒去掉提手加上木，就是柜台的柜。”

师微笑点头。

超越队生1:“我也能换偏旁的办法记住它，循规蹈矩的矩去掉矢、莴苣的苣去掉草字头，加上木字旁就是橱柜、衣柜的柜。”

同伴自豪地鼓掌。

师:“同学们，超越队教给我们的两个字能否记住?（板书：矩、苣）超越队果然名不虚传，恭喜你们领先！超越队加15分，其余每队再加10分!”

师:“文中还有九个字等待同学们和它交朋友，请同学们自由读课文，圈画生字，读准音。看我们哪个组、哪个同学记得又快又对。”

学生自由读文，交流识字。超越队学生在别人识字过程中已把课文读了两遍。

师:“时间到！看老师手中词语卡片，哪个小组愿意先来汇报?”

奋进队开始认读，其中识字最慢的一位同学把“售货员”一词读得清晰响亮。

师:“这位同学今天真像个小老师，为什么今天读得这么好?”

这位同学笑嘻嘻地说:“我们组遇到我不认识的字，大家一起教我。”

师:“多么善于互助合作的奋进队，再加10分！组长，请你们今天进步最大的一位同学把这些词语领读一遍。”

（一个识字较慢缺乏自信的小姑娘起立领读)

师:“‘小老师’请你自己来评价一下你领读得怎么样?”

她腼腆一笑:“我昨天认真预习了，在家读了四遍课文。今天我领读得正确，就是声音不洪亮。”

师：“同学们，向认真预习的这位同学学习！认真预习，就是在努力，只要肯努力，就会有进步！”

同学们不约而同地鼓掌。

师：“现在游戏进入下一轮，‘生字宝宝’们想单独和大家交朋友，你们还能认识它们吗？”

生：“能！”

师：“请挑战队起立认读。”

挑战队开始认读生字卡片。

师：“‘裕’你们是怎么样记住这个字的？”

挑战队生3：“衣补旁加谷就念‘裕’。”

挑战队生4：“俗去掉单人加上衣补旁就念‘裕’。”

师：“挑战队对组合识字法和换部首识字法掌握得很熟练。还有谁有不同的方法记住它？”

超越队生2：“有衣服穿，有粮食吃，就是富裕的裕。”

师：“这个方法好记吗？”

生笑着赞同：“好记！”

师：“真棒，不愧是班长，爱动脑思考！这种方法我们叫它会意识字法。给超越队和挑战队各加10分！”

师：“生字大家都认得准确无误，都能记住吗？下面请超越队分自然段朗读课文，大家思考：课文写了谁的什么事，你认为这是个什么样的孩子？”

超越队生3：“课文写了一个家庭贫困的孩子非常喜欢玩具汽车但不让妈妈买，是个懂事的孩子。”

师：“谁来评价一下他的问题回答得怎么样？”

奋进队生5：“我认为他回答得很正确也很流利，值得我学习！”

超越队生3：“谢谢你对我的肯定，我会继续努力的。”

师对奋进队生5：“你善于倾听，善于发现别人的优点，恭喜你，你又前进了一步！每天前进一小步，天长日久就超越了别人，就会领先的！”

挑战队生5：“老师，我想为她补充一句——他不仅不让妈妈买，也不要阿姨送，是个懂事的孩子。”

师：“真了不起，你不仅善于倾听还善于思考，概括很全面，会读书。我为三个小队各加10分！”

全体学生欢呼，庆祝队员为自己的小队争光。

深入地朗读读文。

（一）尝试朗读

师：“文中最让你感动的是什么地方，选择一段读给大家听听。请同学们先自己试读，再在小组里读给大家听，请伙伴们给你建议和评价。”

（二）汇报评价

结合各组学生汇报，教师评价：

“超越队生4，你读得真感人，把自己当成了文中的主人公，这是朗读的好方法，值得我们大家学习。

挑战队生6，你读得真流利，如果你想象自己就是那个站在柜台前的孩子，把声音再低些说话，就显得更有礼貌、更懂事了。

奋进队生6，你读得很认真，如果预习时能多读两遍，一定会比现在流利，就会更感动人。加油吧！”

小组分角色读文，组际评价。

打破同质分组，改为异质分组，由自己去拜师（奋进队成员到挑战队和超越队就座）和小老师主动帮扶（超越队有的深入奋进队，也有的深入挑战队）两种形式。原来的组名不变，大家公平竞争，看哪组读得感人。引导学生对各学习小组的朗读进行评价。

拓展读文，巩固识字。

师发放童谣，每人一张，看谁读得流利，看谁能把整个小组最先教会。

逛超市

星期天，晚饭后，时间充裕逛超市。

食品药品和用具，各种货物品种全。

玩具柜台人真多，电动玩具放光芒。

小朋友们来抢购，销售叔叔忙不停。

端起手枪真威风，爸妈夸咱像士兵。

师：“奋进队最善于合作，小老师领读时大家不争不抢都专心致志跟着读。超越队合作得最快，看来实力雄厚。为什么我们的挑战队最后一个读完呢？”

挑战队组长：“因为好几个人都争着第一个当老师领读，浪费时间了。”

师：“同学们，如果你是挑战队组长，既让每个人都当上小老师，又不会乱争乱抢，你怎样安排?”

超越队队长：“我们是能当小老师的每人领读一句，这样又快又好!”

师：“挑战队组长，下次知道怎么组织大家了吗？挑战队队员，老师很欣赏你们的竞争意识，要想合作得高效，一定要服从指挥，有序进行，能做到吗?”

挑战队全体成员：“能!”

“同学们，这节识字朗读竞赛活动，你们学习得轻松快乐，很有收获，老师很敬佩你们的竞争和合作能力。文中还有哪些人也令你感动，为什么？今后的生活中，你打算怎么做？带着疑问和思考，我们下节课继续学习。我们的学习口号是——?”

生全体：“学习就是打游戏！积极动脑，团结互助，勇敢竞争，超越自我!”

## 教学延伸

学习就是“打游戏”，与之相关的概念是“及时反馈与矫正”。学生之所以沉迷于网络游戏，其中隐含的学习秘密之一就是任何游戏总是为游戏者提供及时地反馈；隐含的秘密之二是任何游戏总是让游戏者满怀希望。学习要如此，效果肯定差不了。

《语文新课程标准》指出：“积极倡导自主、合作、探究的学习方式。”这样，“合作学习”以其充分发挥学生主体作用，且能创设一个轻松、民主、愉快的学习氛围，使学生学得主动，轻松，又以自主学习和探究学习为补充的优点，有力地挑战了教师“一言堂”。

开展小班化分层教学实验的目的就是要学生享受优质教育，它的宗旨是因材施教。心理学研究表明：学生在越受老师关注的条件下越容易取得成功。小班化教学由于班级学生数的减少，使得教师比较容易关注到每一位学生的特点和个性。教学过程中师生的内在关系是教学过程创造主体之间的交往关系，这种关系是在教学过程的动态生成中得以展开和实现的；“多向互动、动态生成”是教学过程的内在展开逻辑。小班化教学使得学生的自主探索成为可能，也使师生之间、生生之间的交流与互动成为可能。

为了激发学生学习的兴趣，培养团队竞争意识，让学生体验到成功的快乐，课堂教学评价就必须跟上步伐。我在对小组活动进行评价时，把握住了以下几点：

1. 学习过程评价与学习结果评价相结合，侧重于学习过程的评价。

2. 对合作小组集体的评价与对小组成员个人的评价相结合，侧重于对小组集体的评价。

3. 评价的内容包括小组活动的秩序、组员参与情况、小组汇报水平、合作学习效果等方面进行。

4. 教师评价与自我评价相结合，注意从以教师评价为主向以自我评价为主逐步过渡。

另外，我还定期进行诸如最佳学习小组、最佳小组长、最佳学习伙伴、最快进步奖等评选活动，激励学生不断提高小组合作活动的水平。

## 专家点评

在上述案例中，这位老师的做法无疑是值得肯定的。她充分吸收了刘良华教授对学习和课堂的见解——学习就是“打游戏”，与之相关的概念是“及时反馈与矫正”。

一堂好课的基本要素至少有三点：有效、开心、主动。

首先，老师用快乐宣言激励学生：努力，竞争，超越自己！在课的开头就创造了轻松愉快的游戏氛围。用小组的名称来培养学生的团队意识，让他们时刻为自己的集体荣誉而学习。

其次，在课的结尾用学习口号“学习就是打游戏！积极动脑，团结互助，勇敢竞争，超越自我！”来激励学生积极参与，学会合作。这是充分运用心理学上的暗示作用，让学生在潜移默化中树立起一种观念。

第三，这位老师十分注重过程性评价。注重通过评价帮助学生正确认识自我，建立自信，促进学生发展；在重视知识、技能考察的同时，更加关注学生的情感态度和价值观；注重从多元智能理论的角度来全面地评价学生，促进学生养成良好的学习习惯，掌握学习、合作的方法。

第四，德国教育家第斯多惠指出：“教学的艺术不在于传授本领，而在于激励、唤醒、鼓舞。”尤其在小班化分层教学中，老师充分关注每一层次的每一个孩子，及时有效地运用多种评价去激励、唤醒、鼓舞学生，让学生在课堂上视学习为打游戏，快乐地学，学会学习，实现教学目标。

（刘正生）

# 在体验和创作中学习音乐

## 欢乐教学，激发学生艺术创作兴趣

音乐是一种特殊的语言，它的自由性、模糊性和不确定性使人们对音乐的理解与表现提供了想象与创造的广阔空间。音乐艺术是创造性最强的艺术之一，因此，音乐教育在发展学生创造力方面表现了极大的优势。在平时教学中，我们要注重通过音乐培养学生的艺术想象力和创新能力，提高学生的艺术品质。

### 案例自述

〔田　野〕

伴随着上课的铃声我走进了教室，轻轻地播放《在动物园里》主旋律乐曲。“同学们，你们去过动物园吗?”音乐声中我适时地向学生提出问题。

“去过!”孩子们齐声回答。

“都见过哪些动物啊?”

“老虎、狮子、猴子……”谈到动物，学生们一下子兴奋了起来。

“小朋友们请往这里看。动物园里，有些什么动物？它们都在做些什么?”我一边顺手打开投影，一边诱导着学生。

“有猴子。”

“猴子正在吃桃子。”学生们纷纷抢着回答。

“你们观察得很仔细，说得很好。现在老师把你说的配上节奏，小朋友听听好不好?"

"好!"

"猴子　正在　吃桃　子。"我边拍手边有节奏地说，并示意学生们跟我一起说。一时间教师里响起了明快的节律声。

"谁能像老师这样边拍节奏，边说说动物园里动物都在做些什么?"我打开教学投影，引导着学们的思考和学做。

"老虎　张嘴　大声　叫。"

"斑马　斑马　真漂　亮。"学生们一边看着动画，一边学着老师的样子有节奏地说起来。

"好!同学们说得非常好。现在大家像刚才几位小朋友那样，在小组内相互说一说，看谁最聪明，和别的小朋友说的不一样，说得最好。"此时的教室里响起了欢快的节奏。

"同学们，动物是大家的朋友，我们大家都非常喜欢小动物，老师这儿有一首关于小动物的歌曲，你们想不想听?"

"想听!"

"和老师一起唱唱好吗?"

"好!"

我开始播放《在动物园里》的音乐，并边唱边表演。

"小朋友们来和老师一起演唱好吗?"在我的邀请下，学生们陆续地跑到前面和我一起边唱边根据歌词模仿小动物的动作。

"我们根据头饰来分角色表演好吗?"

"好!"

我按头饰把学生分成若干组。"这是猴子山，那是狮子山，那是鸟语林，其余的小动物在中间。下面，让我们一起唱起来，跳起来。"在我的鼓舞下，各组的孩子按着角色兴奋地说唱。

"小朋友们喜欢这首歌儿吗?"

"喜欢!"

"你们能不能用自己编的歌词，配上这美妙的旋律，在小组里共同编一首歌曲呢?"

"能。"

"那我们现在开始，比比哪个小组的小朋友合作得最好，编得最认真。看到老师前面音符树上的小音符了吗？待会儿，哪个小组的小朋友到前面来表演，那么你们小组的每一个小朋友就可以主动到前面的音符树上摘一个小音符，来表扬一下自己。哪个小组的小朋友愿意把你们编的歌曲来表演给大家欣赏呢？”

汇报表演依次开始。两个小组分别到地毯中间来表演，教师和其他的学生为他们按旋律拍节奏。每一个到前面来表演的学生表演之后，主动到前面教师布置的“音符树”上摘取一个小音符作为自己的奖励。

“同学们，刚才小朋友们不仅在小组里编得认真，而且表演得也很好。由于时间关系，就不能挨个小组来表演啦，剩下的小组让我们一起来表演好吗？”

学生们在欢快的教学气氛感染下，兴致极高地投入到节拍的练习和歌词的创作中。

音乐是情感的艺术。在学生的创编中教师注意引导学生的情感体验。这种体验贴近孩子生活、适合他们年龄特点，并能激发学习兴趣。这些不同的体验点燃了学生的情感火花，敞开了他们的心灵之窗。

## 教学延伸

我把音乐教室装饰成一个美丽的动物园，激发了学生的兴趣，为创编歌词、舞蹈等创设了非常好的情境。然后，启发学生在已有的生活经验和图片提示的基础上，把自己看到或想到的动物活动，巧妙地配上节奏、编成歌谣，又一次激发了学生的学习兴趣，并不着痕迹地引领学生进入了创作的境界，开拓了学生的思维。同时，把自己的词按节奏编成歌谣，不仅陶冶了学生的情趣，也给学生创设了成功的机会。学生在一起进行创编练习，根据新课程标准设计的这个环节，主要是面向全体学生，让学生人人都有参与机会，同时，注重了个性发展。鼓励学生的音乐创造，并在学习的过程中，积极引导学生的探究、合作的能力，从而激发学生的音乐思维和创造性思维能力。让学生进行再创作，不仅有效地激发了学生的学习兴趣，而且开阔了学生的思路，不露痕迹地使其在创作中进一步巩固了本课的音乐旋律。此外，教师以音乐特有的小音符作了奖励，让学生自己奖励自己，在让学生获得了成功体验的同时，也潜移默化地为以后学习音符作了感观的铺垫。

## 专家点评

本课，教师在课改纲要和音乐新课程标准的思想指导下，遵循着让学生体验、欣赏、创作的教学思路，巧妙设计教学情境，精心地引领学生在“不经意”中愉快地学会了旋律、进行了创作。此外，教师始终把自己置身于学生中，以与学生同等的身份进行学习活动，良好的师生关系为学生的学习创设了愉悦的情境。

当然，本节课中，如果创设机会让学生能闭上眼睛静听音乐的旋律，让学生在聆听中体验音乐的节奏和旋律就更好了。本节课在学生创编和展示成果两大环节的设计中，在关注学生创造力培养的同时，更关注音乐教学方式的创新，努力营造一种自由、和谐、师生互动的教学氛围。在学生分组创编与展示的过程中，充分体现了参与性原则，在良好的教学氛围中，尽可能地调动学生积极主动地、全身心全方位地参与音乐实践活动，使他们获得音乐审美体验。

（周文娟）

# 词语教学的新尝试

## 让出主动权，有声有色教“奚落”

词语教学一直被视为阅读教学的一个难点。在现实教学中，我所看到的词语教学大多是僵化的、了无生气的、单一的浮于表面的教学，就像“蜻蜓点水”、“虚晃一枪”一样，最终的效果并不理想。如何让词语教学厚实起来、活起来，这是值得我们思考的。

### 案例自述

〔张石磊〕

《陶罐和铁罐》是人教版三年级上册的一篇寓言故事。故事讲述了骄傲的铁罐瞧不起陶罐，常常奚落它。随着时间的流逝，铁罐不复存在了，而陶罐却价值连城。故事告诉我们要正确对待自己和他人。在教这一课学习词语时，我采取让学生自由质疑，把学习的主动权交给学生的方法，收到了较好的效果。

师：“哪位同学有不理解的词语请提出来。”（学生读完两遍课文以后）

（学生思考片刻）

生：“‘奚落’一词什么意思？”

师：“大家先找一找‘奚落’这个词所在的句子。”

（学生读书找句子）

师：“找到了吗？请再联系上下文反复读一读。”

（学生再读书）

师："请同学们在小组内相互交流一下。"

(四人小组热烈交流)

师："好，谁来说说你对'奚落'一词的理解。"

生："'奚落'的意思就是说话特难听，让人无法接受。"

师："嗯，有一点儿道理。"

生："'奚落'的意思就是不把别人看在眼里，看不起别人。"

生："'奚落'在文中指瞧不起人。"

师："谁瞧不起谁?"

生："铁罐瞧不起陶罐，它总揭陶罐的短处，让陶罐难堪。"

师："刚才大家都用心读书了，对'奚落'一词也都有了自己的认识。请大家再读读书，找一找，那些语句描写了铁罐总奚落陶罐。"

(学生拿着笔边读边画，汇报)

生："你敢碰我吗？陶罐子!"

师："谁还有补充?"

生："我就知道你不敢，懦弱的东西!"

生："住嘴！你怎么敢和我相提并论！你等着吧，要不了几天，你就会破成碎片，我却永远在这里，什么也不怕。"

生："和你在一起，我感到羞耻，你算什么东西！走着瞧吧，总有一天，我要把你摔成碎片!"

师："好，我们一同把铁罐说的话齐读一遍。"

(学生齐读)

师："好，请同学们带着你对'奚落'一词的理解，练读一下这几段话。"

(学生练读)

师："都读好了，你们能加上动作读读吗，可以和同桌一起练练。"

(同桌互相练读)

师："可以试试了吗？谁来?"

(生读，师指导)

师："你读得很流利，只是给人感觉铁罐说话温和了一些，客气了一些，不像是在奚落别人。"

(生恍然大悟，又读了一遍)

师："好，这样对别人说话就是——"

生："奚——落。"

（生读"住嘴！……什么也不怕"等几段话）

师："听你这么一读，我们仿佛看到了那个骄傲自大的铁罐。"

师："课文中说铁罐常常——"（指着课题）

生："奚落陶罐。"

师："把这句话加个'被'字就变成了，陶罐，常常——"

生："被铁罐奚落。"

师："同学们在生活中有没有看见过奚落人的事呢？"

生："我看见过。我家的一位邻居，他大脑有病，反应迟钝，有一些人总奚落他。"

师："这可不应该呀，我们应该同情他，帮助他，怎么能没有同情心呢？"

生："有一个同学学习成绩较差，另几个同学经常奚落他。"

师："这可不对，人都有缺点，我们可不能拿自己的优点同别人的缺点去比，尊重别人等于尊重自己呀！"

生："我姥姥家那个村有个人，娶不上媳妇，（众笑）很多人没事的时候总奚落他玩儿。"

生："我村有两家种瓜的，他们两家总是互相奚落，说对方家的瓜不好吃。"

师："这样的例子在生活中屡见不鲜。其实，我们每个人都有自己的长处和短处，就像陶罐和铁罐一样，各有优缺点。我们应该多看别人的优点。正所谓'尺有所短，寸有所长'。"

## 教学延伸

阅读教学讲究"字不离词，词不离句，句不离文"。由此看来，学词与文本的理解是分不开的，它不是孤立存在，而是阅读教学不可分割的一部分。那么，怎样才能让词语教学活起来，这就要求我们要在认真钻研教学，了解学生情况的前提下，扎实高效地引导学生进行词语学习。

学生学习一篇新课文会有很多不理解的词语，我总会帮助他们根据教材、自身的实际情况，不平均使用力量，有选择地学习。上述案例中的"奚落"一词是贯穿全文的一个重点词语。因此，当学生质疑时，我做了重点的学习指导，而没有像以往那样，一味照搬字（词）典上的义项，或生硬地将义项灌输给学生，那样做学生恐怕不但不容易理解，有时反而会被搞糊涂。相反，我利用词义理解的情境性，引导学生把词语还原到具体的语言环境中去，再联系上下文反复地谈，在这一过程中，学生对“奚落”一词就有了自己的感性认识，体察、玩味和领悟了词语的内涵。这符合学生认识事物的规律，由感性到理性。就像一位教育学家所说：“词语只有在获得了感性的个人涵义而不是单纯作为概念存在的时候，它才能成为个体生命中一个生机勃勃的细胞。”因此，只有获得了感性的个人涵义的词语才能被主体顺利调遣和使用。而这，也仅仅是停留在学习词语的读通、理解的层面上。

在此基础上，我带领学生再一次走进教材，走进文本，反复读书，找出文中“奚落”所指的具体语言文字。由于有前面读书的基础，学生很快就找出来了，如“你敢碰我吗？陶罐子！我就知道你不敢，懦弱的东西！……”我接着引导学生根据自己对“奚落”的理解试着有感情地练读，学生在我的指导下，越读越好，读出了自己对“奚落”一词的理解，读出了自己对“奚落”一词的独特感受。在这一过程中，既了解了学生对词语的掌握情况，也进一步加深了学生对词语的理解程度，又帮助学生理解了课文内容，同时也培养了学生的朗读能力，这样的词语教学就不孤立了，而是与课文整合了，一举多得，事半功倍。

理解词语的最终目的是为了学会运用。我引导学生用“奚落”一词说话，由“铁罐常常奚落陶罐”到“陶罐常常被奚落”，再到引导学生联系生活创造性地运用词语说话。如“我家的一位邻居大脑有病，反应迟钝，有一些人总奚落他。”等语句的练习，使词语教学与学生生活紧密结合。这样的词语教学，使学生既学会了运用词语，同时也激活了思维，开阔了视野，扩大了知识面，也使学生自然而然地从思想上受到深刻教育，很好地实现了语文学科工具性与人文性地有机结合，促进了学生语文素养的形成与发展。

## 专家点评

著名语言学家张志公先生指出：“无论阅读还是作文，首要的是字词。”可见，词语教学在语文教学中的重要性。那么，如何使词语教学更高效，更有价值，更有意义，上述案例给我们提供了良好的借鉴。

第一，遵循学生学习词语的基本规律。我们知道，小学生对词语的感受力，很大程度上取决于表象的积累，而他们的生活经验少，阅历浅，表象积累不厚，理解词语又以认知的形象性为主。在这种情况下，把词语还原到具体语言环境中，学生在读词句时就会联系上下文，自然展开联想和想象，这样他们对词语就有了初步感知。因此说，这是符合学生学习词语规律、行之有效的一种方法。

第二，符合语文教学的基本理念，即“以读为本”。这是多年来所总结的经验，从一定意义上说，没有琅琅书声，那不是真正的阅读课。词语教学亦是如此。“奚落”一词是在学生对其有了初步感知的基础上练习阅读相关语句的，并在此基础上指导学生有感情地朗读。在读中加深了对词语的理解，加强了对课文内容的感知；在理解词语中加深了对读的领悟，加强了读的能力的培养，可以说实效性很强。

第三，体现了语文学科的基本特点，即“工具性与人文性的统一”。请看案例片断：

师：“铁罐常常——”（指着课题）

生：“奚落陶罐。”

师：“把这句话加个‘被’字就变成了，陶罐常常——”

生：“被铁罐奚落。”

师：“生活中你有没有见过奚落人的事。”

生 1：……

生 2：……

师：“我们每个人都有自己的长处和短处，我们应该多看别人的优点，正所谓‘尺有所短，寸有所长’。”

“课文无非是个例子”，当然也是学习语言的例子，完全跳开书本学习语言，往往是低效的。而这个案例的词语教学，老师恰当地把学生的思维由课内引向了生活，做得了无痕迹，铺设的台阶很适合学生走上去。这样，不但发展了学生的语言，还使他们的身心受到教育，工具性与人文性相得益彰。

（刘正生）

# 我学我画我快乐

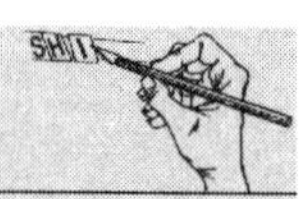

## 激发兴趣，引导学生进行快乐学习

记得参加一次名师培训时，尽管教授、博导们睿智、幽默、深刻、思辨的语言令我折服，但一天七个小时的课还是令我倍感疲乏。“教师培训第一是要体会当学生的痛苦。”一位教授的话令我哑然。仔细想来，我们的学生一天何止坐七小时！我们每一位有责任心的教师都要扪心自问：“我们应该给学生创设一个什么样的课堂呢?”

我要让我的学生在快乐中学习历史！刚刚升入初一的学生对历史这门学科充满了新奇感，我要做的是小心呵护，让这种感觉长存。开学第二周，我上了一节活动课——破解彩陶之谜。

### 案例自述

〔韩丽华〕

趣味导课：

师：“请同学们看一个动画，(演示‘女娲抟土造人’的动画，同学们看着动画都笑了）谁知道这个动画告诉我们一个什么故事?”

生：“女娲抟土造人。那个小泥人儿好可爱呀!”(抢答)

师：“女娲用双手和智慧赋予泥土以生命，这是我们中国关于人类起源的一个古老而美丽的传说。同时这个故事也向我们传递了这样一个信息，这就是在远古时期，人们就对脚下的泥土有着细致的了解与深情的迷恋。通过前面学习，我们已了解到陶器是人类第一次利用天然物按照自己的意志创造出来的一种崭新的东西，是人类文明发展的重要标志。这节课让我们走进陶文化的世界，通过这一领域去感知远古先民的生活与情感。”

分组合作探究，解读四件具有代表性的彩陶文物，填写、整理活动记录。

师：“美丽的彩陶呈现在我们面前，给我们带来惊喜的同时也给我们带来很多疑惑，它们有不同的形状、图案，这一切表达了远古先民什么样的思想与情感呢？下面我们就来共同解读四件彩陶文物，去破解其中的奥秘。”（课件演示四件彩陶文物列为①②③④号）

① ② ③ ④

师：“你们对哪件文物感兴趣呢？”

学生兴奋地说出不同的序号，并进行串座，组合为四个学习小组。

师：“下面请同学们按照活动记录的项目，共同解读你所感兴趣的一件彩陶文物，在讨论的同时整理活动记录，然后小组选代表汇报探究成果。”（学生合作探究5分钟）

师生合作共同破解彩陶之谜，感知远古先民的生活与情感、远古丰富多彩的历史画面。

师：“下面我请各组汇报探究成果，其他组认真听，有不同的意见或疑问可以提问、补充。”各组汇报内容整理如下：

第一组：

| 序号 | ① |
| --- | --- |
| ①观察并描述造型、颜色、图案 | 上面是人头形，微微上仰，头上高低起伏，下面是圆壶，像个小女孩，面带天真顽皮的笑容，外表美观大方，形象栩栩如生。 |
| ②猜猜用途 | 水壶，观赏，祭祀，浇花，存钱，装酒，装水…… |

| 序号 | ① |
| --- | --- |
| ③起个名字 | 玉童壶，小人壶，神女壶，女娲望月，半人瓶，中华小顽孩，开心的小女孩…… |
| ④你想到了什么？ | 和平，安居乐业；当时人们的生活达到一定水平，制陶技术很高；古人想象丰富；想到现在的小娃娃；古代人的模样；古代人生活富足，有时间做工艺品…… |
| ⑤你有什么疑惑？ | 为什么颜色千年不变？它是谁做的？怎么做的？为什么娃娃后背有个洞？这个洞做什么用的？这个小孩是谁？怎样往里添水？小女孩为什么那样开心？古代人为何想做成这个形状？…… |

第二组：

| 序号 | ② |
| --- | --- |
| ①观察并描述造型、颜色、图案 | 橙色，船形，图案为黑色渔网，两头尖，中间凸起，上端有两个大小相等的吊环，造型奇特，流露出一种古朴的美感，像菱角，像元宝状。 |
| ②猜猜用途 | 盛水，酒壶，装米，装汤，装饰品，烧水，保温壶…… |
| ③起个名字 | 沙漠之舟，饺子壶，船壶，阿拉丁神灯，元宝壶，宫廷玉液壶，吊网彩陶壶，网纹元宝壶，双提壶，乘风破浪壶，陶元宝…… |
| ④你想到了什么？ | 安定；想象力丰富；富裕快乐；丰衣足食；世界之大，无奇不有；军用水壶；饺子；保温壶；储藏罐；人类在新石器时代就已经对生活中的几何图形有了一定的洞察力和应用…… |
| ⑤你有什么疑惑？ | 它是怎样做的？颜色是怎样烧出来的？由什么事物引起的构思？如何制成对称的形状？上面的图案有什么含义？上端的孔起什么作用？ |

第三组：

| 序号 | ③ |
| --- | --- |
| ①观察并描述造型、颜色、图案 | 盆形，里面有五个小人手拉手跳舞的图案，共三组，用叶子形纹隔开，伴有黑色条纹。 |

| 序号 | ③ |
| --- | --- |
| ②猜猜用途 | 盛水，盛饭，装米，洗脸用，陪葬，祭祀…… |
| ③起个名字 | 小人跳舞盆，朝天盆，联心盆，团陶，火舞，映月，踏舞盆，浅陶坛，开心盆，祈祷和平，丰收盆，欢乐的心，舞人陶盆，喜雨…… |
| ④你想到了什么? | 丰衣足食，生活丰富多彩；远古时代的人类在繁忙的劳动之余，族人在一起载歌载舞的场面；优雅快乐，无拘无束的生活；想到很多人围在一块跳火炬舞，每个人都很快乐，祈祷幸福、平安；古人不仅讲究器皿的实用性，还讲究艺术性…… |
| ⑤你有什么疑惑? | 为什么不将图案画在陶器的外侧而画在了内侧？它的珍贵之处？现在能值多少钱？它属于何种文化？为什么五个人一组跳舞呢？是否代表着某种意义？它是怎样做出来的？他们为什么要在一起跳舞？这些美丽的图案是怎样画上去的? |

第四组：

| 序号 | ④ |
| --- | --- |
| ①观察并描述造型、颜色、图案 | 像个大水滴，黄褐色的底儿；像个毛笔尖，黑色条纹图案，造型奇特，两边有两个环；呈橄榄形，旁边有两个“耳朵”；像个导弹；像个大萝卜；叶子形；像个大地瓜；色彩鲜艳。 |
| ②猜猜用途 | 装水，装牛奶，播种器，漏斗…… |
| ③起个名字 | 尖底水瓶，小口水罐，金鸡独立，立不住奶罐，萝卜壶，梭形双耳瓶，信水之滴，橄榄壶，地瓜壶…… |
| ④你想到了什么? | 古代劳动人民具有极高的艺术创造力，能制出这样的陶器很了不起；人们生活安定…… |
| ⑤你有什么疑惑? | 它能立住吗？瓶口小怎么打水？颜色怎样涂上的？为什么做成锥形的？两只耳朵有什么用? |

我先请同学们汇报活动记录的前四项，学生们详细描述了四件文物的造型、图案、颜色。在猜测用途和为彩陶起个名字时，学生们展开了丰富的想象，答案五花八门，名字起得生动、形象、有趣，课堂不断发出阵阵会心的笑声。

师："看得出同学们比古人想象力更丰富。通过解读这四件彩陶文物，我们可以感知远古时期浓厚的生活气息和独特的艺术风格，感知远古丰富多彩的历史画面。考古学家给这四件彩陶文物起的名字分别是：红陶塑人型罐、网纹船形彩陶壶、舞蹈纹彩陶盆、小口尖底瓶。老师要提醒大家注意，在同学们展开想象的过程中，也有些想法不符合历史。比如，有的学生认为当时的陶器用来装酒或是被作为储蓄罐，但当时还没有出现酒和货币。有很多彩陶是考古学家考究至今也未能解开的谜团。"

学生质疑，师生合作释疑，拓展陶文化知识。

师："下面请同学们汇报活动记录的第五项，在探究过程中，你产生哪些疑问，提出来我们共同解决。"

学生汇报内容是上面四个表格中的第五项内容。在这些问题中，课上重点解决三个问题。除此之外，同学们还有很多问题，课上不能一一解决，也有的学生通过本课的活动对考古学产生兴趣，我为同学们提供了一些网址，如果有兴趣可以在课后深入探究。

学以致用，设计一件陶器，发挥丰富的想象力和创造力。

师："远古先民丰富的想象力和卓越的创造力让我们惊叹不已，而这些能力也是今天我们都应具备的，下面请同学们设计一件彩陶，并在上面描绘出心中美好的事物、理想与憧憬。这个设计可以用词语描述出来，如果擅长画画，可以画出来，并在陶艺课上完成自己的作品，然后在班级进行展览。"（学生们在短短的五分钟内完成了他们的创作）

大多数的学生描画了一件形态生动、形状各异的陶器，并在上面描绘出多姿多彩的图案，有的画上了可爱的小动物，有画植物的，有描画人物的……

有的同学用语言来描述他们的设计。一位同学这样写道："人们在一起学习、工作，没有战争，有和平鸽，反映和平的陶器。"一位同学写到："陶器为地球的样子，周围一圈描绘着不同肤色、不同种族的各国人民，手牵着手，象征着世界人民和平共处。"虽然没有形象的画面，但我还是能看到学生们美好的内心世界。

还有一些同学画了画，并在一旁加上了一段文字说明。

一位同学画了一个"心"形的中间有一个可爱的笑脸的彩陶，在一旁写到："这是一件摆设，装满笑声，像我一样永远开心。"

一位同学画了一个小熊猫，肚皮上有两个小人儿手牵手，上面有"真挚"

两个字，旁边写到："友情天长地久。"

一位同学画了一个立体纪念碑，在上面画着"坦克、战斧式导弹、伊拉克版图、红十字援助标志"，旁边写明创意是："让以后的人类知道这场战争"。

一位同学画了一个很简单的瓶子，上面有个瓶塞，旁边写到："这是一只宝瓶，里面装满了病痛、疾苦、悲伤等一切坏的事物，无人去打开过，就让它埋藏在海下，一直到永远……"

一位同学画了一双手托起一个叶子形的瓶子，旁边写到："我要将手与陶器相结合，先在下面做两个十分稚嫩、可爱的小手，手上托着一个倾斜的瓶子，并且瓶子呈一片叶子形，它意味着我们要注意环境保护与植树造林。"

一位同学画了一件瓶子，上有一朵美丽的小花，创意是："理想与希望的种子都开在花儿的脸上，花儿的羽翼每天都托起一片明媚的阳光，心永远向往着未来，张开理想的翅膀向更广阔的空中飞翔……"

学生部分作品：

伴随着这节课的是学生们一张张灿烂的笑脸、一阵阵会心的笑声。在猜想中探索新知、在创作中张扬个性，在快乐中体验历史的魅力。作为一名教师，多么希望学生们每一天都这样在快乐中成长啊！

## 教学延伸

有这样一则故事：一位母亲让任性的孩子喝粥，孩子虽饥饿，但固执不喝。她想尽办法，连哄带劝，甚至放上白糖、红枣，还是没有效果。母亲忽然看见刚吃过的椰子的壳，计上心来。她把粥盛在椰子壳里，孩子就饶有兴趣地喝了好几碗。这就是富有教育意义的“椰壳效用”。生活中有许多这样的事例，当孩子不愿吃蒸包时，把蒸包包成三角形或带花边的样式，孩子就愿意吃；当孩子不愿吃馒头时，把馒头做成各种小动物模样，孩子就吃很多。

这则启示告诉我们：孩子的教育不宜孤立、僵化、静止地进行，要注意教育的趣味性，要抓住孩子好奇、喜新、求变的心理，由此及彼，举一反三，动态地进行，让孩子在不知不觉中接受了你的意愿，从而一步步得到提高。

其实我国古代就很重视快乐教育——孔子曰：知之者不如好之者，好之者不如乐之者。在这种思想的影响下，孔子培养了七十二名贤人，也造就了春秋战国时期文化的全面繁荣。而苦学应该说是科举制度的产物，并延续至今。它虽然培养了许多人才（包括高分低能的“人才”），但对更多的学子来说是一种摧残。

在美国，尤其是小学到初中，一个老师往往兼任几门课的教学工作，所以一些老师实际上是把历史、语文、美术甚至地理等课揉合在一起上了，这种上课形式不单调，实现了学科间的相互渗透；上课内容丰富多彩，也能最大限度地调动学生的积极性，全方位地投入，学习的兴趣相当浓厚。兴趣是最好的老师，兴趣有一种化腐朽为神奇的力量。学生为学习好一节课，主动查阅课外的资料，爱好美术的同学还用各种材料制作作品；阅读小说不但扩大了词汇，并带着问题去阅读、思考、绘制地图，既符合孩子心理发育特点，适应他们爱玩、好动、好奇的天性，寓教于乐，寓教于玩，又使孩子们在玩耍中锻炼了观察、思考和动手能力，充分发展了想象力、创造力和个性。

苏霍姆林斯基通过长达 30 年的实践和研究，提出了“让儿童享受脑力劳动的欢乐和学习成功的欢乐”的著名论断。指出了学校的主要任务“在于促进学生个性积极自由的发展”。他主张：“要让学生带着一种高涨的激动热情从事学习和思考，对面前展示的真理感到震惊，学生在学习中意识到和感觉到自己智慧的力量，体验到创造的欢乐，为人的智慧和意志的伟大而感到骄傲。”并且在他创立的“快乐学校”——帕夫雷什中学进行具体实施。他说：“我们在努力做到，使学校的墙壁也说话”，其目的是把每一个学生都培养成为幸福的人，“让每个学生都抬起头来走路”。

我列举了小孩子吃饭的故事、“至圣先师”孔子的教育主张、当今美国教学实况、苏霍姆林斯基的教育理念，只想说明一点："激发兴趣、快乐学习"实在是我们每位教师在设计一节课时应该优先考虑的重要内容。如果我们用心去做了，快乐起来的不仅是我们的学生，还包括我们自己！我衷心地祝愿快乐与所有学习共在，愿笑声与所有的学生共存，愿所有的学生都能在快乐中获得知识并健康地成长。

## 专家点评

在上述案例中，这位老师的做法是值得称道的。教师用可爱的动画导入新课，请学生按兴趣猜想远古人类的生活，质疑解惑，即兴作画……教育设计无不是结合学生年龄特点、围绕学生兴趣展开的，学生在愉悦的氛围中学习、探索、创作。快乐教学予老师的是一种自在与洒脱，予学生的是一种欣赏与领略。

素质教育和新课程改革都需要先进的教学模式做载体。快乐教学为学生创造良好的学习环境：在教材的处理上要求教师化繁为简，变深奥为通俗，做到既能促进学生智能最大限度地发展，又不加重学生的负担；在教学方法上要求教师变厌为趣，变被动为主动，既让学生从学习本身体验到快乐与满足，又要求教师注重学习方法和学习规律的探索与指导，让学生从乐学到会学。快乐教学正是这样一种先进的教学模式，它为当今患有"厌学症"的中小学生找到了有效的良方。这样的教学即快乐又有效，何乐而不为？

（何双梅）

# 意外的“生成”

## 灵活变动，创造有生命力的课堂

教师在备课中往往会根据教学目标来主观预设问题，可是真正到了课堂上，学生有时并不会按你的预设走，常常会出现一些意料之外的问题，我们称之为“生成性”问题。这种时候，教师该如何应对呢？

### 案例自述

〔于　洁〕

前两天，在讲授《狼》一课时，教学过去了30分钟，按照教学预设，课程在师生的互动中圆满地完成了讲读任务，我正要进入本节课的小结阶段，这时，突然两位同学举起手说：“老师，我有问题。”

“说吧。”我笑了一下。因为在我的课堂上学生遇到不懂问题时是可以随时发问的，我并没在意。

“老师，不是提倡保护动物吗？那就不应该杀狼，杀狼是不对的。”

一石激起千层浪，很多同学跟着议论纷纷。

“老师，你说狼是阴险狡诈的，可是我觉得狼的阴险狡诈是被逼出来的，不这样做怎么能保护自己的种族生存呢？比它大的动物如狮子、老虎等，它根本打不过，不狡诈阴险怎么活？所以狼的狡诈、阴险是无可厚非的。”

“老师，”还没等我喘出第二口气，一位同学又“噌”地站起来发言。

“狼根本就算不上阴险狡诈，因为狼想要前后夹击屠户，非得在柴草堆打洞从后面进攻吗？怎么这么笨？它们根本用不着打洞。如果同时从两边进攻，屠户无论朝哪边挥刀，都能构成前后夹击，胜率更大，所以狼一点儿都够不上阴险狡诈，它差远了。”

“老师……”教室里的学生一下子陷入了“先有蛋、还是先有鸡”的无果的争论之中。

“好！好！”我打断了学生们的争论。

“同学们课文读得很认真，分析得也很细致，可我们不要忽略一个重要的问题，那就是作者的写作意图。”

教室里一下子静了下来，学生们沉浸在反思中。

“我觉得本文没有在写该不该杀狼，这里也没必要进行这方面的讨论。”一位女生举手发言。

“作者也无意让我们给狼出主意，谈战法，去做一只‘狼’。”一直沉默的一位同学，站起来说了一句让大家轰然大笑的话。

“作者描述了狼的习性……”

“文章刻画了狼的狡诈……”

“文章还描写了屠户的机智和勇敢……”

教学在师生的互动中和学生们的讨论中完成了小结。

## 教学延伸

这一节课上得多彩纷呈，同学们思维的火花不断碰撞、冲击，迸射出了耀眼的光芒，我为学生们的精彩表现而高兴。作为教师，在课堂上我们常常会遇到这种“幼稚”的问题，我们一定不要把这样的思维简单地遏制，也不要千方百计地把学生引入到自己的预设问题中。我们可以跟着学生的思维走，有效解决教学中的实际问题，在师生的相互启发中培养学生的语文能力。前苏联著名教育家苏霍姆林斯基就曾说过：“教育的技巧并不在于能预见到课的所有细节，而在于根据当时的具体情况，巧妙地在学生不知不觉中作出相应的变动。”因此，面对课堂中的随机生成，我们教师应以微笑面对生成，以积极的心态把握生成，以灵活的教学机智处理生成，将生成视作一种宝贵的教学资源加以开发和利用。

我相信，如果我们真的放开了学生的思维，我们的课堂必定会因生成性问题而精彩起来。

## 专家点评

课堂涌动着的是生命的活力。有生成问题的课堂才是有生命活力的课堂。这个课例中，教师不再拘泥于预设的教案，而是根据教学实际，灵活有弹性地接纳、处理了学生的生成性问题，激活了课堂，学生则在生成性的课堂中有了更多自由支配的时间和空间，通过积极地动脑、动口，使生命处于最大限度的激活状态。特别是当他们一次次地享受自行发现问题、解决问题又产生新问题给他们带来的快乐时，又怎么会厌倦学习呢？同时在这个过程中，教师也实现了自我提高、自我发展和自我完善。

（何双梅）

# 阅读教学要“披文以入情”

## 入情入境，以真情实感进行课堂教学

古人说：“情动而辞发，披文以入情。”一篇文章都蕴含着作者浓浓的情感。在小学阅读教学中，我们如何做到文本情感与学生情感和谐统一，使学生“披文以入情”，体验真情实感……

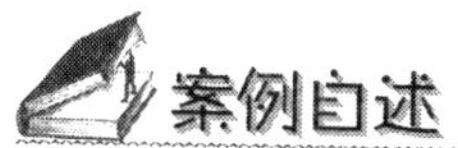

### 案例自述

〔蔡　生〕

《掌声》一课，写的是腿脚残疾的小女孩英子，非常忧伤、自卑，在一次老师让她讲故事时，同学们给了她热烈的掌声，这掌声使英子有了自信，充满了乐观去面对生活。教学中我运用“激情引趣，渲染情感”的方法，设计了“谈话导入，铺垫情感”——“初读课文，感知情感”——“直入重点，激发情感”——“适当拓展，升华情感”四个环节：

第一个环节：谈话导入，铺垫情感。

“同学们，在生活中你得到过掌声吗？感觉心情如何？”上课伊始，我径直地向学生提出这样一个与课文相关的问题。

“得到过，感受很‘爽’。”体育委员李勇首先发言。

“课堂学习中我得到过掌声，很受鼓舞。”大个子张晖乐呵呵地站起来说。

“反过来，同学们给过别人掌声吗？为什么给他掌声？你的心情又是怎样的？”我趁热打铁，提问引导。

"给过，表示赞同。"

"给同学掌声，是给他鼓励。"

"为同学喝彩，非常高兴。"

……

学生们纷纷谈出了自己的亲身感受。我不失时机地引导学生读课文，走进文本，看看课文中写了谁给谁掌声啦？英子前后有什么变化？学生带着对掌声的体验走进文本，入情入境地读着。

第二个环节：阅读课文，体味情感。

"同学们，文中是怎样描写同学们给英子掌声的？"学生们阅读后我向他们提出了问题。

"就在英子刚刚站定的那一刻，教室里骤然间响起了热烈的掌声。"班长站起来流利地回答。

"通过这个句子，我们体会到什么？"我进一步引导学生品读这个句子。

"通过'骤然'这个词，我体会到，同学们非常同情英子，为英子能勇敢地站起来走向讲台而高兴。"吴倩倩兴奋地说。

"通过对掌声热烈而持久地描述，我感到这掌声是同学们对英子的同情。"李娜激动地补充着。

接下来，学生们情感朗读，通过"读"体会句子的含义，学生们深深地沉浸到课程文本的情感体会之中。

第三个环节：直入重点，激发情感

引导学生品词析句，体会同学们给英子掌声的动因，让学生的情感和文本的情感产生共鸣。

"通过阅读课文，我们体会一下英子为什么而忧伤？"研读课文后，我启发学生发表自己的看法。

张明："英子因为得过小儿麻痹症，所以不愿意让别人看着她走路的姿势。英子有一种说不出的自卑心理。"

李双："英子坐在教室的一角，每天总是第一个来到学校，下课后她总是最后一个离开。英子因残疾非常忧郁，怕同学笑话她。"

刘亮："从'英子犹豫了一会儿，慢吞吞地站起来，眼圈红红的'描述中可以看出，此时的英子很自卑，很为难。"

……

学生们从不同的角度感受着英子的忧郁、自卑和无奈。

“同学们，此时的英子最需要什么？课文中是如何描述的？”我抓住情感线索及时地启发学生。

“此时的英子最需要鼓励。”王蕾动情地说。

“作者以赞赏的笔调描述了同学们的表现。‘英子没有想到，她刚刚站定，教室里响起了热烈的掌声’。”我班诗社小主编煞有介事地评论着。

“我们应该和文中的同学一样，给予英子同情和帮助。”学习委员刘刚发起了倡议。

此时，教室里响起了一阵掌声。

通过和文本对话，学生们体会到了英子内心世界，产生了对英子的深深同情，激发了同学们对英子的关爱。学生们的情感得到了升华。

在同学们被文中同学的爱心感染的同时，我及时引导学生联系生活，升华情感。

这节课结束时，我和学生配乐朗诵我自创的一首小诗，使课堂的气氛达到高潮。

爱是热烈的掌声
一个残疾的女孩，
脸上布满忧伤，
同学们掌声的鼓励，
让她泪洒衣裳。

一个残疾的女孩，
心中满是惆怅，
同学们掌声的赞扬，
令她满怀信心。

爱是热烈的掌声，
融化心中的冰床；
爱是热烈的掌声，
架起友谊的桥梁；
爱是热烈的掌声……

学生们在品味诗文，口里吟诵着诗文，恋恋不舍地放下书本时眼睛里含着泪花。由于紧紧抓住情感线索，引导学生“披文入情”，真正让学生懂得了为他人和需要帮助的人献上爱心是高尚的。

语文的阅读教学要入情入境。让学生通过一篇篇文章，得到爱的教育，美的熏陶，树立良好的人生观和价值观。学生们带着浓浓的情感阅读学习，感受生活，体味社会，培养他们观察生活，记述生活的能力。

## 教学延伸

我在教学中注重三维目标的整合，通过具体语言文字，体会课文的思想情感，把情感贯穿教学始终。让学生在学习过程中，课文的情感、教师的情感、学生的情感三者融为一体，产生强烈的共鸣。使语文阅读教学层层深入，循序渐进，培养学生的阅读能力和赏析能力。

1. 注重“工具性”与“人文性”的统一

教学中我在注重语文的人文性同时，更注重了它的工具性。在教学中我注重引导学生通过具体的语言环境，感悟课文的情感，让学生在文本中体会情感，通过对语言文字的揣摩来感受文章的思想内涵。脱离文本的语文教学，是空洞的语文教学，是没有根的语文教学。

2. 体现了教学的层次性

教学的整个环节层层深入，让学生从初期的对掌声的理解，到走进文本体会掌声的内涵，再到跳出文本，情感得到升华。

3. 关注学生生命成长

我们的对象是一个个天真烂漫的孩子，让孩子在课堂上学会做人，有一颗纯洁的美好心灵，让他们体会“真、善、美”，分辨“假、恶、丑”，是我们的义务。《掌声》一课，在这个方面就是很好的诠释。让学生的情感丰满起来，让学生真正体会到把爱心献给别人是美好的情感，让孩子的灵魂得到净化。

总之，在阅读教学中，要做到文本的情感、学生的情感、教师的情感达到和谐统一。所以我在进行语文教学时，深挖教材，体会文本的情感，并通过有效的教学方法激发学生从文本中获得的情感，做到“披文以入情”。

## 专家点评

蔡老师执教的《掌声》一课，充分体现了新课程的理念，体现了语文教学工具性与人文性的特点。教学中，老师紧紧抓住情感这一主线，在语言训练的同时注重学生阅读能力的培养，注重学生语文素养的形成。体现了情感型课堂教学模式。

**1. 凸现了一个中心：注重学生语文素养的形成**

在落实“三维目标”的教学中，根据具体的语言文字的理解，指导学生自主探究。学生在学习的过程中，情感逐渐升华，让学生的情感、教师的情感和文本的情感产生共鸣，进而培养学生正确的价值取向和积极的人生态度。如，引导学生抓住所补充的重点语句，体会英子的内心，从而使学生感受到同学们给英子掌声的主要原因，同时通过读中感悟、抓住重点词语体会等，进而体会掌声中蕴涵着爱，激发学生把爱献给他人。

**2. 实现了两点统一：工具性与人文性的统一**

在本节课中，始终把握在语言文字训练的基础上，在反复阅读的基础上，立足于对语言文字的理解，引导学生做到说话要有理有据，从中感受到同学们真挚的爱心。如，句子对比的练习，通过“一摇一晃地走上讲台”与“一摇一晃地走下讲台”的区别，在体会句子的同时，感受英子的内心。

**3. 注重了读书方法的指导**

本节课，力求体现抓住关键词语思考问题的方法、联系上下文理解词语的方法、边读边想的方法等，使学生学会读书，进而形成独立思考的能力。

（何双梅）

# 六、教学相长，在互动中实现专业成长

# 十月的胡杨似“绿色长城”吗？

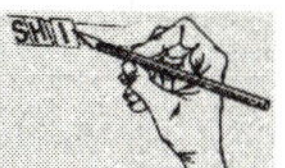

## 鼓励提问，在思维碰撞中发挥学生主体性

问题是思想的发动机。课堂上，教师既要设计问题加以引导，又要让学生自己发现问题、提出问题和解决问题。教学过程是动态的，不应该是完全被设计、被预料的，也正因为如此，课堂才充满了生机与活力，充满了创新与挑战。前不久，我的学生就给我上了生动而深刻的一课。

### 案例自述

〔杨秀丽〕

那是我教学《罗布泊，消逝的仙湖》一课，这篇文章从思想内容到语言表达都可以称得上是一篇值得学生阅读和写作借鉴的好文章。因此我备课很充分，课上得很自信；学生们学得也很投入，激情澎湃，分析理解深入。

我自我感觉良好，就要进入我设计好的一个很满意的问题：“如果你是一位世纪老人，你见证了罗布泊的消逝过程，你想对大家说点什么？”我确信这是个好问题。

可就在我要抛出这个问题时，我发现一个平时成绩平平、性格腼腆的男生，张着嘴，着急地望着我，似乎想说些什么，我感到很奇怪，于是我微笑着温和地问他：“你想说什么？”

他依然很腼腆，羞涩地说：“老师，我有一个问题，课文里说‘金秋十月……放眼望去，塔里木河两岸的胡杨似一道绿色的长城。’金秋十月，胡杨的叶子不是变成黄色了吗？为什么作者却说它似一道绿色长城呢？”

多年的教学经验告诉我，敷衍过去是不行的，况且这是一位平时不爱发言的学生提出的问题，是多么难得啊，他需要多大的勇气啊！想到这里，我走到他面前，拍拍他的肩膀说：“你很善于发现和思考，这是一个有价值的问题。”然后，我面向全体同学，若有所思地说：“老师也觉得蹊跷，难道是作者不小心留下的破绽吗？”我把这个问题抛给了学生。

一时间整个教室一片安静，大家都陷入沉思之中，我也沉浸在思考之中。片刻，我发现有的同学在讨论了，于是我说：“请同学们讨论一下，然后发表看法。”说完，我也参与到与学生的讨论之中，教室里气氛很活跃，场面很热烈。大约又是两分钟，有的同学举手发表自己的看法了。

甲同学说：“我认为，也许塔里木河两岸气候与我们北方不同，胡杨十月份仍是绿色的吧？”

乙同学反驳到：“不对，我在电视里看过的十月份的胡杨，金色是主调。”

丙同学补充道：“我在课外书中了解到新疆塔里木河进入十月以后，胡杨的叶子基本变成了黄色。”

我静静望着学生们专注的神情，用心倾听着他们的心声，感慨着他们知识面的宽广，我一阵激动，甚至忘了时间。其实我心里已有了自己的答案，然而我告诉自己不能轻易抛出，应该以此为契机，挖掘出更多的思想精华，调动学生更多的知识积累，完善学生的知识结构。

于是我说：“同学们知道的真多，看来胡杨十月是金黄色的了，那么一定是作者不小心写错了吗？我们思维还是应该缜密点，别冤枉了作者呀！我们再想想，会不会是作者的一种特别的写作手法呢？”

接下来，同学们又进入了更为深入的思索状态。一会儿，有个同学说：“老师，我觉得这是作者有意这样安排的一种比喻手法。因为胡杨是植物，植物的代表色是绿色，而胡杨是沙漠中千年不朽的生命，它像卫士一样护卫着沙漠的水域，所以用‘绿色长城’来比喻。”听了这位同学的想法我心里一亮，也向他投去认同的目光。

下课的铃声响了，我又再一次表扬了提出问题的同学：“非常感谢你提出了这么有价值的问题，是它引领我们走进了一个全新的学习天地。”我又面向全体学生说：“同学们对事物的独到见解，让老师看到了你们的智慧，希望同学们继续保持勇于质疑的精神和积极探究的意识。”

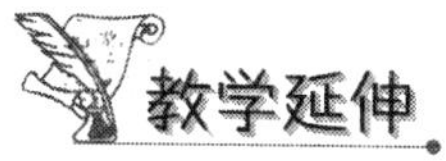

## 教学延伸

在课后反思中我想到：也许我的这节课多了些随机性，但是学生在课上对知识的收获并不比预计的少。思维的锻炼机会很多，合作探究意识得到了充分的培养。我想到一句话："水尚无华，相荡而生涟漪；石本无光，相击而生灵光。"课堂上随时生发出来的问题，我们教师要给予足够地重视，要给予恰当地引导。这样才能把学生领进一个充满活力的学习天地，这样的学习天地才是有无限风光的世界，在这样的天地里成长的生命才是有质感的生命。

## 专家点评

这位教师所讲述的教学故事很生动，可谓一波三折。故事所蕴涵的教学思想是深刻的，教学经验是值得借鉴的。首先，教师充分尊重学生的个性，这是建立新型和谐的师生关系的前提，也是核心。但尊重不等于迁就，对学生提出的问题，教师经过慎重思考判断，确定有价值才予以肯定，很好地处理了语文学科人文性和工具性的统一。其次，本课在教学过程中的随机，但不是随意。师生的思考伴随着整个课堂，教师很好地处理了学生的自主性和发展性统一的问题。学生的自主地位凸显，充分发挥了学生的主体地位，注重课堂生成，并注重引导提升讨论的层次和学生学习品质的良好发展，充分体现了新课程下学生的自主和师生互动。

（李　晶）

# 创设互动研究的快乐课堂

## 手脑并用，让学生真正成为课堂主人

课堂教学不应该是固化的独白、居高临下地讲述。应该是通过对话引导学生逐步走向互动，走向活态关系，经过平等交往达到认知的升华和形成必要技能的教学过程。

### 案例自述

〔孙　明〕

讲《长方形和正方形》一课，现场来了许多听课教师，为了打消学生们课前的紧张情绪，我顺势展开教学。

“同学们，大家一定看到了今天的课堂上我们请来了许多老师和领导，现在我要告诉同学们，今天我还请来了没有和大家见面的两位特殊的客人，大家想知道它们是谁吗?”

“想!”学生们急不可耐地响应着。

“请看屏幕，客人闪亮出场。”我一边说，一边打开投影演示课件。

一个有手有脚的正方形，由远而近走出来。学生以极高的兴致看着课件的演示。

“同学们，大家好。你们可能早就知道我是正方形，可是对于构成我的‘边’和‘角’，你们了解吗?”屏幕上的正方形开口对同学们说话。

“谁能回答正方形提出的问题?”我及时启发学生们回答问题。

“正方形有 4 条边。”

“正方形有 4 个角。”

“每个角都是直角。”

“正方形的 4 条边都相等。”

……

“好！好！大家观察得很仔细，也提出了自己的观点。那么，同学们有什么办法验证正方形的每个角都是直角呢？正方形的 4 条边都相等呢?”我顺势引导学生证明自己的假设。

“先折一折，再一比就知道了。”

“还可以量一量。”

……

“很好！大家动脑筋想出了一些可行的证明正方形‘每个角都是直角’、‘4 条边都相等’的方法。现在同学们可以动手验证一下自己的结论。”

学生们开始行动，都动手验证自己的“假设”。

几分钟后，我请学生们发言介绍各自的验证过程。

“我用直尺量得图上正方形每条边长都是 8 cm，可见 4 条边是相等的。”一位同学首先举手发言。

“很好！这位同学的验证方法是科学的，结论是正确的。还有没有其他办法验证?”

“还可以把正方形对角折，先对折，再对折，通过比较发现，正方形 4 条边重合，说明 4 条边都相等。”另一位同学抢着说出了自己的证明。

……

学生们纷纷发言介绍自己的实验，证明正方形 4 条边的长度相等。

“同学们，经过试验验证，我们得出了什么样的结论呢?”我引导学生及时小结教学环节的学习。

“正方形的 4 条边都相等。”学生们形成了共识性的结论。

“同学们，我们经过‘假设’、‘证明’、‘结论’科学过程，证明了正方形的 4 条边都是相等的。现在我们回过头来说一下我们是如何证明正方形四个角都是直角的。”

“老师，用三角板的直角量正方形的四个角，证明正方形四个角都是直角。”

“我只量了一个角就知道4个角都是直角。”一位同学嚷嚷着改进了上一个学生的验证方法。

“这位同学只量一个角就能证明正方形的4个角都是直角，我们看看他是怎么验证的？”

“把正方形对折，再对折，得到左边的小正方形后，只用三角板量左上角发现是直角，因为四个角是重叠的，于是就得出正方形四个角都是直角的结论。”

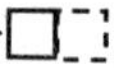

“这位同学很聪明，方法很科学。同学们还有其他办法吗？”

“有，我不用三角板就能验证正方形四个角都是直角。”一位同学急得不等允许就站起来回答。

“我们知道两个直角可以拼成一个平角。”师点头说：“不简单，还知道平角。”“于是把撕开，各对折一次得到，把两部分再这样拼起来，得到一个平角。把左边折到右边恰好四个角相等。于是说明四个角都是直角。”

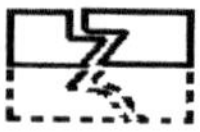

……

数学课上师生在互动学习、交流和研讨，这既是一节数学学习课，又是一节数学研究课。

## 教学延伸

学生在课堂中除了听、说、看、想、做、写、算，还有研究、创作等重要活动方式和状态。而所有这些都应在课堂教学的互动中完成。在通常情况下，课堂活动是在老师的精心策划下展开的，但是仅靠预设是不能达到教学目的的，课堂教学的主体是学生，学生以什么样的姿态参与到学习中来，是我们最为关注的。因此，我每节课都十分注重培育学生的情感，激发学生探求的欲望。学生在数学课堂上表现出来极高的兴致，进行深入地探究、活跃地思考，极大提高了学生们的学习和研究能力。

## 专家点评

教学是个互动过程，教学也应是个研究过程。新课程以来中小学教师在这一方面做过许多有益的尝试和探索，孙明老师的这一教学片段，可谓是一个成功的案例。首先，新课学习建立在学生经验过的事物上，在学生观察思考的基础上展开。学生在可触及问题的“刺激”下，主动地走进学习。其次，教学是在互动交流、学习研究的氛围中进行的。问题出现后，假设由学生提出，证明由学生实施，结论在互动中产生。在课堂教学活动中，充分体现了学生的主体地位。再次，这是一节很好的研究性学习范例课。学生在学习中研究，在研究中认知，教师运用科学的方法，让学生在互动中完成了学习任务。在整个教学活动中教师渗透了许多科学研究方法和思维方法。

（何双梅）

# 放弃射门对吗？

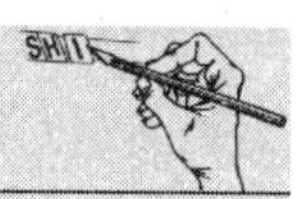

## 适时引导，达到课堂教学能力目标与情感目标双丰收

“人教版”第十册第 26 课《放弃射门》第二课。

能力教学目标：培养学生阅读能力，并发表自己的见解。

情感教学目标：感悟福勒高尚的体育道德风尚和人性美。

教学如何实现预期的教学目标呢?

### 案例自述

〔李金香〕

熟读理解课文内容后，我把预设的问题抛给了学生：

“足球比赛最精彩、最具魅力的一瞬就是射门，可福勒却放弃了这次势在必得的成功，你觉得他这样做对吗?”

教室内静了一会，有一只小手犹犹豫豫地举了起来。

“我认为福勒这样做不对，我觉得他是对整个球队不负责任。因为课文开始就说了，只有这场比赛胜了，才有资格在后面的几轮比赛中争夺冠军。他放弃了射门，也就意味着放弃了可能到手的冠军。我认为福勒应为整个球队着想，应该把这个球踢进。”

话音刚落，班长马上站起来反驳道：“我认为福勒做得对。如果福勒踢进这个球，就一定会踢伤对方的守门员西曼。你想呀，西曼扑得那么急，福勒踢得那么猛，只要福勒进球，就会踢伤西曼，为了避免对手受伤，我觉得福勒放弃这次射门是对的。”

这时，“福勒做得对”、“不对”的嘈杂声不绝于耳。我也没有想到学生会对这个话题这么感兴趣。我的大脑也在飞速地搜寻解决问题的良方，我忽然灵机一动，有了。

“同学们静一下，既然大家这么有兴趣，下面我们来开一个辩论会。”我提出了新的倡议。

一听说要开辩论会，同学们一下子兴奋起来，孩子们个个摩拳擦掌，跃跃欲试。

“同意‘福勒放弃射门’观点的同学是正方，认为‘福勒放弃射门不对’的同学是反方。正方和反方选出自己的队长，然后队长组织队员自由讨论5分钟，5分钟后我们就来开个辩论会，看谁能说服对方。”

学生们选出的队长还很有组织能力，班内由嘈杂变得有秩序。准备5分钟后，辩论会开始了。

正方队长首先发言：“我方认为福勒为了避免对手西曼受伤放弃射门对。他的做法，体现了‘友谊第一、比赛第二’的精神。他的这种体育风范是值得提倡的。”

反方队长也不甘示弱：“我方认为福勒放弃这次射门机会不对。一个球员在球场上代表的不是他自己，一个前锋的进球机会不是他自己争取到的，而是所有队友共同努力的结果。他放弃了射门，同时也放弃了所有队友的梦。”

学生个个兴奋不已。我都被他们煞有介事的认真样子惊呆了。

正方一辩：“我认为福勒放弃这次射门机会对。射门进球的机会还可以再争取，但绝不能为了进一个球而踢伤对手。”

反方一辩：“你看不看球赛呀？在一场精彩的足球比赛中，进球的机会并不多，有时候一场比赛甚至会以1:0决出胜负，更何况这场比赛这么重要，福勒应该踢进。”

正方二辩：“这场比赛固然重要，但你认为踢进球重要还是人的生命更重要？”

反方二辩：“问题是福勒这一脚踢进球，即使踢伤西曼，他并没有犯规，他所在的球队就有望获得冠军。我们总不能说一个把冠军拱手让给别人的队员是个好队员。”

我有些担心了：怎么场上有股火药味儿了？

正方三辩："一个球员放弃射门的机会是不应该，但我们要看是在什么前提下放弃射门的。而且，课文中描写福勒为了不踢伤西曼，一刹那间猛地收脚而身体失去平衡倒地。难道你不为福勒的这种精神感动吗？"

反方三辩："人的生命固然重要，但你想过没有，如果你是利物浦队的队员你怎么想？如果你是利物浦队的教练你怎么想？如果你是利物浦队的球迷你怎么想？你觉得他们希望看到福勒放弃射门吗？"

我一看时机已到，赶紧插话："同学们，首先老师要表扬你们能从不同的角度去思考问题，并敢于大胆地发表自己的看法。看来，生活中的有些事情不能用简单的对与不对、是与不是来评价。福勒内心的善良，对生命的尊重，在放弃射门那一刻充分展现出来。文中福勒是想了很久才决定放弃射门的吗？"

"不是，只是刹那间。"

"欧洲足球球星有时射进一个球就能身价百倍，射进一个球可能意味着成为冠军，可能会有巨额奖金，会产生巨大影响。球技精湛的福勒对于这些能不了解吗？可在瞬间他宁失一球，不伤对手。他把人的身体，人的生命，把它看得比金钱、荣誉更重要。因此，国际足联秘书长也抑制不住钦佩之情，写信高度赞扬福勒，信中怎么说？"

齐读："这是一种保持足球运动团结的举动。在这场如此重要的比赛中，你表现出来的风范，将成为所有运动员学习的榜样。"

"对于福勒的赞美，在课文中凝结成一个美好的词语，那就是——"

"人性美。"

"作者在观看了这场比赛后，发出怎样的赞叹？"

齐读："我不是狂热的球迷，但那一次看球，却被一种人性美深深地震撼了。"

## 教学延伸

本课的教学内容具有深刻的人文内涵，福勒的善良，对生命的尊重，友谊第一、比赛第二的精神是值得赞扬的，是一篇教学生学文做人的佳作。

以上这一片段主要为达到预期的能力目标和情感目标而服务。我原想，可能学生只是会通过讨论，会有个别学生发表自己的看法，而且我还以为学生赞同放弃射门做法的会更多，没想到持反对意见的也不少。"你认为福勒放弃这次射门机会对吗?”这个问题一抛出，学生的反映那么强烈。我马上意识到这一宝贵资源，便顺水推舟，为达到预期的能力目标和情感目标搭建了一个平台。

在本册第二单元的“读写例话”中我们已经学过“阅读要有自己的见解”，平时阅读课教学我就很注重培养学生在讨论中敢于思考，敢于发表自己与众不同的见解的能力。另外，在讨论时我鼓励学生思考问题要有自主意识，表达见解要有自由意识，参与讨论要有自强意识，既要保持勇气和竞技心态，又要有合作精神。所以讨论本身又培养了学生积极进取、勇于探索的心理品质。

本教学环节的设计，一石激起千层浪，可谓仁者见仁，智者见智。引导学生从不同的角度出发思考问题，充分尊重学生的独特见解，顺应学生的学习需要，引导学生初步学习辩证地、多角度地看待问题。瞧，学生说得多好呀！我都没想到学生会说出赛场上进一个球并不是福勒一个人的功劳，而是大家共同努力的结果。是啊，如果你是福勒的队友，如果你是利物浦队的教练，如果你是关注利物浦队的球迷，谁不希望福勒踢进这个球呢？然而，大家越是觉得福勒应该踢进那个球，就越说明福勒此举的伟大与高尚，就越值得佩服和赞扬。

学生在辩论中，从初步认识福勒的高尚风范，再从不同角度看待福勒的做法，到深刻领悟福勒的“人性美”，学生的语言、思维得到了训练，认识得到了提升。可见我们要充分相信学生的自主学习的能力，平时更应注重培养学生个性化的、独特的见解能力，并不失时机地为学生展示这种能力提供广阔的空间，以不断拓宽学生自主发展的天地。

## 专家点评

新课程中的语文教学提倡个性化阅读，要求教师尊重学生的独特见解，包括以审视的目光看待文本、与作者对话、向权威挑战等等。为了实践这一教学理念，许多教师尝试各种途径。今天，李老师把辩论赛引入课堂的方法令人耳目一新。

学完课文，学生往往会有一些没解决的问题或者更深层次的问题，这是课文可持续发展的教学“延伸点”，把握好这一点，沟通文本与生活的问题联系，可创造性地开发和拓展语文学习资源和学习空间，引发学生更深刻的思考与探究，培养学生的问题意识，丰富学生的情感体验和生活体验，让学生既学课文又学做人，全面提高语文素养。

教学中，李老师巧妙地抛出问题，诱导学生进一步深入思考，让他们自由发挥，获得了意想不到的收获。这样，不但培养了学生思维的变通性和深刻性，强化其问题意识，更重要的是尊重学生的个性，满足学生情感体验的需要，树立其敢于创新的主人翁意识。

我们语文教育工作者只有树立大语文教学观，确立学生主体发展观，相信学生的智慧，不断地拓宽学生自主发展的天地，营造广阔丰富的自主学习环境，才能让学生主动参与、自主发展，成为一个善于发现问题、思考问题的不断发展的人。

值得注意的是，语文教学不能一味追求热闹的形式而丧失语文课的本真，不能在学生没有充分阅读、思考的情况下从始至终坚持采用讨论式组织教学。那种不管任务轻重、内容难易及学生需要，都进行讨论的做法是不足取的。

（刘正生）

# “没有教完”的《陋室铭》

## 当机立断，创设课堂学生自由发挥的空间

强调教学过程的严密性、秩序性、程序性、完整性，是传统课堂教学最大的特点，但教学过程不只是课程的传递和执行的过程，更是师生共同参与课程创新与开发的过程，是展示学生发展聪明才智、形成独特个性与创新成果的过程。当学生产生了兴趣，而提出问题或由此生发出了疑问又需要解决，却与课堂上应该完成教学任务之间发生矛盾时，我们该怎样取舍呢?

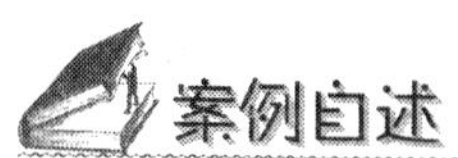

### 案例自述

〔王术良〕

学校举行新一轮课改成果展示活动，我代表语文组出课，教学刘禹锡《陋室铭》。

文言文在初中语文教材中占据重要地位，面对这样一篇名作，我多方面查阅资料，多角度进行设计，教案熟记于心，在满怀信心走上讲台之后，却没想到，课堂上我居然没有完成预定完成的教学任务!

课伊始，正常导入，师生共同背诵《酬乐天扬州初逢席上见赠》，感受刘禹锡字字珠玑的诗风，交代学习任务，由此一节课的教学正式开始了。

首先，我范读了一遍课文，然后学生初读、整体感知。学生读了几遍后，我故作神秘告诉学生：课本中有个错字，细心读一遍，看你能不能找到？学生信以为真，努力地细读寻找，自然是找不到的，后来才恍然大悟，原来是老师想让大家认真地再读一遍课文，识记一些存在古今差异或难记的字，从而奠定了愉悦课堂的基调。

接下来学生自由读、齐读、联系座右铭解释文题、边读边参照书下注释通译文章，疑难处与同桌、前后桌研究讨论解决，有不懂的记下来，然后学生汇报学习结果，再次齐读，加深印象。因为交代学习任务时我已经明确告诉学生这篇文章要自学，再由我来出题检验学习成果，所以整个过程中学生的学习热情都异常高涨，都想借此证明自己的学习能力。

课进行到此，大约用了 28 分钟，再接下来的任务，就是我提出几个有梯度的问题，学生回答，深入理解文章，整节课便圆满结束了，然而，正在我暗自高兴时间调控的准确和学生状态的投入之时，问题出现了！

我设计的问题如下：

1. 文中多处是对偶句，且在偶句中押韵，你能找到这些韵脚吗？

2. 陋室陋室，陋在何处？你能从文中找出体现“陋”的语句吗？

3. 既然不想“丝竹乱耳、案牍劳形”，为什么还要“调素琴、阅金经”？这不是前后矛盾吗？你怎样看待这个问题？

4. 文中最后一句“何陋之有”出自《论语》，原文是这样的：“子欲居九夷，或曰：陋，如之何？子曰：君子居之，何陋之有？”课文中用这样一句话作结尾，并且略去了前一句“君子居之”，你认为合适吗？说说你的理由。

5. 刘禹锡在写这篇文章时，大唐王朝正一步步走向衰落，官宦阶层不思政事，整日沉迷于声色，联系这样的写作背景，你认为，作者究竟是想向人们诉说什么？刘禹锡又是怎样的一个人？

顺利完成第一个习题后，学生们也分别找到了第二个问题的答案，即：“苔痕上阶绿，草色入帘青。”正当我要进行第三个问题的时候，一名学生突然站起来说：“老师，我有一个问题。看到题目，我们会想作者一定是要极力描写室如何‘陋’，但课文中却不是这样的，这是为什么？”

其他学生也议论纷纷，表示赞同。

我不禁暗暗想到：兴趣真的是最好的老师，当学生真正全身心投入的时候，他们绝对是问题的发现者！

我先对这名学生大加称赞，表扬他善于挖掘文章内涵，发现问题，然后给予解释：“很明显，这是一篇托物言志的文章，托陋室言德馨，本文最为精彩之处在于反向立意，本来看题目似要写室陋，但却用大量的笔墨写因德馨而使陋室不陋，这给我们很大启示，我们在作文中也可以这样，巧妙地反向立意，创作新文章。”

学生对此表示理解，我也不禁得意起来——顺水推舟完成了文章写作特色的讲解，没想到，更大的“挑战”随之而来！

学生们分小组商议解决了第三个问题，明确了“丝竹乱耳、案牍劳形”是受俗事杂务所累，“调素琴、阅金经”则为养性修身。此时，又一名学生站了起来：“老师，假如我们是刘禹锡本人，生活在当时的社会，处在当时的环境，我们该怎么做呢？是力挽狂澜还是退隐山林呢？”

这句话如一石激起千层浪！

正当我考虑这个问题能否与第五个问题同时解决，甚至这个问题是否“有价值”时，下面的讨论悄然开始，真是人声鼎沸呀，嘈杂之声，不绝于耳，课堂“乱”了！

来不及思索，容不得犹豫，毕竟是上成果展示课！

待稍安静了一下后，我提高声音说：“同学们，不如我们来个小小的辩论吧？”同学们一听来了精神。我继续说道：“同意积极入仕、力挽狂澜的同学与反方同学自动分成两组，可以临时调换一下座位，动作要快，考虑问题要严密，说话时要口齿清晰，有层次，有说服力，同时要注意团队合作，可以适当补充同组同学观点，形成合力。给大家5分钟准备时间。”

就这样，一堂问答式的语文教学课，瞬间成了唇枪舌剑的辩论课。

规定的时间一到，双方代表便带领各自团队开始了“口舌大战”，整节课的后半部分就在学生面红耳赤的争论中度过了，他们据理力争，下课铃声响起还意犹未尽，而我也忘记了应该完成的教学任务还没有完成，不知不觉参加到学生的辩论之中了！

请听同学的发言：

“如果得志，我要造福于天下百姓；即使不得志，我也要洁身自好，绝不与腐败势力同流合污。这虽然是一种理想主义精神，但我认为，大丈夫顶天立地，应该抛除杂念，不被世俗困扰，傲然世间，力挽狂澜。”

“要做自己！不随波逐流！既然想调素琴，阅金经，就要生活在桃源处，独善其身。”

“‘达则兼济天下，穷则独善其身’已经失去了它时代的含义，中华文明在西方文化的冲击中已伤痕累累，陈旧的思想观念随着时代的进步也应该成为历史，在这个时代里，我们不能再提给予和施舍，我们只能奋发有为，‘人应该站在自己的脚尖上’，也许才是这个时代的真正解释。”

“我认为人的生命意义，在于实现价值，穷也好，达也罢，无非是一种生活状态，关键在于在这样的生活状态之下如何去实现价值，实现个人的生存和发展，再实现个人与社会的价值!”

……

最后，我勉强挤占了一点“可怜”的时间，用几句话结束了这节课：“看来我们学习古人的文章，要用现代人的眼光看待古人，要学会选择性地学习和接受，而且，美文，是要我们用一生去解读的，每当我们前进了一步，我们的学识、做人的涵养也就提高了一大步，因为精神的影响是可以超越时空的，愿同学们都能宠辱不惊，做一个旷达之人。”

面对这样的结果，我思索良久，也感慨良多：《陋室铭》没有“教完”，其实是需要我学习的还没有“学完”。

## 教学延伸

在新一轮课程改革如火如荼开展的今天，人们的教育思维已经不再固化于数量应该完成多少，而是有质量地完成了多少；不再固化于结果，而更加注重过程。著名教育专家叶澜教授说：一堂有真正意义的好课应该是有生成性的课。即一节课不完全是预设的结果，而是在课堂中有教师和学生的真实情感、智慧的交流，这个过程既有资源的生成，又有过程状态的生成。

回想整节课，开始时，我把竞争机制引入课堂，故意设置障碍，说文中有别字，造成学生疑虑，激励学生质疑问难，用挑刺、幽默的趣味性措施，使学生愉快地投入学习、课堂气氛活跃起来。然后的初读、再读、合作学习研究等，应该说这些都是在设计范围之内的，都可以适当调控的，但后来出现的问题，却是始料未及的。

当学生提出第一个问题：为什么文章中不是极力描写陋室之陋时，我想到的是兴趣是最好的老师。课后深入思索，教师应真正成为学生学习情境的创设者、组织者和学生学习活动的参与者、促进者；教师应遵循学生发展的需要和状况来设计课堂教学，而不是请学生按照事先设计好的教学过程参加学习；教师的“教”是为了更好地促进学生的“学”；教师更多地关注学生在课堂上的可能反应，并思考相应的对策，改变“只见教材不见学生”的备课方式，实现学习价值的循环生成。

《语文课程标准》指出：“语文教学的重点是培养学生具有感受、理解、欣赏和评价的能力，培养学生探究性阅读和创造性阅读的能力。”新的课程，新的理念，促使我们语文教学必须以新的姿态、新的面貌来迎接新的挑战。为了培养学生阅读的感受力、理解力、欣赏力、评价力，我们必须打破传统的教学方式。因此在第二个问题："假如我们是刘禹锡本人，生活在当时的社会，处在当时的环境，我们该怎么做呢？是力挽狂澜还是退隐山林?"出现的时候，我当机立断，干脆让学生自由去发挥，谁能设想当这种思维的火花碰撞之时，对学生思想的净化、灵魂的升华所起到的潜移默化的作用呢？

新的课堂教学确立了"以人为本"的理念，这是对课堂教学本意的真正回归。师生如果从中体验不到快乐，那么，课堂何来意义可谈？归根结底，一堂课，一是为了学生，既要使其有所发展，例如思维和语言上的锤炼，更要让其认同和喜欢；二是让教师能有所享受，使其人生价值得以充分实现，使其生命、个性在课堂中飞扬。因此，课堂教学要赋予人本性，少点理性，多点感性，赋予生活化，关注学生的情绪生活和情感体验，关注学生的道德生活和人格养成，使教学过程真正成为师生富有个性化的创造过程，让课堂焕发出生命的活力。

凡是书本上学到的知识都不难，凡是路能到达的地方都不远。教学如此，语文教学亦如此，探索与发现，实践与追求是我们每一位教师的永恒课题，回到课堂教学中，其过程应当是情境式的，是没有约束的，甚至是松散的，是残缺的，而有些时候，松散的也是愉快的，残缺的也是美好的！

## 专家点评

这是一节看似没有完成教学任务的课，尽管老师在课前已做好了充分的准备，可是正当老师按照预设程序实施教学时，意想不到的情况出现了：学生们在探究问题的过程中"节外生枝"了。面对突发的课堂变化，老师是按照既定的程序走下去，还是因势利导，利用学生思维闪现的火花，将教学引向深入，彰显阅读的个性，老师正确地选择了后者。

本节课的成功之处在于老师能够利用课堂的变化，及时地将学生的问题转化为教学的内容，充分尊重了学生的阅读体验和感受，使学生在过程中升华思维，享受阅读的快乐，由此达成教学的目标。这看似不完整的教学，实际上真正体现了教学的艺术，也实践了新课程的理念。

（沈　伟）

# “我也是巨人”

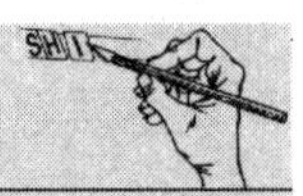


## 巧妙导入，为学生插上想象的翅膀

让教学带着悬念，让学习插上了翅膀，让学生在熟识与新奇、严谨与活跃、快乐与想象中放飞思维，感受创作的新奇和快乐。

### 案例自述

〔马志涛〕

《假如我是巨人》是人美版第四册的第12课。根据《美术新课程标准》确立的阶段目标，《假如我是巨人》一课属于“造型·表现”学习领域，即“通过看看、画画、做做等方法，大胆、自由地把所见所闻、所感所想的事物表现出来，体验造型活动的乐趣。”

“大家知道童话故事《格列佛游记》吗?”上课伊始，我向学生们提出了一个他们感兴趣的问题。

“知道!”

“知道!”学生们表现得很兴奋。

“谁能说一说格列佛在小人国的情景。”我趁热打铁地追问学生。

生：“格列佛在小人国里与小人成为了好朋友，巨人格列佛和小人一起玩。”

生：“小人国的那些小人有的在他的头发里钻来钻去，有的在他的鼻孔里捉迷藏。”

……

"好！好！大家书读得很认真，说得也很生动。在《格列佛游记》中，格列佛真的太大了，对于这些小人来说他简直就是巨人。同学们，你们想不想尝试做一回巨人呢?"

"想!"学生们表现出极大的兴趣。

"好！老师现在给大家变个魔术，请看投影屏幕。屏幕有两个小朋友，老师说声'变'！大家看一看有什么变化?"

生："我看到了小女孩长高了，变成了巨人，小男孩只有小女孩的膝盖那么高，小女孩可真高啊!"

师："我们每个人都像小女孩这么高，那你又会有什么样的发现呢?"

生："小男孩是个小人儿。"

师："哦！这就说明大小是通过相互比较才可以显示出来的。我们再来看这幅画，你看到了什么?"

生："我看到了巨人朋友正在用自己的手臂当桥，帮助小朋友过河呢。"

师："对，有了其他小朋友，和周围景物的衬托，巨人的手臂就像桥一样长。"

师："老师知道我们班的同学都是乐于助人的好孩子，现在，请同学们以小组为单位，在一起说一说，假如自己是一个巨人如何帮助小朋友的有趣画面，可以把最精彩的讲给大家听听。咱们来个奇思妙想大比拼，看看哪组的想法最奇、最妙。"（小组活动开始）

汇报交流：

生："我把我喝水的杯子，想象成了一个很大的游泳池，我把里面盛满水，让小朋友可以在里面游泳玩耍。"

生："我在大楼着火的时候，一只手托起好几个人，帮助人们快速逃离火场，保证他们的生命安全。"

生："我看到邮递员叔叔天天辛苦地邮递信件，有的信还送不完，我帮他送信，我有两条长腿，一会儿就送完了。"

（同学们积极发言，说出了很多新奇的想法）

师："同学们的想象力可真丰富，真佩服你们，你们能不能把自己的想法画出来，让大家一起欣赏呢？但是要注意，你想画巨人身体的哪个部位帮助人们呢？画面的主题是什么？用什么背景来衬托出你的高大?"（学生开始作画）

二十分钟之后……

师："谁能说出黑板上悬挂的作品中你最喜欢哪个，哪个巨人表现得最优秀?"

生："我最喜欢第一行的第六幅，因为巨人帮助的人，是这些作品中被帮助的人数最多的。"

师："说得真有道理，还有谁想说?"

生："我认为第二行的第一幅好，小朋友在非洲遇到了狮子，巨人把小朋友都救了起来，狮子想——这顿午餐又泡汤了!"

师："那这幅作品是哪位巨人的?"(同学们笑着看着小作者)

生："老师，是我的。"(得意的笑)

师："巨人不能用自己的优势去欺负别人，而是要用这个优势去帮助别人，我们班里有这么多想成为巨人的同学，希望同学们在今后的生活中更多地帮助他人，成为乐于助人的好孩子。"

一节好课不仅要有高效有序的环节，还要有德育的渗透及教学的延展，让课堂赋有精神与生命，又要有延续。

## 教学延伸

每一个孩子都爱幻想，不受时空约束地自由遐想，可以说幻想是孩子最快乐的事情。孩子们是在童话故事和动画的陪伴下长大的，是在不断的梦想中长大的。

一段新奇有趣的动画片，可以让学生神之以往；一个神奇的童话故事更可以为学生插上想象的翅膀。

利用多媒体手段，出示制作精美、色彩鲜艳的图片，导入新课。我通过人物角色的转换，让学生感受两个人物外形的明显特点（大与小）。学生根据这一外形特点给他们起个名字。从而对大小产生大胆联想，加上配乐讲故事（课件)，认识另外两位巨人朋友。此种教学方法的特点是：让学生以轻松活跃的心情走入课堂，以学生说说格列佛是一个什么样的人，（出示两幅范画）让学生说说画上巨人做了什么作为导课内容。用角色转换这一方法，激发学生的好奇心，以精美的教具吸引学生的注意力，引发学生想象力。直观图片欣赏，问题由浅入深，适合低年级学生思维活动和理解能力。课件配乐故事，我以优美生动的语言，配以相应的课件图片，直观地引领学生走入一个新奇的世界——巨人与小矮人有趣的故事。让学生说格列佛是什么样的人和两幅范画，意图从能力品格上使学生了解巨人的无比威力和巨人宽厚、乐于助人、爱和平的优良品质。从形象上使学生看到巨人与小矮人大小比例的差异，从而潜移默化地进行了德育渗透，又让学生对本课产生了浓厚的兴趣，为新授课做了有效的引路。这节课采用了以下几种有效的方法。

1. 情境激励法

根据本课的特点和学生的认知规律，我采用“启发、诱导、交谈”为主要教学手段创设想象情境。通过教师美妙的语言把学生带入想象的空间里，引导学生不受限制、敢于打破常规、自由大胆地进行遐想，并能够畅所欲言地把自己变成巨人后的奇思妙想表达出来，激发学生创新欲望，使他们的个性得以张扬，从而有力地解决了本课的重点。

2. 德育渗透法

《新课程标准》指出“各门课程之间要结合自身特点，对学生渗透德育教育。”因此，教学时通过提问“假如你是巨人，你会帮助人们做什么有意义的事呢?”对学生渗透乐于助人、健康成长的思想品德教育。

3. 自主探究学习法

苏霍姆林斯基说过：“在人的心灵深处都有一种根深蒂固的需要，这就是希望自己是一个发现者、研究者、探索者。而在儿童的精神世界中，这种需要特别强烈。”因此，在教学中，运用探究式学习方法培养学生自主学习能力，训练学生发现问题、解决问题的能力。在教学本课难点——画面布局与形象对比这一环节时，通过让学生思考“怎样画才能把自己画成巨人”这个问题，引导学生自主探究，了解构图的多种方法。

4. 合作交流法

在学习活动中，让学生通过相互交流，大胆表达自己的奇思妙想，目的是给学生之间提供不同的学习对象，听取不同的看法，分享彼此的经验，拓宽学生思路，达成教学目标。

学生把作品贴在黑板上，全班同学进行评选。教师转换角色，采访有代表性的作品，请学生作自评与互评并小结。让学生在生活中多做好事，帮助别人，让德育延展到生活中作为结束语。科学精练的结束语能起到“课虽尽，但趣无穷”的效果。

陶冶情操，给孩子以鼓励，渗透乐于助人、健康成长的思想品德教育，让孩子通过学习真正体验帮助他人的乐趣。

## 专家点评

小学中低年级，正是孩子们的想象力最为活跃的时期。这一时期，孩子们快乐的想象会像火山一样喷涌不止，如果引导得当，就会有大量充满情趣的作品出现在我们面前。《假如我是巨人》这一课就是让学生大胆自由、勇于打破常规地把想象的故事表现出来。教师正是抓住孩子这个特点，以提高学生对美的感受能力和艺术创造能力为出发点，确定教学目标，展开教学，让学生充分发挥想象能力，想象自己就是某个童话故事中的主要人物，这种趣味的想象可以更直接地表达他们对某种事物的真实感受，也更容易引发他们相关的联想，激发学生美术创作的热情和学习的主动性。

（周文娟）

# 被学生接受，其实并不难

## 以心交心，用真情走进学生内心

临时更换班主任是学生最不喜欢的事，也是学校头疼的事，对于新任的班主任来说，也是一个挑战。那么如何让学生更快地接受你？是值得我们每位教师尤其是班主任需要认真思考和探索的问题。

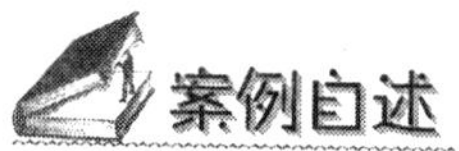

### 案例自述

〔吴海燕〕

那是一个寒冷的冬天，初三·一班的班主任杨杰老师因为个人原因，临时病退，初三·一班面临着紧急更换班主任的问题。

校长找到了我，“你是团委书记，是党员，又是政治老师，正好把杨老师的政治课接过来，虽然你没当过班主任，但是我们相信你能行。”

我义不容辞地同意了，可心里真的没底，因为我知道杨老师跟学生的感情很好，而且她临时病退还有其他因素存在，学生一定很难接受这个事实。所以，要做好工作可能很难。

那个下午，高校长告诉我，“你今天准备进班，曹主任先到班级和学生讲一下，你在办公室等着学生来请你。”

我在办公室里焦灼地等待着，五分钟，十分钟，时间一分一秒的过着，并没有学生来请我，半个小时过去了，倒是高校长回来了，“学生对杨老师挺有感情啊，他们不同意换班主任，学生情绪不稳定啊，你再等等吧！”

那个冬天真的很冷！

我望着窗外，心情很沉重。

终于女班长红着眼睛来找我了。

我跟着她走过了长长的走廊，在教室门口，听见了学生们不平的声音。

“我们只要杨老师当我们的班主任！”

“为什么换班主任，我们杨老师不想退休，学校要给杨老师一个交代。”

……

我的心情有些紧张，教室里究竟是什么状况，学生怎么会这么激动，带着种种复杂的情绪，我走进了教室。

打开门，我看到让我永远难忘的景象，所有的孩子眼圈都是红的，黑板上赫然写着“不让杨老师走”的字样，下面签着密密麻麻的名字，所有孩子的眼睛都瞪着我，像面对侵略者一样。忽然我所有想要说的开场白都没有了，我的心被他们融化了。这些孩子即将毕业，和杨老师朝夕相处了三年的时光，突然，班主任莫名地离开了，他们并不知原委，所以他们难以接受这突然的事实。这一切，我都理解了，我没有说一句话，而是转身在黑板上写下了我的名字，再转回头去，我已经潸然泪下，孩子们惊呆了。

“同学们，首先，我和你们一样，我也不希望杨老师走。因为从学科上讲，从我上班以来，她教了我很多东西，她也是我的老师，所以我不希望她走；从学校角度来讲，她是一位优秀的班主任，也是一个出色的政治教师，学校不希望她走；从你们的发展和学习的角度来说，我也不希望她走，因为她最了解你们，最关心你们。所以，我和你们是一样的心情，因此我要在黑板上签下我的名字。”

这时候，我发现学生们愤怒的眼神不在喷火了，认真地听着我说的每一句话。

“但是，杨老师身体一直不好，这次有一个病退的机会。杨老师通过了身体检查，可以病退，我觉得为了她的身体，我们不仅应该让她走，而且更应该为她高兴，至于同学们听到的其他传言都是假的，不信明天我可以带着你们去看望杨老师，你们就会相信我今天说的话。”

这时候，一些同学向我投来了赞许的目光。

“在没做这个班主任之前，我就了解到三年一班是一个团结的班集体，进取的班集体；同学们热爱学习，尊敬老师，有远大的理想和志向；班级有很多优秀的学生，我校的长跑冠军孟凡哲是咱们班的吧，杨金秋可是我们学校的名牌主持啊。今天，我能当你们班的班主任，又看到你们这么重感情，我觉得非常荣幸能与你们度过你们毕业前的这段时光，我将全心全意对待你们每个人，相信我，给我一次机会，好吗?”

班级里出现了掌声，最初是几声，后来是全体。

就这样我开始了我的首次班主任生涯。

后来，这些孩子跟我的感情相当好，这个毕业班我带得很成功。

理解是沟通的基础，一个教育者只有了解孩子的心理，并能站在他们的立场和情感上考虑问题，才能被孩子接受，才能让你的教学思想和教育思想得以传播。

## 教学延伸

其实，这样的经历，做过班主任的老师可能都曾经历过。进班的第一时间你的表现对于今后开展工作的效果起着很重要的作用。今天的教育，今天的学生，他们有了更多的自己的评价世界的观点，有主见、有想法，不愿意接受老师强加给他们的教育。他们需要主动地接受，而不是被动地灌输，所以需要我们动脑筋，想办法；需要在师生之间改变传统的师生关系，建立一种新型的、平等的、对话的、相互作用的师生关系。这种新型关系达到师生间广泛的交流和沟通，使双方在这种交流和沟通中获得人性的自我完善和自我表现。多年的班主任工作实践，使我认识到这一点对于班主任工作的重要意义。

1. 要真心理解学生

与学生的沟通重在理解。一位教育家曾经说过“我们要蹲下来看学生，才能了解学生的世界”，所以，我们要先站在学生的角度考虑问题，才能处理好问题。之所以我成功地进入了这个班级，是因为我走进了他们的内心世界，他们才接受了我，认可了我。

2. 巧妙拉近距离

拉近距离就要求我们抓住时机，有机智处理突发事件的能力，从一个动作、一句话、一个眼神中得到学生对你的信任。同时，在思想上、学习上、生活上真心地关心每一个学生，在实际行动上平等对待每一位学生。不论是成绩好的还是成绩差的，不论是家庭富裕的还是条件较差的，不论他是否犯过错误，班主任都要一视如仁，不搞特殊化，不偏见。要尊重学生人格，公平、公正、平等对待班上每一位同学，融洽师生关系，增强师生情感交流渠道，让学生学习有一个温馨和谐的场所，这样他们才能好好学习，才会有学习的动力。例如，我班有名学生，父母都不在身边，独自一人居住，虽有伯父照顾，但总见他愁眉苦脸，学习上毫无动力，有时交费也总是拖拖拉拉。同学们也不太喜欢与他交往。我便召集班干部开了一个会，说了他的情况，同学们便决定齐心协力帮助他。当时刚巧学校定做校服，同学们便你捐一元，我捐两元地开始捐款，我也凑了钱，为他定做了一身校服。当我把崭新的校服交到他手里的时候，他没有说什么，但我从他含泪的眼睛里分明看到了感激和上进的决心。果然，他上课开始专心听讲了，还在我校的一次长跑比赛中为我们班争了光。这些小事常常会发生在你我身边。比如，学生病了，我会打个电话通知家长，或者亲自把他送回家；学生病假回校，我会主动为他补课；时时注意天气情况，提醒学生添减衣服。这些虽然是小事，但在学生的心目中留下的记忆却是很深的，我送出的是真情，收获的是更多的真心回报。每每读到学生们发自真心的感激之语时，我总有一种幸福的感觉充盈心头。

3. 要及时表扬学生们的优点

我征服学生的最后一个环节就是我表扬了他们的优点，看到了他们的闪光点，我一一点着他们的名字，指出他们的特长和优点，他们怎么会拒绝我的夸奖呢。

中国有句谚语："谁也说不清哪块云彩会下雨。"而我却相信我的每块"云彩"都会"下雨"。因为，我拥有一种特殊的教育手段——夸奖。"的确，好孩子是夸出来的"。这个班有个学生，刚开始每天的作业总是拖着不做，因此考试成绩总是不尽如人意。怎么办呢？训一通吧，不行！我试着寻找他的优点，结果发现这个学生还真有不少优点，比如：爱劳动，每次教室里的饮用水一用完，他总是自告奋勇地去总务处把水给换来。另外他非常懂礼貌，每次见了老师总会很有礼貌地打招呼。于是只要一发现他做了好事，我便在晨会课上表扬他，然后在课后再悄悄地微笑着问他："作业好了吗？要抓紧一点哟！"他总是边红着脸边搔着头对我说："还有一点点了。"我还是笑着对他说："等一下我可是要来查的。"他从我的目光里读到了鼓励，久而久之，找到了自身的价值，后来还变得在课上敢于发言，在毕业考试中取得了好成绩。

班主任的工作是平凡的，但又是伟大的，因为在学生们的成长过程中，班主任起着至关重要的作用，像灯塔，像路标，照亮和指引着学生们前行的道路。只有你真心理解他们，真心关怀他们，真心爱护他们，真心教育他们，才能走到他们中间，才能圆满完成你的任务和职责。

## 专家点评

在上述案例中，这位班主任老师在十几分钟就被学生接受的事实无疑是一个很经典的精彩处理。

首先，这位老师没有被遇到的困难吓倒，勇敢地走进教室，要看一看究竟是发生了什么，是什么原因使问题这么难以解决。

其次，在遇到状况时，这是一个反应快而且亲和力极强的老师。她的一个动作、两行真情的泪水征服了在座的所有同学，一下子将自己送到了学生中间，她就已经成功了一大半。这无疑是最精彩的瞬间。

再次，她晓之以理，动之以情，将事情的前因后果讲给学生，在道理面前，学生放弃了先前的想法。而她又趁热打铁，一一点评她了解地学生，并表扬了他们的优点，与学生巧妙拉近距离，将一个充满爱心的班主任充分展现在学生们面前。

理解是师生和谐的纽带，沟通是师生融合的桥梁。一件事，一个动作，一句话，你就可以实现这一切，可见，当你面对学生时，真诚和睿智是多么重要啊！

（何双梅）

# 其实我很在乎你

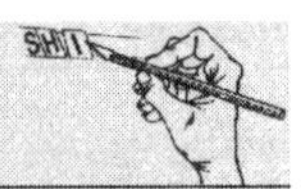

## 对症下药，用真心关爱每一个学生

每一个人都渴望得到他人的认可和关注，只有这样，才会学会关心和帮助他人，这个世界才会充满爱。当某些学生喜欢用犯错误来引起老师和同学的注意时，我们应该采取什么样的教育方式，使他们不仅能够改正错误，而且还能重拾信心，学会用正确的态度对待自己的人生呢?

### 案例自述

〔刘　沙〕

新学期，我又开始了新一轮的班主任生涯，成为高一·一班的"管家婆"。转眼结束了不长的磨合阶段，我和这帮半大不小的同学们总算和睦相处，平平安安地度过了很有新鲜感的上学期。毕竟，在他们眼里很在乎我这个班主任。一个学期下来，班上一直保持着积极向上、努力学习的良好风气。

下学期刚过不久，班上就出现了一些变化。一些学生由于基础较差，害怕不能高中毕业，产生了厌学情绪，有几个学生甚至有退学的念头。这种情况是每一届学生都会出现的，我运用班主任的影响力，凭借对学生的了解，不断对他们展开特别关爱，终于让他们"悬崖勒马"，不再打退堂鼓。可是，剩一个汤小华却是顽固不化，难以说服，坚持要退学，还说已经准备读技校了。我动员他的家长来做工作，谁知他还是铁了心要转学。我有些泄气了，没有再找他谈心。

这样过了好几天，他似乎没有要离开的意思，和周围的同学照常聊天、打闹。真是奇怪，难道他不想走了？我一阵高兴，下课后赶紧叫他到办公室，问他："你不走了，是吗？"

"谁说的，我肯定要走的，在办手续呢。"他一脸的得意样，好像转学很光荣。

"哦，我还以为你改变了想法，可是——"

"我学校都找好了，才不想留在这里呢，不稀罕。"口气好大。

"你再好好考虑吧。"我还想抱一丝幻想。

"不用考虑了，我决定了。"他很坚决。

这场谈话又以失败而告终，他好像故意和我对着干，像是在故意耍我。我陷入了沉思。到底怎么回事呢？看来要采取侧面攻击的战术了，这家伙还真不容易看透。

一个星期内，我在班上找了一圈，得到的内部信息还挺丰富而且很可靠。看来我这个班主任的人缘还不错，学生们很愿意把他们之间的小秘密透露给我。

"老师，汤小华他爸妈不会给他钱读技校的。"

"他是故意吓唬你的，别理他，好像他很了不起似的。"

"上学期他欺负女生，被你批评了，大家都不理他了，他才想走的。"

"以前他是班长，现在还想出风头。"

学生们不经意的议论，让我开始内疚起来，要不是因为退学这件事，好像很久都没有注意他了。上学期，他当班长，很主动、大胆。但好景不长，女生向我投诉被他欺负，后来陆续又有男生也对他不满，还险些动手。起初，我认为他只是顽皮任性，警告了几次，想不到，他竟然在物理课上，当着全班同学和老师的面，用书扔向一个女生，把女生弄哭了，连家长也知道了。为此，我撤掉了他的班长职务，让他在班会课上公开向同学道歉，之后他再也不敢那么嚣张了。当然，他的威信也一扫而光，得不到大家的认可了。或许他真的有很想离开的理由，又或许他只是渴望重拾被关注的幸福。看来，问题就出在这里。因为另外几个要退学的学生成绩都比他差，这个理由应该成立。

更重要的是，我还发现了一个规律。如果不提退学，他什么事也没有，照样上课放学，但只要我一开口说起，他马上说"我要走"，像条件反射似的，摆明就是和我唱反调，以为他在我眼里很重要。

我已经找到了问题的关键，开始行动。

第一步，不动声色。一连两个星期，我都没找他谈话，在教室也没看他一眼。

第二步，欲擒故纵。课间，我专门找他邻桌的同学谈话、聊天、说笑，顺便和他也搭几句。有时候，借故叫他和其他同学一块儿到办公室布置一些事情，绝口不提退学。

第三步，旁敲侧击。交代几个和他关系好的同学，对他进行劝解。

第四步，见缝插针。仔细观察他的闪光点，只要一有进步，立刻毫不吝啬地表扬他。

一个月过去了，他仍然在高一·一班，而且比以前快乐。我依然什么也没有对他说。

下午放学后，我照例去教室转转，看看学生。汤小华正要走，见我进来了，突然神秘地从书包里拿出一张红纸皮，冲我狡猾地笑着说：

"老师，我拿到技校的录取通知书了。"

我一惊，但尽量摆出一副漫不经心的样子，故作很感兴趣地说："是吗？给我看看。"

他"唰"地把红皮纸藏起来，"不给你看。"好像我要抢似的，肯定有猫腻。

"不给看就算了，你走就赶快走，别拖拖拉拉地，少你一个我还开心！"我故作生气地凶了一句。转眼一瞥，旁边围了好些同学，他们以为我发火了。

汤小华被我突如其来的转变弄得莫名其妙，底气不足了。"我，我，——我想先和你说一声，再走嘛——"

我又好气又好笑："你走，向我说干嘛，向校长说就行了，你以为我很在乎吗？"边上的同学"切切"地笑出声来，笑得汤小华好不自在。

"哦，哦，那我走了。"他的"奸计"没得逞，落荒而逃。

"哈——"几个男生笑着一起跑了出去，转过脸来对我喊："老师，你放心，他不会走的，他以为你很在乎他，谁知弄得他很糗！"

我想了想，大声地叫住他们："告诉他，我们都很在乎他，只要他留下来！"

像汤小华这样的学生相信每个老师都遇到过，由于他们有着强烈的自尊心和表现欲，但在班上又不得人心，所以，只有用一鸣惊人的方式得到别人的关注。他们的这种自尊心理是值得同情的，但是必须要有正确的引导。

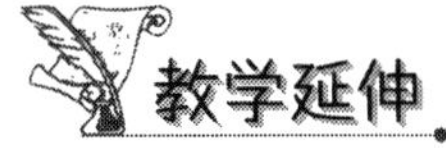

## 教学延伸

在我们的学生当中不乏像汤小华这种既自傲又自卑的孩子。简单地说，就是自我概念差，自卑心理严重。自我概念差的人，自我肯定不足，因为他的自我全靠别人来肯定，他的喜怒哀乐受制于别人对他的赞赏或贬损，喜欢和别人比，遇到挫折常常自责，自己瞧不起自己，这样的人生活的非常痛苦，容易有挫折感，导致心理压力产生。在他看来，只有做一些与众不同的事情，才能得到大家的关注，重新树立自信心。可是，一旦不能把握好分寸，很可能造成抱憾终身的后果。我很庆幸，汤小华还没有被压抑得失去理智，而是选择用转学来逃避。

按照平常的判断，像汤小华这样调皮捣蛋、成绩不佳的学生提出退学，肯定会只认为他怕吃苦，不想学习。解决的方法就是一味地灌输吃苦耐劳、学有所成的思想，或者让不知就里的父母做工作，找不准他的心理症结所在，他更会碍于面子，封闭自己，最终选择离开。所以，在发现他一连串特殊的反应之后，我断定他不是因为学习，而是其他原因。他一向大大咧咧，却为什么会有这样消极的想法，一定是遭到了自尊心的打击，经历了对他而言很丢脸的事情。男生一般都比较爱面子。顺着这个思路，我仔细地回想了发生在他身上的事情，找到了问题所在，并利用同学关系进一步摸清了他的心理动态，断定他退学的决心是不大的。但怎样才能既让他彻底放弃退学的想法，又能重新树立自信心呢?

为此，我着实花了好些功夫和他打了一场心理战，用漠不关心的态度攻破他的心理防线。

他退学的态度之所以如此坚决，主要源于我对他三番五次的挽留与劝解，他觉得很受用，老师非留他不可，越来越得意。看清了这一点，我干脆不理他，让他好一阵失落。同时，我利用一切机会把他放在同学当中与他展开轻松、平等的师生交往，让他感觉到和老师、同学的相处还挺开心。我还意识到，老师的劝导可能还比不上知心朋友的一句真诚的挽留，同学之间更容易沟通，这样，不仅发动更多的同学去关心他，还使他重新感受集体的温暖。他的逃避是由于不自信，表扬是最好的催化剂，用尽量动人和煽情的表扬感动他，感动每一个人，信心越来越足，对他的认可就越来越大。可以说，用三种不同但可以互补的心理攻势，三管齐下，让他的退学念头逐渐消失，舍不得走了。最后，几句激将法，就让他原形毕露了。不过，为了保持他男子汉的尊严，还是要真心说“其实我很在乎你”。

通过这件事，我总结了以下几点经验，供大家交流。

1. 不要随便判断学生的心理因素，具体问题具体分析，不同学生不同对待。

2. 转变常规思维，用逆向思维解决僵局，将错就错，以静制动。

3. 多和学生进行平等愉快地交流，或许他会把真心话告诉你。

4. 尽量做一个让学生喜欢的老师，这样他很在乎你，他也想让你也在乎他。

## 专家点评

上面的案例，无疑是个让人忍俊不禁，又富有教育意义的教育事件。

这位年轻老师，因为太受学生喜欢，所以跟学生之间的交往，不仅充满智慧，也充满了人情味。

我们看到，她对学生既严厉又充满了爱。她对学生很严格，所以学生犯了错她会批评他；但是，当她发现自己的教育方式不对时，她开始反省自己，并积极寻找对策。在她对汤小华表面上不理不睬的时间里，其实她一直关注着他的变化，连他和同学的交流，这位老师都记在心里。

对于很多老师来说，可能没有掌握精深的理论，但却因为对学生的爱，因为对教育事业的爱，加上自己的智慧，把整个教育过程变成了一个温暖的关怀。这位老师即是如此。

（何双梅）

# 心与心的碰撞

## 双向沟通，做家庭教育和学校教育的好桥梁

初中的学生进入了青春期，不仅身体发生了变化，而且思想上也在发生着变化，尤其是逆反心理很严重，很不听话。

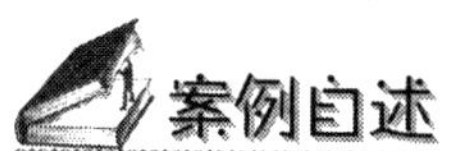

### 案例自述

〔佟冬梅〕

一天快放学的时候我问学生：“每天写作业累吗?”学生一起回答：“累。”我接着说：“我今天要给家长留一样作业，让他们写一篇作文，让他们也尝尝你们写作业的辛苦，好不好?”学生高兴得不得了，今天可以和家长一起写作业了。我把作业（给家长写的一封信）发给学生，让他们带给家长。信的内容如下：

各位家长你们好：

我们的孩子现在已经长大了，我们发现孩子身上在慢慢地发生着变化，甚至和我们疏远了，我们不仅要问这是为什么？孩子为什么不那么听话了？我们之间的交流为什么少了？那我想孩子的事你放在心上了吗？孩子在学习时你在做什么？孩子需要你在时你又在干什么？你是不是错过了许多次和孩子交流的机会呢？

看看下面的这一篇文章你有什么触动吗？

## 拥你入睡

作者：肖复兴

儿子上初一以后，忽然一下子长大了。换内裤，要躲在被子里换；洗澡，再也不用妈妈帮助洗，连我帮他搓搓后背都不用了。

我知道，儿子长大了，像日子一样渐渐地长大了。原来拥有的天然的肌肤之亲和无所顾忌的亲昵，都被儿子这长大拉开了距离，变得有些羞涩了。任何事物都有一些失去，才有一些得到吧。

有一天下午，儿子复习功课，累了，躺在我的床上看电视。实在是太累，刚看了一会儿眼皮就打架了。他忽然翻了一个身，倚在我的怀里，让我搂着他睡上一觉，迷迷糊糊中嘱咐我一句："一小时后叫我，我还得复习呢！"

我有些受宠若惊。许久，许久，儿子没有这种亲昵的动作了。以前，就是一早睡醒了，他还要光着小屁股钻进你的被窝里，和你腻乎腻乎。现在，让你搂着他像搂着只小猫一样入睡，简直好似天方夜谭了。

莫非懵懵懂懂中，睡意朦胧中，儿子一下失去了现实，跌进了逝去的童年，记忆深处掀起了清新动人的一角？让他情不由已地拾蘑菇一样拾起他现在并不想拒绝的往日温馨？

儿子确实像小猫一样睡在我的怀里。均匀的呼吸，胸脯和鼻翼轻轻起伏着，像春天小河里升起又降落的暖洋洋的气泡。

我想起他小时候，妈妈上班，家又拥挤，他在一边玩，我在一边写东西。他玩腻了，喊："爸爸，你什么时候写完呀？陪我玩玩不行吗？"我说："快啦！快啦！"却永远快不了，心和笔被拽走得远远的。他等不及了，就跑过来跳在我的怀里带有几分央求的口吻说："爸爸！我不捣乱，我就坐这儿，看你写行吗？"我怎么能说不行？已经把儿子孤零零地抛到一边寂寞了那么长时间！我搂着他，腾出一只手接着写。

那时候，好多东西都是这样搂着儿子写出来的。他给我安详，给我亲情，给我灵感。他一点儿也不闹，一句话也不讲，就那么安安静静倚在我的怀里，像落在我身上的一只小鸟，看我写，仿佛看懂了我写的那些或哭或笑或哭笑交加的故事。其实，那时他认识不了几个字。有好几次，他倚在我的怀里睡着了，睡得那么香那么甜，我都没有发现……

以后我常常想起那段艰辛却温馨的写作日子，想起儿子倚在我怀中小鸟一样静谧睡着的情景。我觉得我的那些东西里有儿子的影子、呼吸甚至睡着之后做的那些个灿若星花的梦境……

儿子长大了。纵使我又写了很多比那时要好的故事，却再也寻不回那时的感觉、那一份梦境。因为儿子再不会像鸟儿一样蹦上你的枝头，那么纯真天籁般倚在你的怀里睡着了。

如今，儿子居然缩小了一圈，岁月居然回溯几年。他倚在我的怀里睡得那么香甜、恬静。我的胳膊被他枕麻了，我不敢动，我怕弄醒他，我知道这样的机会不会很多甚至不会再有，我要珍惜。我格外小心翼翼地拥着他，像拥着一支又轻又软又薄又透明的羽毛，生怕稍稍一失手，羽毛就会袅袅飞去……

并不是我太娇惯儿子，实在是他不会轻易地让你拥他入睡。他已经长大，嘴唇上方已经长起一层细细的绒毛，喉结也已经像要啄破壳的小鸟一样在蠕动。用不了多久，他会长得比我还要高，这张床将伸不开他的四肢……

蓦地，我忽然想起儿子小时候曾经抄过的诗人傅天琳的一首诗，其中有这样几句：

你在梦中呼唤我呼唤我
孩子你是要我和你一起到公园去
我守候你从滑梯上一次次摔下
一次次摔下你一次次长高
如果有一天你梦中不再呼唤妈妈
而呼唤一个陌生的年轻的名字
那是妈妈的期待妈妈的期待
妈妈的期待是惊喜和忧伤

我禁不住望望儿子，他睡得那么沉稳，没有梦话，我不知他在睡梦中此刻是不是在呼唤着我？我却知道会有这么一天，拥他入睡的再不是我，而在他的睡梦中更会“呼唤一个陌生的年轻的名字”。亲爱的儿子，那将如诗人所写的，是爸爸的期待，爸爸的期待是惊喜又是忧伤。哦，我亲爱的儿子，你懂吗？此刻的睡梦中，你梦见爸爸这一份温馨而矛盾的心思了吗？……

一个小时过去了，我没有舍得叫醒儿子。

**我每次看《拥你入睡》都有新的体会，好像喝一杯咖啡，让人回味。我想每位家长看完都有自己的想法（多读几遍）。请你把想法写出来，要用真情实**

感，用信封密封起来，等家长会时我们在和孩子一起交流，这是我们和孩子一次交流的机会，要好好把握。

信发出去后，我陆续地接到了回信，班级大部分的家长都写了回信，有些回信看后很震撼，现摘抄几个如下：

女儿，妈妈对你说：

读完《拥你入睡》之后，相信每一个人都会怦然心动，可我的感触却像打碎了五味瓶一样，另一种滋味。在这里，我的女儿，听妈妈对你说。

你记得吗，我的女儿，你的童年，灰色的童年是如何过的吗？由于你有了个小弟弟，加上家里的条件实在是太难了，没有办法，你爸爸和我商量着把你送到了农村的奶奶家中，那时你才才只有4岁。望着你那可怜巴巴的小样儿，妈妈的心痛啊。无论儿与女都是妈的心头肉啊！

看到别人家的孩子在父母的呵护、溺爱中嬉戏、玩耍时，妈妈的潜意识里都在想，我的女儿现在在干什么呢？看到别人家的孩子受到欺负时，妈妈又在想我的女儿此时是不也在受委屈呢？看到别人家的孩子生病时，妈妈还会想我的女儿身体是否健康？现在吃得饱、穿得暖吗？

每当稍有空闲，妈妈回去看望你时，你总是流露出一种茫然的表情，好像在说妈妈你为什么不把我带在身边呢？你们不要我了吗？你们不爱我了吗？我的女儿，妈妈和爸爸无时无刻不在牵挂着你，想给你其他别的小朋友所能享受的一切，怪只怪咱们家条件差，经济困难！从那时起，妈妈和爸爸就下定决心一定要努力工作，让我的女儿快乐与无忧的生活。但我错了，快乐是金钱买不到的。

我的女儿，妈妈想说，妈妈对不起你。妈妈生了你，却没能让你拥有一个快乐的童年，这是我一生的遗憾。

好不容易艰难的日子终于过去了，我的女儿终于迎来了黎明的一天，你终于回到了爸爸妈妈的身边了。可你却变了，生活变得孤独、冷僻、封闭了自己，不容许别人接近，即使是爸爸妈妈也如此，你弟弟是你的传话筒，有什么话从不直接和爸妈说，长时间的分离使我们的距离拉的太远了。爸爸妈妈想给予你更多的关心与爱护，以弥补这些年来爹妈所亏负你的，你却总是有意无意地躲躲闪闪，我的女儿，妈妈真的很内疚啊！

初中的生活忙碌、紧张，爸爸妈妈想进入你的内心世界了解一下你现在的想法，可你却总是不愿谈及。初中是每个青少年的青春期过渡阶段，妈妈和爸爸想让你顺利地度过，不要偏离了方向，你们还小什么都不懂，我的女儿能好好和妈妈沟通吗？谈一下我们母女之间的悄悄话。

我的女儿，我的宝贝，快快打开你的心扉吧！听妈妈对你说。

李婷婷的妈妈　黄文燕

## 陪你成长

我的儿子是一个初三的学生了，每当我看着他那初具棱角的脸庞和一米七的个子时，心中涌出的是不尽的骄傲和自豪！

儿子是个非常善良懂事的孩子。在他刚刚知道自己拿东西时，总是举着食物，用他稚嫩的童音喊着："奶奶，你先吃！""爸爸，咬一口！"别的小朋友来到家里，他总是把他所有的玩具悉数拿出，与小朋友一起玩，从不知藏着、掖着。太姥的年纪大了，小小年纪的儿子总是在下楼时，小心地搀扶着步履蹒跚的老人，现在老人有事时也总是会想到找这个重外孙！

儿子在上中学之前，身子骨较弱，总是感冒发烧的。记得在他五岁时，有一天晚间突然发高烧，他爸爸又值夜班，看着那烧得通红的小脸和紧闭的眼睛，我把消炎药、抗病毒药、退热药一样一样的喂进他的嘴里，可两个小时体温也没退下去，我就用酒和温水一遍一遍地擦着儿子滚烫的小身体。一个小时后，儿子终于睁开了布满红血丝的眼睛："妈妈，我要喝水！"在他大口大口地喝完水后，他用微烫的小手拉着我，拍拍我的枕头："妈妈，我没事，你累了，睡觉吧！"我的心里突然有一种柔柔、暖暖的感觉，儿子小小年纪，发着高烧还在心疼我，鼻子一酸，我紧紧地搂住他小小的躯体！这就是我生命中永远无法舍弃的，无法不牵挂的感情！是我生命的一部分！

儿子的小学生活是轻松和快乐的！我知道儿子是聪明的，他喜欢奥数，老师经常表扬他思维活跃；但他对语文和英语不感兴趣，不喜欢硬性记忆的学习，经常在考试前临时抱佛脚。对此我也听之任之，我想让儿子快乐地学习！

初一的学习给了我和儿子极大的挑战！初中的学习生活比小学要紧张的多，儿子极其不适应；初中 EEC 英语对于没上过补习班的儿子来说也有如天书！怎么办？儿子，妈妈与你一同努力！

整整一年的时间，我随着儿子各处补课，陪着儿子写作业，把他讨厌的英语单词和课文一遍一遍地背，晚上 11 点睡觉很正常，还隔三差五的熬到后半夜。我熬出了黑眼圈和下眼袋，儿子更是辛苦，早晚都要靠茶和咖啡提神。有时看着儿子困倦的样子，心疼得真想放弃，哪个做妈妈的不想让儿子快乐健康的学习生活啊！可我知道我和儿子是在拼他的未来，只有坚持，坚持，再坚持！初二时儿子的英语成绩逐步上来了，也逐渐地适应了初中的生活。有一天，儿子补课回来正在写作业，我习惯性地坐在写字台前打算陪他，儿子掏出作业本，对我说："妈！你先睡去吧，挺晚了，放心吧，写完我就睡了！"我的心里、眼里一片潮湿，我的儿子终于长大了！

初三时，儿子学习有了目标，有了自觉性，也有了自律性，知道了可为与不可为……欣喜地看着儿子的成长，我坚信，他会是最优秀的！

**佟富程的妈妈：于杰**

致我心爱的女儿：

长大了，女儿你真的长大了，你小时候的情景像电影一样回荡在我的眼前，使我心胸涌动，难以忘怀。

记得从出生时你就是一个不幸的孩子，这个世界对你太不公平，让你做了两次不大不小的手术，每一次你都嚣着喊"爸爸"被推进了手术室，而爸爸泣不成声地一直在手术室外面等你，为你祈祷。你天生胆小，白天不敢一人在家，夜里不敢一个人上卫生间，一听到你的房间有声音爸爸就起来为你开灯。你很调皮，会走路时就一往无前，蹒跚至至，俨然像个男孩儿从来不喜欢洋娃娃，只喜欢舞枪弄棒、拳打脚踢，每天都与我打拳、较劲，看到你永不服输的样子，爸爸从心底高兴。

女儿，你是一个有志向的孩子。二年级时，你薇薇姐过生日你母亲批评你，你反驳说："埋在土里的珍珠早晚会发光的。"去北京时你一定要去看升国旗，去北大、清华，你说这是你的理想！相信你会实现的。这次你到上海来爸爸看到你真的长大了，像个大孩子，虽然仍是一个幼稚的脸，但你的内心已经长大了，懂事了，你说你可以自己独立生活了，你可以自己住一个房间了。记得你曾写过一篇作文叫作"心愿"，你的心愿是能与爸爸妈妈在一起，只想有一个完整的家，一个爸爸妈妈都在的家，爸爸看后泪流满面。爸爸知道你和奶奶毕竟是两代人，年龄有代沟，心里无法沟通，有时还发生口角，给奶奶气得够呛。可你现在想通了不和老人生气。爸爸妈妈是愧对于你的，可是社会在发展，我们也有事业。你妈妈其实也很爱你的，只是她不善于表达。记得你从上海回家的时候，妈妈送你去车站已泣不成声，不能与你交谈。女儿你在我们心中是何等重要！爸爸每每觉得愧对于你的时候就愿意满足你的要求，而你妈妈坚决反对，我也知道溺爱你是不对的。记得你在学校里一直是班长，现在不是了，对你打击很大，也许是你做得不够好，爸爸不能在身边鼓励你，你要加倍努力好好学习，你的个性、你的品质慢慢地就会让人读懂，爸爸相信你总有一天会发光的。

女儿，爸爸没有华丽的语言，只有自己心灵的告白，爸爸希望你能独立生活。你进入青春期后身体与心理都有所变化，你在家中不太听奶奶的话，在学校也做了几次不该做的事，你一定要把握好自己人生的指挥棒。你在人生的第一步要努力进取，改掉不良习惯，走好人生的每一块里程碑。爸爸妈妈不在身边你要懂得面对一切，要经得起社会对你的考验，爸爸妈妈相信你，我的女儿。你是一个优秀的孩子，你一定能实现你的梦想，爸爸妈妈远在他乡真诚的祝愿你幸福快乐！非常感谢佟老师给我们父女之间这次交流的机会，顺祝学习进步，幸福安康！

姚琪的爸爸　姚永波　于上海

然后我特意召开了家长会，并邀请父母和孩子同时参加这次家长会，在会上我让学生当场看父母的信，我当场给学生读了几封家长的回信，很多孩子和家长在听我读信的时候泪流满面，场面感人。

我最后说：“也许有些同学的家长表达能力有限，不擅长把自己的想法写出来，但他们爱你的心都是一样的，他们希望你的未来充满阳光。如果让他们用生命换取你们的幸福他们都不会皱一下眉的。同学们，当你和家长摔门的时候，当你和家长犟嘴的时候，当你选择无声的反抗的时候，你想过你家长的心在流血吗？你用什么来回报你家长对你的养育之恩呢？”

最后以《感恩的心》结束了这场家长会。

初中学生的叛逆思想是很严重的，有的时候他们的举止让家长很痛苦，经常提一些不合理的要求，如果家长不同意，他会作出一系列让你头痛的事情，很多家长不知如何是好。我想这是家长不能坐下来和学生交心的沟通有关系，所以我安排了这次家长会。

## 教学延伸

现在这些孩子都发生了很大的变化。

李婷婷已经改变了很多，和妈妈的话多了，有时也能说上几句心里话，感情也融洽了很多，理解了妈妈。尤其是她的性格也发生了变化，由原来的无声无息变得开朗大方，由原来的自我封闭变得和同学广泛的交往，现在还是学校的值周长。

佟富程刚入学时，连写字都缺胳膊少腿的，英语单词天天背天天考天天忘，每天学习都哭哭啼啼，作业少东落西，学习一直在年级后面，200 名开外，现在已经考入年级 55 名。在他的脸上也看到了成功的喜悦。

姚祺的爸爸妈妈在上海工作，一年只能见两次面，对孩子的教育很少，孩子个性很强，经常做一些不该做的事。但是她现在把精力放在学习上，成绩已经开始有起色了。

## 专家点评

在上述案例中，这位老师的做法无疑是值得肯定的。

在现在社会中许多家庭都存在着类似的问题，当然解决问题的方法很多，但沟通无疑是一个很有效的方法。现在不少学生家长无暇顾及子女，而又对子女寄托了很高的希望，因而把教育子女的重任推给了学校，推给了班主任，并对班主任提出了很高的要求。这些家长一般只满足学生物质生活上的需求，注重孩子的学习成绩的好坏，而往往忽视了学生的实际情况。这样一来对学生的发展是非常不利的。这时候，作为班主任，应在分别了解家长和学生的心理需求的情况下，做好家长和学生之间的沟通工作，使家庭教育和学校教育能够和谐统一，使学生得到较好地发展。

这位班主任抓住了这个关键点，既拉近了家长和孩子之间的距离，也加深了老师和学生、家长和老师之间的距离。人与人缺少沟通是会疏远的，只有沟通才能了解彼此内心的世界。

（何双梅）

《名师工程》系列丛书

# 征稿启事

《名师工程》系列丛书是西南师范大学出版社策划、组织出版的大型系列教育丛书。丛书以新课程下的新教学为背景，以促进施教者的教育能力为落脚点，以提高教育质量、提升教师水平为宗旨。

丛书首批推出的“名师讲述”和“教学提升”两大系列共二十余品种，其余系列也将陆续出版。为了让广大教师有一个交流、借鉴的机会，同时也为了给广大教师提供更多、更好的图书，《名师工程》系列丛书编辑出版委员会特向全国教育工作者征集稿件。

**稿件要求：**

1.主题鲜明、新颖，有独创性。

2.主题以提升教育能力为主，也可适当外延。

3.主题要有一定规模、有典型案例支撑。

4.案例要贴近教育实际，操作性强。

5.文章、书稿结构清晰，语言精彩。

书稿作者在选题确定之后，请及时与我们做好沟通，具体事宜确定好之后再进行创作；也欢迎用已经完稿的稿件投稿。一线教师如希望参与图书案例的创作，可联系我社策划机构，由策划机构备案，在适合的图书中参与创作。

真诚欢迎各位教师踊跃投稿。

**联系方式：**

西南师范大学出版社高教分社

电话：023-68254356　　E-mail：zcj@swu.cn

西南师范大学出版社高教分社北京策划部

电话：010-68403092，010-68403096

E-mail：guodej@eyou.com

# 西南师范大学出版社
# 《名师工程》系列丛书目录

| 系列 | 序号 | 书名 | 主编 | 定价 |
| --- | --- | --- | --- | --- |
| 名师讲述系列 | 1 | 《施教先施爱<br>——名师讲述班主任的核心教导力》 | 杨连山<br>魏永田 | 30.00 |
| | 2 | 《在欢乐中成长<br>——名师讲述最具活力的课堂愉快教学》 | 王斌兴 | 30.00 |
| | 3 | 《用情境抓住学生的眼球<br>——名师讲述最能营造氛围的情境设计》 | 施建平 | 30.00 |
| | 4 | 《让学生做自己的老师<br>——名师讲述如何提升学生自主学习能力》 | 徐学福<br>房　慧 | 30.00 |
| | 5 | 《引领学生高效学习<br>——名师讲述如何提高学生课堂学习效率》 | 刘世斌 | 30.00 |
| | 6 | 《教育从心灵开始<br>——名师讲述最能感动学生的心灵教育》 | 张文质 | 30.00 |
| 教学提升系列 | 7 | 《方法总比问题多——名师转变棘手学生的施教艺术》 | 杨志军 | 30.00 |
| | 8 | 《用特色吸引学生——名师最受欢迎的特色教学艺术》 | 卞金祥 | 30.00 |
| | 9 | 《让学生爱上课堂——名师高效课堂的引导艺术》 | 邓　涛 | 30.00 |
| | 10 | 《拿什么打开思路——名师最吸引学生的课堂切入点》 | 马友文 | 30.00 |
| | 11 | 《没有记不牢的知识<br>——名师最能提升学生记忆效果的秘诀》 | 谢定兰 | 30.00 |
| | 12 | 《让学生的思维活起来<br>——名师最激发潜能的课堂提问艺术》 | 严永金 | 30.00 |
| 教学新突破系列 | 13 | 《把教学目标落实到位——名师优质课堂的效率管理》 | 冯增俊 | 30.00 |
| | 14 | 《拿什么调动学生——名师生态课堂的情绪管理》 | 胡　涛 | 30.00 |
| | 15 | 《零距离施教——名师和谐师生关系的构建艺术》 | 贺　斌 | 30.00 |
| | 16 | 《一个都不能落——名师提升学困生的针对教学》 | 侯一波 | 30.00 |
| | 17 | 《让学习变得更轻松<br>——名师最能吸引学生的情境设计》 | 施建平 | 30.00 |
| | 18 | 《让知识变得更易学<br>——名师改造难学知识的优化艺术》 | 周维强 | 30.00 |

| 系列 | 序号 | 书名 | 主编 | 定价 |
|---|---|---|---|---|
| 通用书识 | 19 | 《好心态成就好学生——学生心理问题剖析与对症教育》 | 李韦遴 | 30.00 |
| | 20 | 《教育，诗意地栖居》 | 朱华忠 | 30.00 |
| | 21 | 《好班规打造好班级》 | 赵　凯 | 30.00 |
| 高中新课程系列 | 22 | 《高中新课程：教师角色转变细节》 | 缪水娟 | 30.00 |
| | 23 | 《高中新课程：班主任新兵法细节》 | 李国汉<br>杨连山 | 30.00 |
| | 24 | 《高中新课程：教学管理创新细节》 | 陈　文 | 30.00 |
| | 25 | 《高中新课程：更有效的评价细节》 | 李淑华 | 30.00 |
| 教师成长系列 | 26 | 《学学名师那些事》 | 孙志毅 | 30.00 |
| | 27 | 《每天学点教育心理学》 | 石国兴<br>白晋荣 | 30.00 |
| | 28 | 《给新教师的建议》 | 李镇西 | 30.00 |
| | 29 | 《教师心灵读本：成为有思想的教师》 | 肖　川 | 30.00 |
| | 30 | 《教师心灵读本：教师，做反思的实践者》 | 肖　川 | 30.00 |
| 大师讲坛系列 | 31 | 《大师谈教育心理》 | 肖　川 | 30.00 |
| | 32 | 《大师谈教育激励》 | 肖　川 | 30.00 |
| | 33 | 《大师谈教育沟通》 | 王斌兴<br>吴杰明 | 30.00 |
| | 34 | 《大师谈启蒙教育》 | 周　宏 | 30.00 |
| | 35 | 《大师谈教育管理》 | 樊　雁 | 30.00 |
| | 36 | 《大师谈儿童人格塑造》 | 齐　欣 | 30.00 |
| | 37 | 《大师谈儿童习惯培养》 | 唐西胜 | 30.00 |
| | 38 | 《大师谈儿童能力培养》 | 张启福 | 30.00 |
| | 39 | 《大师谈早恋与性教育》 | 闵乐夫 | 30.00 |
| | 40 | 《大师谈儿童情感教育》 | 张光林<br>张　静 | 30.00 |

**图书在版编目（CIP）数据**

在欢乐中成长：名师讲述最具活力的课堂愉快教学/王斌兴主编. —重庆：西南师范大学出版社，2007.12
（名师工程系列丛书）
ISBN 978-7-5621-4012-2

Ⅰ.在… Ⅱ.王… Ⅲ.课堂教学-教学研究-中小学
Ⅳ.G632.421

中国版本图书馆 CIP 数据核字（2007）第 204543 号

**名师工程系列丛书**



---

在欢乐中成长——**名师讲述最具活力的课堂愉快教学**
**主编**　王斌兴

---

**责任编辑**：郑持军
**封面设计**：图图文化
**出版发行**：西南师范大学出版社
地址：重庆市北碚区天生路1号
邮编：400715　市场营销部电话：023-68868624
http：//www.xscbs.com
**经　　销**：新华书店
**印　　刷**：九洲财鑫印刷有限公司
**开　　本**：787mm×1092mm　1/16
**印　　张**：18.75
**字　　数**：280千字
**版　　次**：2008年5月　第1版
**印　　次**：2009年6月　第2次印刷
**书　　号**：ISBN 978-7-5621-4012-2

---

**定　　价**：30.00元